# भारतीय काव्यशास्त्र

# भारतीय काव्यशास्त्र

*संशोधित एवं प्रवर्द्धित संस्करण*

डॉ. तारक नाथ बाली

वाणी प्रकाशन

**वाणी प्रकाशन**

*4695, 21-ए, दरियागंज, नयी दिल्ली 110 002*

फ़ोन : +91 11 23273167 फ़ैक्स : +91 11 23275710

**शाखाएँ**

*अशोक राजपथ, पटना 800 004, बिहार*

*कॉफ़ी हाउस कैम्पस, महात्मा गांधी मार्ग, इलाहाबाद 211 001, उत्तर प्रदेश*

*महात्मा गांधी अन्तरराष्ट्रीय हिन्दी विश्वविद्यालय, वर्धा 442 001, महाराष्ट्र*

*सुल्तानिया रोड, मोतिया पार्क, भोपाल 462 001, मध्य प्रदेश*

www.vaniprakashan.com
marketing@vaniprakashan.in
sales@vaniprakashan.in

BHARATIYA KAVYASHASTRA
*by* Dr. Tarak Nath Bali

ISBN : 978-93-5000-496-8
Poetics/Indian



संस्करण 2002, 2010, 2017
आवृत्ति 2020

मूल्य : ₹ 425



*यश प्रिंटोग्राफ़िक्स, नोएडा-201 301 (उ.प्र.) में मुद्रित*

*वाणी प्रकाशन का लोगो मक़बूल फ़िदा हुसेन की कूची से*

*आस्था और अर्जित*
*के लिए*

# दूसरे संस्करण की भूमिका

मेरे लिए यह बड़े सन्तोष की बात है कि भारतीय काव्य-शास्त्र (भारतीय साहित्य सिद्धान्त) का दूसरा संस्करण प्रकाशित हुआ है। इसमें यथास्थान कुछ विषयों का विस्तार किया गया है तथा 'काव्य के रूप' पर एक निबन्ध जोड़ दिया गया है। पाठकों की सुविधा के लिए विविध अध्यायों में उपशीर्षक जोड़ दिये गये हैं।

इधर भारतीय चिन्तन पर लिखे गये ग्रन्थों के विविध नाम दिये गये हैं। 'भारतीय साहित्य शास्त्र' या 'भारतीय काव्य शास्त्र' परम्परागत नाम हैं। इनके अतिरिक्त 'भारतीय साहित्य सिद्धान्त' तथा 'भारतीय काव्य सिद्धान्त' नाम भी दिये गये हैं। ये सभी नाम वस्तुतः समानार्थक ही हैं। मगर इधर इनके अतिरिक्त 'संस्कृत काव्यशास्त्र' नाम की चर्चा हुई है। मगर यह नाम सर्वथा असंगत और अनैतिहासिक है। उदाहरण के लिए भारतीय दर्शन के सभी ग्रन्थ—वेद, शास्त्र, उपनिषद् आदि संस्कृत में लिखे गये हैं। मगर इस समग्र चिन्तन को भारतीय दर्शन शास्त्र ही कहा जाता है। इतना ही नहीं, पालि तथा अपभ्रंश में लिखे गये दर्शन के ग्रन्थों को भी भारतीय दर्शन में ही माना गया है। इसका कारण यह है कि आधुनिक भारतीय भाषाओं में इन्हीं विचारों, स्थापनाओं और सिद्धान्तों की व्याख्या या पुनर्व्याख्या की गयी है। आधुनिक भारतीय भाषाओं के काव्य-चिन्तन में भी संस्कृत की व्याख्या की गयी है। मगर साथ ही इधर पश्चिम की काव्य-समीक्षा के कुछ सिद्धान्तों के आधार पर कविता की व्याख्या का प्रयास किया गया है। इन सिद्धान्तों में नयी समीक्षा, शैली विज्ञान, संरचनावाद, विखण्डनवाद आदि की चर्चा सुनाई देती है। व्यावहारिक आलोचना की दृष्टि से ये सिद्धान्त भी भारतीय समीक्षा में स्वीकृत हुए। मगर विवेक और ज्ञान के अभाव में इन सिद्धान्तों के आधार पर समीक्षा करने वाले लेखक यह मूल सत्य समझ ही नहीं पाये कि इन तथाकथित नये पाश्चात्य सिद्धान्तों में दिये गये समीक्षा के प्रतिमान वास्तव में भारतीय काव्य के प्रतिमानों

का ही अविकसित रूप हैं। यहाँ तक कि आचार्य शुक्ल जैसा महान आलोचक भी इस सत्य से अनभिज्ञ रहा। उदाहरण के रूप में छायावादी काव्य की समीक्षा में प्रयुक्त प्रतिमानों को लिया जाता है। छायावाद की प्रमुख विशेषताओं का उल्लेख करते हुए उन्होंने लाक्षणिक मूर्तिमत्ता, बिम्ब विधान, विशेषण विपर्यय, विरोध चमत्कार और मानवीकरण का उल्लेख किया है। आश्चर्य है कि उनका ध्यान भी इस सत्य की ओर नहीं गया कि लाक्षणिक मूर्तिमत्ता और बिम्ब विधान रूपक, उपमा आदि साम्य मूलक अलंकार ही हैं। इसी तरह विशेषण विपर्यय तथा विरोध चमत्कार लक्षणा ही है तथा मानवीकरण समासोक्ति का ही भिन्न नाम है। इस बात का उल्लेख मैंने सन् 1956 में लिखी अपनी पुस्तक 'पन्त और उत्तरा' में किया था।

इस पुस्तक में कुछ ऐसे बुनियादी सिद्धान्तों की विस्तृत व्याख्या की गयी है जिनका उल्लेख मात्र संस्कृत के काव्य शास्त्र में मिलता है। 'रसाभास', 'संचारी भाव', 'विविध सिद्धान्तों के अन्तःसम्बन्ध' आदि ऐसे ही महत्त्वपूर्ण विषय हैं। इन्हें यहाँ उदाहरण सहित विस्तृत समीक्षा के साथ प्रस्तुत किया गया है। इस सम्बन्ध में यह भी उल्लेख आवश्यक प्रतीत होता है कि शुक्ल जी के 'आश्चर्यपूर्ण प्रसादन' और 'आश्चर्यपूर्ण अवसादन' वस्तुतः रसाभास ही हैं। आचार्य शुक्ल एक मेधावी मौलिक चिन्तक थे, मगर 'रसाभास' जैसा महत्त्वपूर्ण प्रतिमान भी उनसे अनदेखा ही रह गया।

प्रस्तुत पुस्तक में पहली बार भारतीय काव्य सिद्धान्तों के अन्तःसम्बन्धों की विस्तृत समीक्षा के साथ-साथ पाश्चात्य समीक्षा सिद्धान्तों के सम्बन्धों की चर्चा की गयी है, जिससे यह स्पष्ट होता है कि पाश्चात्य काव्य समीक्षा के अनेक प्रतिमान ऐसे हैं जो भारतीय काव्य शास्त्र में सैकड़ों वर्ष पहले ही प्रतिष्ठित हो चुके थे।

काफी अरसे से हिन्दी में भारतीय काव्यशास्त्र पर शोध करने की परम्परा अवरुद्ध हो गयी है। यह सच है कि विषय कठिन तो है मगर यह साहित्य को समझने का प्रधान साधन है। मैंने यथाशक्ति प्रयास किया है कि कठिन सिद्धान्तों को उदाहरण देते हुए सरल और तर्कसंगत भाषा में प्रस्तुत किया जाये।

आशा है कि इस पुस्तक से हिन्दी के विद्वान भारतीय काव्य शास्त्र के सिद्धान्त पक्ष की ओर आकर्षित होंगे।

पुस्तक के इस सुन्दर प्रकाशन के लिए मैं वाणी प्रकाशन का विशेष रूप से आभारी हूँ।

**–तारक नाथ बाली**

तिथि

173, नेशनल मीडिया सेण्टर,
शंकर चौक, गुड़गाँव-122002
दूरभाष : 0124-2357228

# दो शब्द

## (प्रथम संस्करण)

हिन्दी आलोचना के उद्भव और विकास में दो विशेषताएँ सहसा ध्यान आकर्षित करती हैं। पहली तो यह कि उस पर संस्कृत आलोचना का गहरा प्रभाव है (जो कि स्वाभाविक है), मगर इन सिद्धान्तों पर आधुनिक दृष्टि से विचार करने का बहुत कम प्रयास किया गया है। इसका दुष्परिणाम यह हुआ है कि उन महत्त्वपूर्ण प्राचीन सिद्धान्तों का अध्ययन केवल ऐतिहासिक दृष्टि से ही किया जाता है तथा उनमें व्यक्त ऐसे पक्ष अछूते रह जाते हैं जो आधुनिक काव्य समीक्षा की दृष्टि से महत्त्वपूर्ण हैं। दूसरी विशेषता यह है कि कुछ आलोचक प्राचीन भारतीय काव्य सिद्धान्तों को समझे बिना ही उनका विरोध करते हैं तथा विदेशी काव्य समीक्षा का ही अनुसरण करते दिखाई देते हैं। यद्यपि ये दोनों दृष्टियाँ एक सीमा तक उपयोगी हैं, मगर इन दोनों प्रकार की आलोचना की धाराएँ समान्तर रूप से ही प्रवाहित होती रही हैं। इसलिए अरसे से मैं एक ऐसी पुस्तक का अभाव महसूस कर रहा था जो भारत के प्राचीन साहित्य सिद्धान्तों का वास्तविक स्वरूप प्रकट करते हुए उन पर आधुनिक दृष्टि से भी विचार करें, ताकि प्राचीन सिद्धान्तों की आधुनिक प्रासंगिकता को उजागर किया जा सके। प्रस्तुत पुस्तक में इसी प्रकार का एक प्रयास किया गया है जहाँ प्राचीन सिद्धान्तों की प्रामाणिक व्याख्या के साथ-साथ उन्हें आधुनिक पाश्चात्य आलोचकों और समीक्षा धाराओं—रोमांटिक आलोचना, नयी समीक्षा, शैली विज्ञान आदि के समकक्ष रखकर देखा-परखा गया है। इस प्रयास में निष्पक्ष और वस्तुपरक दृष्टि के उपयोग का प्रयास किया गया है और आधुनिक कविता के उद्धरणों को केन्द्र में रखकर ही तुलनात्मक व्याख्या की गयी है। उदाहरण के लिए रूपक अलंकार, प्रयोजनवती लक्षणा, वक्रोक्ति, विशेषण विपर्यय, विरोध चमत्कार और विचलन काव्यभाषा के एक ही विशिष्ट प्रयोग

क अलग-अलग नाम भर हैं। वस्तुतः काव्यभाषा और उसकी संरचना के प्रथम गम्भीर समीक्षक हैं।

कालिदास के काव्य के समीक्षक आचार्य मल्लिनाथ। ये व्याख्या नयी समीक्षा और शैली वैज्ञानिक समीक्षा से कहीं अधिक गम्भीर और सार्थक है।

इस पुस्तक को लिखने में जिन विद्वान आचार्यों की रचनाओं का उपयोग किया गया है; मैं उन सबका आभारी हूँ।

पुस्तक के सुन्दर प्रकाशन के लिए मैं वाणी प्रकाशन का आभार व्यक्त करता हूँ।

**—तारक नाथ बाली**

173, नेशनल मीडिया सेण्टर,
शंकर चौक, गुड़गाँव-122002

# अनुक्रम

## अध्याय-1

# काव्य हेतु : काव्यसृजन की प्रक्रिया

कविता करने की कामना तो अनेक व्यक्तियों के मन में होती है। उनमें से अधिकांश प्रयत्न भी करते हैं और जैसे-तैसे कविता या पद्य की रचना भी कर लेते हैं। मगर बहुत कम व्यक्ति होते हैं जो उत्कृष्ट काव्य का सृजन करने में समर्थ होते हैं तथा जिनकी कृतियाँ कालजयी होकर मानव मात्र को आनन्दित आन्दोलित करती हुई मानवीय विवेक और सृजन-शक्ति की सार्वभौम तथा अनुपम धरोहर के रूप में सुरक्षित रहती हैं और मानवीय अस्मिता के उत्कर्ष का प्रमाण बनती हैं। इसलिए यह सवाल सर्वत्र उठना स्वाभाविक ही है कि वे कौन-से कारण हैं, कौन-सी योग्यताएँ हैं, जिनके रहते कुछ व्यक्ति उत्कृष्ट काव्य का सृजन करने में समर्थ होते हैं।

इस व्यापक दृष्टि से देखा जाये तो यह स्पष्ट हो जाता है कि काव्य हेतु की समस्या वस्तुतः काव्यसृजन की समस्या का ही एक रूप है जो आज तक समीक्षा, मनोविज्ञान, सौन्दर्यशास्त्र आदि के लिए एक चुनौती बना हुआ है। काव्यसृजन के कारणों की व्याख्या के अनेक प्रयास हुए, मगर फिर भी अभी तक कोई स्पष्ट सर्वमान्य सिद्धान्त हमारे सामने नहीं आया। इस रूप में यह समस्या कवि के व्यक्तित्व की समस्या भी बन जाती है—कवि के व्यक्तित्व में ऐसी कौन-सी विशिष्ट शक्ति है जिससे वह उत्कृष्ट काव्यसृजन करने में सफल होता है तथा काव्यसृजन के व्यापार का स्वरूप क्या है? इस प्रकार काव्यसृजन के हेतुओं या कारणों तथा उसके स्वरूप एवं प्रक्रिया की समस्या जितनी प्राचीन है उतनी ही नवीन भी।

जिस प्रकार प्राचीन भारतीय आचार्यों ने प्रतिभा आदि की चर्चा की है, उसी प्रकार प्राचीन पाश्चात्य विचारकों—प्लेटो आदि ने काव्यदेवियों के रूप में दैवी प्रेरणा का उल्लेख किया है तथा आधुनिक पाश्चात्य समीक्षकों ने कल्पना को प्रमुखता

दी है। मगर कल्पना शक्ति को समझाने के अनेक दार्शनिक या मनोवैज्ञानिक प्रयासों के बावजूद भी काव्यहेतुओं या काव्यसृजन की प्रक्रिया की समस्या सुलझ नहीं पायी है। विविध भारतीय आचार्यों ने इस विषय में अपने मत प्रस्तुत किये हैं जिनमें थोड़ा-बहुत अन्तर होने के बावजूद पर्याप्त बुनियादी समानता है।

**भामह**–भामह ने यह माना है कि यद्यपि गुरु के अध्यापन से मन्दबुद्धि भी शास्त्रों का ज्ञान प्राप्त कर सकते हैं, मगर काव्य रचना के लिए तो प्रतिभा का होना अनिवार्य है। यहाँ भी काव्य लक्षण के समान भामह शास्त्र और काव्य के अन्तर को रेखांकित करते चलते हैं। यहाँ नासिख़ का एक शे'र बहुत उपयुक्त प्रतीत होता है–

*इश्क़ को दिल में जगह दे नासिख़*
*इल्म से शायरी नहीं आती।*

इसका यह अर्थ नहीं है कि कवि के लिए शास्त्र-ज्ञान का कोई उपयोग नहीं है। अभिप्राय यह है कि बिना प्रतिभा के काव्यसृजन सम्भव नहीं है।

**दण्डी**–दण्डी ने सबसे पहले दो महत्त्वपूर्ण बातें कहीं जो बाद के आचार्यों के काव्य विवेचन में भी दिखाई देती हैं। पहली स्थापना तो उन्होंने यह की कि काव्यसृजन के लिए **तीन तत्त्वों** का होना आवश्यक है : **नैसर्गिकी प्रतिभा, निर्मल बहुज्ञता** तथा **निरन्तर अभियोग या अभ्यास।** ये तीनों ही काव्य रचना का कारण हैं। मगर उन्होंने इन तीनों तत्त्वों के सापेक्षिक महत्त्व का विचार नहीं किया।

मगर साथ ही उन्होंने यह भी कहा कि बिना प्रतिभा के भी कभी-कभी केवल बहुज्ञता और अभ्यास के आधार पर भी कोई व्यक्ति कविता की रचना करने में समर्थ हो जाता है। मगर उन्होंने यह विवेचन नहीं किया कि उक्त दोनों प्रकार के काव्यों में कोई अन्तर होता है या नहीं। मगर उनके कहने की शैली से यह स्पष्ट है कि वह प्रतिभा को नैसर्गिक मानते हैं, यानी वह अभ्यासादि से उत्पन्न नहीं हो सकती और वे प्रतिभा को ही सबसे प्रधान हेतु या कारण मानते हैं।

**वामन**–काव्य हेतु को राजशेखर ने **काव्यमाताएँ** कहा है तथा वामन ने हेतु को **काव्यांग** कहा है। उन्होंने काव्यांगों की विस्तार से व्याख्या करते हुए उनके अन्तर्गत काव्य रचना के लिए अपेक्षित अनेक गुणों की चर्चा की है। उन्होंने तीन काव्यांग माने हैं–

**1. लोक**–जिसका अभिप्राय है कि कवि को जीवन एवं जगत का व्यापक ज्ञान होना चाहिए क्योंकि यहीं से वह काव्य-वस्तु प्राप्त करता है।

**2. विद्या**–इसके अन्तर्गत उन्होंने शब्दशास्त्र, कोश, छन्दशास्त्र, कला, कामशास्त्र तथा राजनीति के ज्ञान की चर्चा की है, क्योंकि कोई भी व्यक्ति इनके ज्ञान के अभाव में काव्य की रचना नहीं कर सकता।

यहाँ यह स्पष्ट है कि अन्य काव्यशास्त्रियों ने इन सब तत्त्वों की अलग-अलग

चर्चा तो नहीं की है, मगर ये सारे तत्त्व **व्युत्पत्ति** या **निपुणता** के अन्तर्गत आ जाते हैं। मम्मट ने निपुणता की व्याख्या करते हुए कहा भी है कि वह लोक, काव्य और शास्त्र के ज्ञान से प्राप्त होती है।

3. **प्रकीर्ण**–इसके अन्तर्गत वामन ने लक्ष्य ज्ञान (अन्य महान काव्यों का अध्ययन, अभियोग अर्थात् अभ्यास, वृद्ध सेवा, काव्यज्ञ की सेवा, उनके निर्देशन में काव्य रचना का अभ्यास करना) अवेक्षण अर्थात् उपयुक्त पदों का चयन और अनुपयुक्त पदों का वर्जन, प्रतिभान यानी पूर्वजन्मों से प्राप्त संस्कार जिसे वामन ने काव्य बीज माना है तथा अवधान या चित्त की एकाग्रता की चर्चा की है।

कहना न होगा कि प्रकीर्ण में मान्य प्रतिभा के अतिरिक्त अन्य तत्त्वों का समावेश निपुणता और अभ्यास में हो जाता है। यहाँ ध्यान देने की बात यह है कि वामन ने काव्यभाषा के स्वरूप का भी उल्लेख किया है। आगे चलकर पण्डितराज जगन्नाथ ने प्रतिभा को ही उपयुक्त काव्यभाषा का कारण माना है।

**वाग्भट्ट**–वाग्भट्ट ने प्रतिभा को काव्य का मूल एवं प्रधान कारण माना है। मगर साथ ही व्युत्पत्ति आदि को भी स्वीकार किया है, मगर उसने व्युत्पत्ति को काव्य का कारण न मानकर उसका भूषण माना है। इसका तात्पर्य यह है कि काव्यसृजन के लिए प्रतिभा तो अनिवार्य और प्राथमिक हेतु या प्रेरक तत्त्व है, मगर व्युत्पत्ति से, विविध शास्त्रों, काव्यों एवं लोक के विभिन्न पक्षों के ज्ञान से काव्य का कथ्य और समृद्ध और व्यापक बन जाता है जिसके कारण उसका महत्त्व बढ़ जाता है।

**मम्मट**–मम्मट तक आते-आते काव्य हेतु की समस्या के विविध पक्षों पर विचार हो चुका था तथा उसने यहाँ भी अपनी मर्मस्पर्शी दृष्टि का परिचय देते हुए कहा है कि शक्ति (प्रतिभा), निपुणता (व्युत्पत्ति) और अभ्यास तीनों मिलकर संयुक्त रूप से काव्य **का हेतु** हैं। उन्होंने इन तीनों तत्त्वों को अलग-अलग नहीं माना है और मम्मट के बाद के आचार्यों ने इसी मत की पुष्टि की है।

**शक्ति** के बारे में उन्होंने कहा है कि वह साहित्य का बीज है तथा संस्कार के रूप में कवि के व्यक्तित्व में जन्म से होती है। बीज रूप कहने का तात्पर्य यह है कि जिस प्रकार बीज चाहे कितना ही अच्छा हो, उपयुक्त ज़मीन, खाद, जल आदि की व्यवस्था करने पर ही वह पल्लवित और पुष्पित होता है। इसी प्रकार प्रतिभा के विकास के लिए भी उपयुक्त वातावरण, अध्ययन आदि (निपुणता) तथा अभ्यास की अपेक्षा होती है। साथ ही प्रतिभा किसी व्यक्ति में संस्कार के समान जन्मजात होती है। इस प्रकार निपुणता या व्युत्पत्ति तथा अभ्यास प्रतिभा को विकसित करते हुए उसे उत्कृष्ट काव्य के सृजन में समर्थ बनाते हैं। यदि कोई व्यक्ति बिना प्रतिभा के काव्य रचना करता है तो उसके काव्य का उपहास ही किया जाता है।

**निपुणता** की प्राप्ति के लिए कवि को विशेष और व्यापक परिश्रम करना होता है। उसे लोक के चेतन, जड़ तथा उनमें व्याप्त आत्मतत्त्व का गम्भीर ज्ञान प्राप्त करना चाहिए, उसे छन्दशास्त्र, व्याकरण, कोश, कलाओं, जीवन के लक्ष्य रूप चतुर्वर्ग–धर्म, अर्थ, काम और मोक्ष तथा महाकवियों के काव्यों का तथा इतिहासादि का व्यापक ज्ञान होना चाहिए। कवि का ज्ञान जितना व्यापक होगा, उसका काव्य विषय भी उतना ही अनेकरूप तथा प्रभावशाली होगा।

**अभ्यास** का अर्थ है काव्य के ज्ञाताओं के निर्देशन में बार-बार काव्य रचना करना। इस प्रकार के अभ्यास से ही प्रतिभा का विकास होता है और कवि श्रेष्ठ काव्य के निर्माण में सफल होता है।

**पण्डितराज जगन्नाथ**–इन्होंने मम्मट के मत का ही स्पष्टीकरण करते हुए कहा है कि प्रतिभा काव्य का प्रधान कारण है तथा व्युत्पत्ति और अभ्यास प्रतिभा के पोषक तत्त्व हैं–व्यापक अध्ययन तथा निरन्तर अभ्यास से ही प्रतिभा का निरन्तर विकास होता है। उनके अनुसार प्रतिभा का कार्य है, काव्य रचना के अनुकूल शब्दार्थ को उपस्थित करना।

**हेमचन्द्र**–इन्होंने भी मम्मट तथा जगन्नाथ के मत को ही माना है तथा कहा है कि प्रतिभा ही काव्य का हेतु है तथा व्युत्पत्ति और अभ्यास से प्रतिभा का निरन्तर संस्कार-परिष्कार होता रहता है।

## मूल्यांकन : आधुनिक समीक्षा के सन्दर्भ में

उपर्युक्त विवेचन से स्पष्ट है कि भारतीय आचार्यों ने कविता के जन्म के कारणों की निरन्तर समीक्षा करते हुए काव्य-सृजन की प्रक्रिया को समझाने का प्रयास किया है। मम्मट, पण्डितराज जगन्नाथ तथा हेमचन्द्र में इस दीर्घ विवेचन के निष्कर्ष रूप में माना गया है कि काव्य रचना के लिए एक प्रधान तथा विशिष्ट शक्ति होती है जिसे प्रतिभा या शक्ति कहा गया है तथा इस प्रतिभा के विकास के लिए लोक, काव्य, शास्त्र के ज्ञान से प्राप्त व्युत्पत्ति तथा काव्य के ज्ञाता के निर्देशानुसार निरन्तर अभ्यास आवश्यक हैं। यद्यपि रुद्रट जैसे कुछ आचार्यों ने प्रतिभा के दो भेद किये हैं–**सहजा प्रतिभा** जो जन्मजात होती है तथा **उत्पाद्या प्रतिभा** जो निरन्तर काव्य रचना से प्राप्त की जा सकती है, मगर अन्य आचार्यों ने उत्पाद्या प्रतिभा की स्थिति को स्वीकार नहीं किया है। इसके अतिरिक्त मान्त्रिकी प्रतिभा का उल्लेख भी किया जाता है–जैसे यह एक प्रसिद्ध किंवदन्ती है कि आरम्भ में कालिदास बहुत मूर्ख व्यक्ति था, मगर बाद में उसने शक्ति की उपासना की और वरदान स्वरूप प्रतिभा को प्राप्त किया। मगर प्रायः सर्वमान्य निष्कर्ष यही है कि प्रतिभा सृजन की एक विशिष्ट शक्ति है जो जन्मजात होती है।

प्रतिभा के स्वरूप के अतिरिक्त उसके **कार्यों** का उल्लेख किया गया है।

पण्डितराज जगन्नाथ ने कहा है कि वह काव्य के अनुरूप अर्थ तथा शब्द रचना का निर्माण करती है। आज की समीक्षा में ये कार्य **कल्पना** के माने जाते हैं तथा आज की समीक्षा में स्वीकृत कल्पना का स्वरूप प्रतिभा से काफी समानता रखता है। जगन्नाथ के अनुसार प्रतिभा काव्य-वस्तु की संरचना करती है तथा उनके काव्य लक्षण से स्पष्ट है कि यह संरचना शब्द रूप ही होती है, क्योंकि उन्होंने शब्द को काव्य माना है। भट्ट तौत ने नव-नव उन्मेष करने वाली प्रज्ञा को ही प्रतिभा कहा है। इसके अतिरिक्त प्रतिभा की व्याख्या में यह भी कहा गया है कि वह अभिनव वस्तु के निर्माण में समर्थ होती है। यहाँ वस्तु शब्द महत्त्वपूर्ण है और यदि इन आचार्यों के समग्र काव्य विवेचन को देखा जाये तो स्पष्ट हो जाता है कि यह वस्तुतः 'शब्दबद्ध काव्यवस्तु' ही है। आधुनिक सौन्दर्य-शास्त्री क्रोचे ने तो कल्पना के रूपों—फॉर्म्स—की चर्चा की है जो कवि की आत्मा में व्यक्त होते हैं।

उपर्युक्त विवेचन के प्रकाश में किसी भी आधुनिक कवि की काव्ययात्रा को सहज ही समझा जा सकता है। प्रसाद की लम्बी काव्ययात्रा में 'करुणालय' तथा 'महाराणा के महत्त्व' से लेकर 'कामायनी' तक निरन्तर विकास दिखाई देता है—काव्य-वस्तु में भी तथा अभिव्यंजना-कौशल (शब्द) में भी। इसका सीधा अर्थ यह है कि प्रसाद में जो काव्य रचना की क्षमता या प्रतिभा बीज रूप में विद्यमान थी, वह निरन्तर अध्ययन एवं अभ्यास से विकसित होती हुई 'कामायनी' के रूप में प्रतिफलित हुई। यही बात धर्मवीर भारती की रचना 'अन्धायुग' के बारे में भी कही जा सकती है।

## पाश्चात्य मत

काव्य रचना के रहस्य की समस्या आरम्भ से ही विचारकों के चिन्तन का विषय रही है। **पश्चिम में** भी काव्य-रचना के रहस्य को समझने का प्रयास **प्लेटो** में दिखाई देता है। प्राचीनकाल में दार्शनिक चिन्तन तो पर्याप्त रूप से विकसित हो चुका था मगर शास्त्र के अन्य पक्षों के—मनोविज्ञान, समाजशास्त्र आदि के विकास के अभाव में किसी भी जटिल समस्या को सुलझाने के लिए आध्यात्मिकता का, ईश्वर या देवताओं का सहारा लिया जाता था। इसी क्रम में प्राचीन यूनान में काव्यदेवियों की अवधारणा का विकास हुआ और यह माना जाने लगा कि कवि काव्यदेवियों से आविष्ट होने पर ही काव्य रचना में समर्थ होता है। काव्यदेवियों द्वारा उत्पन्न आवेश रचनात्मकता की असाधारण मानसिक शक्ति का द्योतक है। प्लेटो यह सवाल उठाता है कि क्या कोई प्रतिष्ठित कवि भी जब चाहे काव्य रचना कर सकता है? और जब कवि उत्तर देता है कि वह किसी भी समय काव्य रचना करने में समर्थ नहीं होता। उसके जीवन में प्रेरणा के कुछ विशेष अवसर आते हैं जब उसे अनदेखे पात्र और दृश्य साक्षात् दिखाई देने लगते हैं—जैसे कि वे इसके

सामने घटित हो रहे हों—और वह उन्हें काव्य में प्रस्तुत करने में समर्थ होता है। वह एक विशेष असाधारण मनःस्थिति में ही सृजन कर सकता है। इससे प्लेटो यह निष्कर्ष निकालता है कि ये वे क्षण होते हैं जब काव्यदेवियाँ कवि के मानस को उत्प्रेरित कर देती हैं और इस दैवी प्रेरणा की स्थिति में ही वह देशकाल का अतिक्रमण कर अनदेखी स्थितियों का प्रभावशाली वर्णन करने में समर्थ होता है। इसी असाधारण मानसिकता को बाद में काव्य विक्षेप की स्थिति भी कहा गया और जब काव्यदेवियाँ कवि की आत्मा से निकलकर उसे मुक्त कर देती हैं तो वह फिर एक साधारण मानसिक अवस्था में आ जाता है। इसलिए होमर ने अपने महाकाव्य 'इलियड' के आरम्भ में काव्यदेवियों से यह विनती की है कि वे उस पर आग्रह कर उसे उत्कृष्ट काव्य रचना में समर्थ बनायें। बाद के काव्यशास्त्रियों ने लोंजाइनस आदि ने इस शक्ति को ही **'प्रकृति'** नाम दिया।

भारतीय परम्परा में भी सरस्वती को कला और ज्ञान की देवी माना गया है और प्रायः यह कहा जाता है कि उत्कृष्ट कवियों की जिह्वा पर सरस्वती का वास होता है। इसके अतिरिक्त भारतीय कवि अन्य देवी-देवताओं की—शिव और शक्ति की या रामादि की प्रार्थना करते हैं कि वे उनको उत्कृष्ट काव्यसृजन का वरदान दें। काव्यशास्त्रियों ने इस रचनात्मक शक्ति को ही प्रतिभा या शक्ति नाम दिया और उसे जन्मजात संस्कार रूप माना। जिस प्रकार भारतीय काव्य-चिन्तन में प्रतिभा के साथ व्युत्पत्ति और अभ्यास का उल्लेख किया गया, उसी प्रकार प्राचीन पाश्चात्य काव्यशास्त्र में प्रकृति के साथ **कला** (छन्द, अलंकारादि के ज्ञान) को भी काव्य हेतु के रूप में स्वीकार किया गया है।

मगर प्लेटो तथा भारतीय चिन्तन में एक मौलिक अन्तर भी है। प्लेटो ने काव्य को दैवी प्रेरणा—काव्यदेवियों के आवेश—से उत्पन्न मानते हुए भी काव्य को सत्यभ्रष्ट माना और कवि को आदर्श गणराज्य से निष्कासित करने का निर्देश दिया। और साथ ही यह भी कहा कि अगर कोई कवि वासनाओं को सिंचित करने वाले काव्य की अपेक्षा सत्य की प्रतिष्ठा करने वाले काव्य की रचना करता है तो वह मान्य है। इसी मान्यता से आगे चलकर पाश्चात्य काव्य समीक्षा में **काव्यन्याय** की धारणा का विकास हुआ तथा अरस्तू ने भी त्रासदी के विवेचन में उन स्थितियों के चित्रण को वर्जित माना जहाँ किसी दुराचारी नायक का उत्कर्ष दिखाया जाये या किसी पूर्णरूप से सदाचारी नायक का पतन दिखाया जाये। इस प्रकार पश्चिम में आरम्भ से ही काव्य-चिन्तन में नैतिक आग्रह का प्रभाव दिखाई देता है।

नव्य आभिजात्यवादी आलोचना में तो काव्य न्याय पर विशेष बल दिया गया। मगर काव्य के हेतुओं की चर्चा में रचना की एक विशेष शक्ति कल्पना या ललित कल्पना का उल्लेख किया गया तथा ड्राइडन जैसे आलोचकों ने दोनों को ही पर्याय माना। रोमांटिक कवि आलोचक कॉलरिज ने सबसे पहले कवि की विशेष शक्ति

कल्पना की दार्शनिक व्याख्या करते हुए उसे आत्मा की शक्ति माना। आगे चलकर आई.एच. रिचर्ड्स जैसे आलोचकों ने कल्पना के स्वरूप का मनोवैज्ञानिक विवेचन करते हुए कविता में उसके कार्यों का—बिम्ब विधान, लयादि का वर्णन किया। **इस प्रकार यह स्पष्ट है कि आधुनिक समीक्षा में स्वीकृत कल्पना शक्ति प्रतिभा का ही एक रूप है।** मनोवैज्ञानिकों ने सृजनात्मक चिन्तन की मूल शक्ति के रूप में कल्पना का स्वरूप स्पष्ट करने का प्रयास किया है। मगर यह कल्पना अर्जित होती है या जन्मजात, इस प्रश्न का कोई सर्वमान्य उत्तर आज भी मनोविज्ञान नहीं दे पाया। आधुनिक समीक्षा में कल्पना के कार्यों की व्याख्या तो की गयी है मगर कल्पना के स्रोत का—वह जंन्मजात होती है या अर्जित, क्यों कोई व्यक्ति चाहकर भी काव्य-रचना में सफल नहीं हो पाता? जैसे प्रश्नों का कोई उत्तर नहीं दिया। मगर अधिकांश चिन्तक कल्पना को एक जन्मजात शक्ति के रूप में ही स्वीकार करते हैं।

प्रतिभा या कल्पना के स्रोत की समस्या आज भी एक चुनौती बनी हुई है। मगर यह प्रायः सभी स्वीकार करते हैं कि यह एक ऐसी शक्ति है जो उत्कृष्ट काव्यसृजन के लिए अनिवार्य है तथा यह कुछ विशिष्ट कवियों में जन्मजात ही होती है या एक ऐसी शक्ति है जिसके स्रोत और विकास के बारे में निश्चयपूर्वक कुछ भी नहीं कहा जा सकता। इसलिए आधुनिक समीक्षा में प्रयुक्त कल्पना शक्ति की भी वही स्थिति है जो प्रतिभा की है।

प्रतिभा या कल्पना के स्वरूप पर विचार करते हुए मेरे सामने कुछ ऐसे प्रश्न भी आये जो बुनियादी महत्त्व के हैं, मगर उनका भी उत्तर अभी रहस्य ही बना हुआ है।

मूल प्रश्न यह है कि क्या सभी कवियों की प्रतिभा या कल्पना परस्पर समान होती है या प्रत्येक कवि की प्रतिभा विशिष्ट होती है? स्पष्ट है कि सभी कवियों की प्रतिभा समान नहीं होती। सूर और तुलसी दोनों प्रतिभाशाली कवि हैं मगर सूर की प्रतिभा कृष्ण भक्ति को उत्कृष्ट काव्य में व्यक्त कर सकती है तथा तुलसी की प्रतिभा रामभक्ति को। तुलसीदास द्वारा लिखा गया कृष्णभक्ति का काव्य इसका प्रमाण है। यही सवाल दो महान छायावादी कवियों—प्रसाद और निराला के बारे में भी पैदा होता है या धर्मवीर भारती तथा कुँवरनारायण के बारे में भी सामने आता है। ये सभी कवि प्रतिभाशाली हैं मगर प्रत्येक की प्रतिभा विशिष्ट है तथा उनके काव्यों के ज्ञाता उनकी रचनाओं को देखकर, उनके बोध और शैली को देखकर ही यह अनुमान लगा सकते हैं कि रचना विशेष का रचयिता कौन है। इस प्रकार यह कहा जा सकता है कि प्रतिभा रचनात्मक शक्ति के रूप में एक जाति है तथा प्रत्येक कवि की प्रतिभा विशिष्ट होती है, उसकी अपनी परिधि और सीमा होती है। इसलिए यहाँ यह सवाल पैदा होना स्वाभाविक ही है कि वैयक्तिक प्रतिभा

की परिधि और सीमा के स्रोत क्या हैं? स्पष्ट है कि यह सवाल व्यक्तित्व विशेष के उस जटिल स्वरूप से सम्बद्ध है जिसका स्पष्टीकरण आज तक मनोविज्ञान, मनोविश्लेषण या कोई अन्य शास्त्र नहीं कर पाया है।

इसी प्रकार यह सवाल भी पैदा होता है कि क्यों किसी कवि की प्रतिभा कुछ समय तक सक्रिय रहती है और फिर चुक जाती है। महादेवी जैसी अनेक लेखिकाएँ तथा लेखक हैं जिन्होंने काफी समय तक रचना करने के बाद रचना कर्म बन्द कर दिया यानी उनकी प्रतिभा चुक गयी। यह भी देखा गया है कि किसी कवि की रचना के स्वरूप में इतना अन्तर आ जाता है कि उसकी रचनाओं में प्रतिभा का स्वरूप ही बदल जाता है—जैसे पन्त के छायावादी काव्य, यथार्थवादी काव्य तथा स्वर्णकाव्य में इतना अधिक अन्तर है कि वह एक ही कवि की रचनाएँ प्रतीत नहीं होतीं। यही बात निराला के काव्य के बारे में भी कही जा सकती है।

ऊपर यह कहा गया है कि प्रतिभा का निरन्तर विकास होता है। मगर इसके महत्त्वपूर्ण अपवाद भी सामने आते हैं। उदाहरण के लिए अज्ञेय का प्रथम उपन्यास **'शेखर एक जीवनी'** ही उनका सबसे अधिक महत्त्वपूर्ण उपन्यास माना जाता है। जैनेन्द्र जी अपने आरम्भिक उपन्यासों—सुनीता, त्याग-पत्र, परख के लिए याद किये जायेंगे। पन्त का सबसे अधिक महत्त्वपूर्ण काव्य उनका छायावादी काव्य ही माना जाता है। इस प्रकार हम यह भी देखते हैं कि किसी कवि विशेष में एक काल के बाद उसकी प्रतिभा क्षीण हो जाती है, उसमें वह प्रभाव और सृजनात्मक महत्त्व नहीं रह जाता जो उसके सृजन के आरम्भ में दिखाई देता है। इससे यह भी स्पष्ट हो जाता है कि किसी भी कवि की प्रतिभा उसके सम्पूर्ण व्यक्तित्व या चिन्तन को उत्कृष्ट सृजन का विषय नहीं बना सकती।

कहीं-कहीं एक ही काव्य में कवि की प्रतिभा का यह उतार-चढ़ाव या अनेकरूपता देखी जा सकती है। उदाहरण के लिए **कामायनी** के आरम्भिक सर्गों में प्रसाद की प्रतिभा ने जैसे काव्य-वस्तु एवं कला की सम्पृक्ति को जन्म दिया है, मध्य भाग में—'इड़ा' या 'संघर्ष' आदि में वह रूप दिखाई नहीं देता। और 'आनन्द' सर्ग को पढ़ते हुए तो प्रसाद की उन रचनाओं का स्मरण हो आता है जिनकी रचना द्विवेदीयुगीन स्वभाव की है। प्रतिभा के बारे में सारे प्रश्न ऐसे हैं जिनका कोई सन्तोषजनक उत्तर नहीं मिलता। हाँ, इतना ही कहा जा सकता है कि प्रत्येक कवि की प्रतिभा विशिष्ट होती है और वह नियत सीमाओं के भीतर ही अपना कमाल दिखा सकती है। सम्भवतः यहाँ उन तत्त्वों की भूमिका का सवाल पैदा होता है जिसे व्युत्पत्ति तथा अभ्यास कहा गया है। यदि कोई साहित्यकार किसी एक विचारधारा तक सीमित होकर रह जाता है तथा अपने मानसिक परिदृश्य को व्यापकता नहीं प्रदान करता तो उसकी प्रतिभा के सृजन का क्षेत्र सीमित ही रह जाता है जैसा कि अज्ञेयादि में देखा जा सकता है।

प्राचीन भारतीय काव्य-चिन्तन में सहृदय में भी प्रतिभा की अपेक्षा की गयी है और कवि की कारयित्री प्रतिभा के विरोध में उसे भावयित्री प्रतिभा कहा गया है। यद्यपि यह एक आभिजात्यवादी युग की परिकल्पना है, मगर यह आज भी प्रायः प्रासंगिक है। उदाहरण के लिए **कामायनी, राम की शक्तिपूजा, अन्धायुग** या **अँधेरे में** जैसी रचनाओं को साधारण पाठक नहीं समझ सकता और न ही उसे पढ़ता है। अब जनसंचार के माध्यमों ने तो एक नयी प्रकार की जनप्रिय संस्कृति—पापुलर कल्चर को जन्म दिया है तथा उसके धारावाही गुलशन नन्दा के उपन्यासों या चन्द्रकान्ता आदि के पाठकों के समान ही जनसाधारण को ही लुभा पाते हैं। सिनेमा की नयी धारा को दर्शक ही नहीं मिले और वह धीरे-धीरे समाप्त होती जा रही है। हाँ, नाटक अभी भी अपने उस सर्जनात्मक रूप को बनाये हुए है। मगर यहाँ भी नुक्कड़ नाटक जैसे महत्त्वपूर्ण प्रयोग हो रहे हैं जो जनता के बीच खूब लोकप्रिय हो रहे हैं, मगर नुक्कड़ नाटक जनप्रिय संस्कृति के अंग नहीं हैं।

मगर जहाँ तक काव्य के प्रेरक तत्त्वों की समझ का सवाल है, चाहे हम उन्हें प्रतिभादि कहें या कल्पना कहें—काव्यसृजन की समस्या आज भी एक चुनौती बनी हुई है। उत्कृष्ट काव्यसृजन के लिए दैवी-शक्ति की अपेक्षा के सिद्धान्त को हम आज नहीं मानते, मगर ज्ञात शास्त्रों के आधार पर उसके रहस्य की पूरी तरह व्याख्या करने में भी समर्थ नहीं हो पाये हैं।

## अध्याय-2

# काव्य लक्षण : कविता क्या है

प्राचीन भारतीय आचार्यों ने व्यापक अध्ययन-मनन के उपरान्त प्रायः एक काव्यशास्त्रीय ग्रन्थ की रचना की है तथा स्मृति की परम्परा का महत्त्वपूर्ण स्थान होने के कारण एक विशिष्ट संक्षिप्त शैली–प्रायः सूत्र शैली का प्रयोग किया है। उन्होंने अपने ग्रन्थों में प्रायः अपने चिन्तन के निष्कर्ष भर दिये हैं तथा बहुत गम्भीर एवं जटिल समस्याओं के विवेचन में ही व्याख्या का सहारा लिया है। इसीलिए संस्कृत में ही इन आचार्यों के ग्रन्थों पर टीकाएँ लिखी गयीं–जैसे भरतमुनि के नाट्यशास्त्र के अनेक टीकाकारों के मतों का उल्लेख किया जाता है। इन टीकाकारों ने काव्यशास्त्रियों के मतों या निष्कर्षों की स्पष्ट संगत व्याख्या का प्रयास किया है और ये टीकाएँ उन आचार्यों के मतों को समझने में विशेष रूप से सहायक सिद्ध हुई हैं। इसलिए आज जब हम किसी भी प्राचीन काव्यसिद्धान्त पर विचार करते हैं तो हमें उनके सिद्धान्तों को–जो प्रायः सूत्र रूप में प्रस्तुत किये गये हैं–उनकी गहराई में समझने की कोशिश करनी चाहिए तथा उस विचार शृंखला को समझने का प्रयास करना चाहिए जो उन संक्षिप्त रूप से व्यक्त सिद्धान्तों के मूल में हैं। इस प्रयास में आचार्य विशेष के समग्र चिन्तन के सन्दर्भ में ही उनकी किसी एक स्थापना पर विचार करना अनिवार्य है। साथ ही उन ग्रन्थों पर संस्कृत के अन्य विद्वानों द्वारा लिखी गयी टीकाओं की सहायता लेना भी आवश्यक है। तभी उनके सिद्धान्तों को ठीक से समझा जा सकता है तथा उनकी आधुनिक प्रासंगिकता पर विचार किया जा सकता है।

विविधि काव्य लक्षणों पर विचार करते समय भी यही प्रक्रिया अपनानी चाहिए। मगर भारतीय काव्यशास्त्र पर लिखे गये प्रायः हिन्दी के सभी ग्रन्थों में

प्राचीन समीक्षा के अनेक सिद्धान्तों पर सतही तौर पर ही विचार हुआ है जिसके कारण उनको न तो ठीक से समझा जा सका है और न ही सन्तुलित मूल्यांकन सम्भव हो पाया है। काव्य लक्षणों के प्राप्त विवेचन में तो यह सीमा बहुत अखरती है। निम्नलिखित विवेचन में संस्कृत तथा हिन्दी के प्रमुख समीक्षकों के काव्य लक्षणों पर विचार किया जायेगा।

## अच्छे काव्यलक्षण की विशेषताएँ

यद्यपि काव्य व्यक्ति द्वारा जीवन की सर्जनात्मक अभिव्यक्ति होने के कारण अनेक पक्षीय रचना है तथा उसमें युगानुरूप परिवर्तन होता रहता है। यही कारण है कि विविध चिन्तकों में काव्य मूल्यों के बारे में बुनियादी मतभेद रहा है तथा उन्होंने इन्हीं के सन्दर्भ में काव्य की परिभाषा देने का प्रयास किया है। फिर भी तर्कशास्त्र में इस प्रश्न पर गहराई से विचार किया गया है कि एक अच्छी परिभाषा की क्या विशेषताएँ होनी चाहिए। उन्हीं को ध्यान में रखते हुए मैंने एक अच्छे काव्य लक्षण की निम्नलिखित विशेषताएँ निर्धारित की हैं—

1. एक अच्छा काव्य लक्षण संक्षिप्त होना चाहिए जिसमें काव्य की उन मूलभूत स्वभावगत विशेषताओं का उल्लेख होना चाहिए जिनके अभाव में किसी रचना को काव्य नहीं माना जा सकता।

2. काव्य लक्षण में पारिभाषिक शब्दों का प्रयोग नहीं होना चाहिए, क्योंकि अगर किसी काव्य लक्षण में पारिभाषिक शब्द होगा तो उसे समझने के लिए उसकी परिभाषा समझनी होगी और यह क्रम अनन्त हो सकता है।

3. काव्य लक्षण में निषेधात्मक शब्द का प्रयोग नहीं होना चाहिए, क्योंकि अनेक ऐसे दुर्गुण हैं जो काव्य में नहीं होने चाहिए। इसलिए निषेधात्मक गुणों के उल्लेख का कोई अन्त नहीं होगा।

4. यदि उपर्युक्त बातों को ध्यान में रखकर काव्य लक्षण दिया जायेगा तो वह अतिव्याप्ति तथा अव्याप्ति दोषों से मुक्त होगा तथा काव्य के वैशिष्ट्य को स्पष्ट रूप से व्यक्त कर सकेगा।

विविध काव्यचिन्तकों ने अन्य आचार्यों के काव्य लक्षणों में जो दोष दिखाये हैं, वे उपर्युक्त प्रतिमानों से ही सम्बद्ध हैं।

## भामह

भामह का ग्रन्थ 'काव्यालंकार' काव्य पर उपलब्ध पहला ग्रन्थ है। भामह का काल ईसा की छठी शताब्दी माना जाता है। यद्यपि भामह से पहले भरत के नाट्यशास्त्र की रचना हो चुकी थी मगर नाट्यशास्त्र काव्य के दृश्य रूप नाटक के विवेचन तक ही सीमित है जबकि भामह तथा परवर्ती आचार्यों ने काव्य के श्रव्य रूप को

ही प्रधान रूप से केन्द्र में रखा है। नाटक श्रव्यकाव्य की तुलना में एक व्यापक विधा है इसलिए उसमें रस-सिद्धान्त की स्थापना की गयी है जो नाटक से उत्पन्न दर्शक के नाट्यानुभव की व्याख्या करता है। मगर श्रव्य-काव्य जो एक छन्द का ही हो सकता है, उसमें रस की स्वीकृति एक अलंकार (रसवत् अलंकार) के रूप में की गयी है और उसका होना अनिवार्य नहीं माना गया है जबकि नाटक के बारे में भरत ने कहा है कि 'रस के बिना उससे कोई अर्थ प्रवर्त्तित नहीं होता।' भट्टनायक के बाद से काव्य की सभी विधाओं में रस को आत्मा के रूप में स्वीकृत किया गया तथा अलंकारों की सीमित-निर्दिष्ट व्याख्या की गयी। इस पर आगे विचार किया जायेगा।

भामह का काव्य लक्षण है–**"जो शब्दार्थ के सहित है वह काव्य है"** (शब्दार्थौ सहितौ काव्यम्)। मेरे मत में यह काव्य का एक आदर्श सर्वमान्य लक्षण है, मगर अन्य लेखकों ने इसे गहराई से समझने का प्रयास ही नहीं किया और इसे यह कहकर अस्वीकार कर दिया कि यह तो अभिव्यंजना का लक्षण है तथा इसमें अतिव्याप्ति दोष है, क्योंकि इसके अन्तर्गत सारा वाङ्मय ही आ जायेगा। इस तरह की आलोचना सतही लगती है, क्योंकि इस तरह के आक्षेप करने वालों को यह तो सोचना चाहिए था कि क्या भामह में इतनी भी समझ नहीं थी कि उनका दिया हुआ यह लक्षण शास्त्र आदि पूरे वाङ्मय पर ही घटित हो रहा है। जैसा कि पहले स्पष्ट किया जा चुका है कि प्राचीन काव्य चिन्तकों ने सूत्र शैली का उपयोग करते हुए निष्कर्ष रूप में अपने सिद्धान्तों की प्रतिष्ठा की है इसलिए उन सिद्धान्तों के मूल में जो तर्क पद्धति विद्यमान है उसे हमें समझने की कोशिश करनी चाहिए।

वाङ्मय के दो भेद हैं–एक, शास्त्र तथा दूसरा, काव्य। दोनों का रूप शब्दार्थमय है। मगर दोनों में एक बुनियादी अन्तर है। शास्त्र (और इसमें आज के विज्ञान को भी जोड़ा जा सकता है) अर्थ प्रधान होता है; कोई भी दार्शनिक (या वैज्ञानिक) शब्दों के सौन्दर्य की ओर उतना ध्यान नहीं देता जितना अर्थ की स्पष्टता तथा संगति की ओर देता है। इसीलिए उसकी भाषा स्वभावोक्ति प्रधान होती है, बोलचाल की या उसके निकट की भाषा होती है जिसमें केवल अर्थ को व्यक्त करने पर बल होता है। आज की शब्दावली में कहें तो कह सकते हैं कि शास्त्र (और विज्ञान) की भाषा अभिधा प्रधान होती है तथा उसे अभिधा प्रधान होना चाहिए। यही उसकी भाषा का आदर्श है। इसके विरोध में वाङ्मय के दूसरे भेद काव्य की भाषा में कवि शब्द पर भी विशेष ध्यान देता है–उतना ही ध्यान देता है जितना कि वह अर्थ पर देता है। वह शब्दों को विविध उपकरणों से सुन्दर तथा प्रभावी बनाता है, वह उसमें अलंकारों का प्रयोग करता है तथा उसकी भाषा **वक्रोक्ति प्रधान** होती है। यहाँ वक्रोक्ति का प्रयोग एक सामान्य अलंकार के रूप में नहीं किया गया है–जैसा कि बाद के आचार्यों ने किया है–मगर यहाँ वक्रोक्ति का अर्थ उसके

असामान्य अर्थ में—असाधारण अर्थ में किया गया है। यदि हम कहें कि 'राम का हृदय सागर के समान है' तो इसे सामान्यतः उपमा अलंकार कहा जायेगा। मगर इसके मूल में वक्रोक्ति है क्योंकि यहाँ हम सीधे-सीधे यह न कहकर कि राम एक गम्भीर पुरुष थे हम उनकी उपमा सागर से दे रहे हैं। यहाँ राम की गम्भीरता को हम स्वाभाविक रूप से न कहकर वक्र रूप से कह रहे हैं। इसलिए यह माना जाता है कि वक्रोक्ति सभी अलंकारों के मूल में विद्यमान रहती है। यदि आज की शब्दावली का उपयोग करें तो कहेंगे कि भामह के अनुसार काव्यभाषा लक्षणा व्यंजना प्रधान होनी चाहिए क्योंकि उपमा अलंकार द्वारा हम अन्य अर्थ छवियों की व्यंजना करते हैं—सागर जैसी विशालता, गम्भीरता, शान्ति आदि सभी अर्थ उक्त उपमा से व्यंजित होते हैं। इतना ही नहीं, कवि शब्दों का प्रयोग करते हुए उनकी ध्वनि, लय, परस्पर मैत्री, विषयानुकूलता छन्दादि का भी ध्यान रखता है। इस दृष्टि से काव्य वाङ्मय का वह रूप है जिसमें शब्द प्रयोग पर भी विशेष ध्यान दिया जाता है—उतना ही ध्यान दिया जाता है जितना कि अर्थ की ओर। इस प्रकार काव्य में शब्द और अर्थ दोनों का समान महत्त्व होता है—दोनों का 'सहित होना' इसी अर्थ को व्यक्त करता है। इस रूप में समझने पर स्पष्ट हो जाता है कि भामह का काव्य लक्षण काव्य की सभी विधाओं पर खरा उतरता है तथा आज तक के काव्य लक्षणों में से सबसे अधिक उत्कृष्ट तथा एकमात्र सर्वमान्य लक्षण है जिसे हम आज के कथा साहित्य, ललित निबन्ध, यात्रा साहित्य, संस्मरण तथा यहाँ तक कि साहित्य की आलोचना पर भी लागू कर सकते हैं। प्रत्येक साहित्यकार और आलोचक की विशिष्ट भापा-शैली होती है जो उसके शब्द-प्रयोग में ही लक्षित की जा सकती है।

यहाँ दो अन्य बातों का भी संकेत करना आवश्यक प्रतीत होता है—

1. भारतीय चिन्तन में शब्द का विशेष महत्त्व है और अक्षर ब्रह्म की कल्पना भी की गयी है। महाभाष्य में महर्षि पातंजलि ने यहाँ तक कहा है कि "सम्यक् रूप से ज्ञात सुप्रयुक्त एक शब्द भी स्वर्ग में और संसार में कामधेनु के समान मनुष्य की सब इच्छाएँ पूरी करता है।" उधर कालिदास तथा गोस्वामी तुलसीदास ने शब्द और अर्थ को शिव-पार्वती के समान या 'जल-वीचि' के समान अभिन्न माना है। मगर स्पष्टता को ध्यान में रखते हुए भामह ने शब्दार्थ दोनों का प्रयोग किया है।

2. आधुनिक युग की नयी समीक्षा में भी काव्य को भाषिक संरचना माना गया है जिससे काव्य में शब्द के केन्द्रीय महत्त्व की स्वीकृति की निरन्तरता लक्षित होती है। इस बिन्दु पर इस अध्याय के अन्त में विस्तार से विचार किया जायेगा।

3. भामह का काव्य लक्षण काव्य की एक वस्तुगत परिभाषा है। इसमें किसी विषयीगत तत्त्व का—आनन्दादि का उल्लेख नहीं किया गया है। कुछ विद्वानों ने शब्द और अर्थ के सहित भाव का अर्थ शब्दालंकार तथा अर्थालंकार दोनों का अर्थ स्वीकार किया है। यद्यपि यह संगत नहीं है क्योंकि भामह ने अलंकार को काव्य

की आत्मा कहीं नहीं माना और दूसरी बात यह है कि जैसे-जैसे हम भामह के बाद के आचार्यों के अलंकार सम्बन्धी मत की व्याख्या करते हैं तो यह स्पष्ट हो जाता है कि आचार्य अलंकार के आरम्भिक अर्थ में रस, भाव, छन्द तथा गुणादि को भी उसके भीतर ही समाविष्ट करते थे—अर्थात् काव्य के समस्त सौन्दर्य को ही अलंकार के रूप में अभिहित करते थे—सौन्दर्यमलंकारः मगर जैसे-जैसे काव्य चिन्तन का विकास होता रहा है काव्य के प्रतिमानों की—अलंकारादि की अवधारणाएँ बदलती गयीं, अधिक स्पष्ट होती गयीं तथा अन्त में अलंकार वाणी के विशिष्ट प्रयोगों के अर्थ में ही सर्वमान्य हो गया। इस पर आगे अलंकार सम्प्रदाय के अन्तर्गत विस्तार से विचार किया जायेगा। मगर यहाँ इतना समझ लेना पर्याप्त होगा कि शब्दार्थ से भामह का तात्पर्य शब्दालंकर और अर्थालंकार नहीं है। यदि ऐसा होता तो वे काव्य लक्षण देने के एकदम बाद ही यह बात भी स्पष्ट कर देते। इस विवेचन से यह भी स्पष्ट होता है कि उन्होंने काव्य तथा शास्त्र (आधुनिक विज्ञान) के अन्तर को भी एकदम वस्तुगत आधार—भाषा प्रयोग के अन्तर के आधार पर समझाया।

उपर्युक्त विवेचन से स्पष्ट हो जाता है कि भामह का काव्य लक्षण ही आदर्श तथा सर्वमान्य लक्षण है।

## दण्डी

दण्डी के काव्य लक्षण को पूरी तरह से उसके सही सन्दर्भ में नहीं समझा गया। उन्होंने अपने ग्रन्थ काव्यादर्श में काव्य का लक्षण न देकर काव्य-शरीर का लक्षण दिया है और यह कहा है कि पुराने आचार्यों ने काव्य-शरीर की व्याख्या करते हुए उसमें व्यक्त अलंकारों की चर्चा की है। इस परम्परा के सन्दर्भ में ही दण्डी ने काव्य की परिभाषा देते हुए कहा है कि **''इष्टार्थ व्यवच्छिन्ना पदावली काव्य शरीर है।''**

काव्य की इस परिभाषा में तीन तत्त्वों की व्याख्या की अपेक्षा है—

(क) उन्होंने काव्य की परिभाषा देते हुए उसे काव्य-शरीर क्यों कहा?

(ख) 'इष्टार्थ' से उनका क्या तात्पर्य है? और

(ग) उन्होंने 'पदावली' का प्रयोग क्यों किया?

(क) पहले प्रश्न के उत्तर में यह स्पष्ट है कि प्राचीन काव्य चिन्तकों ने काव्य की वस्तुपरक सत्ता को केन्द्र में रखा है। उनके लिए काव्य श्रव्य काव्य था, सुनने वाली रचना थी। श्रोता काव्य को किस रूप में सुनता था? वह उसे भाषा के रूप में ही सुनता था, भाषा के रूप में ही जानता था और फिर वह उस भाषिक संरचना की, जिसे दण्डी ने पदावली कहा है, समीक्षा कर उसके अलंकारों आदि की व्याख्या करता था। काव्य-शरीर कहकर दण्डी ने श्रोता के लिए काव्य की वस्तुगत सत्ता को रेखांकित किया है। यह भी ध्यान देने की बात है कि दण्डी के काल तक—प्रायः

सातवीं शताब्दी तक (यद्यपि कुछ विद्वान दण्डी को भामह का पूर्ववर्ती भी मानते हैं) काव्य-चिन्तन एक स्वतन्त्र शास्त्र के रूप में विकसित हो रहा था; उस पर दर्शन हावी नहीं हुआ था। काव्य-चिन्तन में दार्शनिक आधार की प्रमुखता का आरम्भ दसवीं-ग्यारहवीं शताब्दी से भट्टनायक तथा अभिनव के काल से आरम्भ होता है। उससे पहले का काव्य-चिन्तन काव्य में ही केन्द्रित था और श्रव्य-काव्य में आलोचक ने श्रोता को केन्द्र में रखने का प्रयास किया था, काव्यसृजन की प्रक्रिया को नहीं। इसलिए दण्डी ने स्पष्ट किया है कि काव्य का शरीर, उसकी वस्तुगत सत्ता एक ऐसी पदरचना है जो इष्ट अर्थ से युक्त है। उस काल तक काव्य की आत्मा को निर्धारित करने की ओर ध्यान नहीं गया था।

(ख) 'इष्टार्थ' को समझने के लिए दो बातों का ध्यान रखना आवश्यक है। प्रथम, काव्य के अर्थ का स्वरूप शास्त्र के अर्थ के स्वरूप से भिन्न होता है—शास्त्र का अर्थ सामान्य श्रोता के लिए शुष्क और जटिल होता है जबकि काव्य का अर्थ श्रोता मात्र के लिए प्रिय और सुखद होता है तथा काव्य सुनकर वह आनन्दित और चमत्कृत होता है, यही कारण है कि काव्य के अर्थ में श्रोता की एक स्वाभाविक आसक्ति होती है, एक रमणीयता होती है और इस रमणीयता तथा आसक्ति का स्रोत क्या है? दण्डी के अनुसार उसका स्रोत है अलंकार जो काव्य के शोभाकारक धर्म हैं। दण्डी ने अलंकारों के अन्तर्गत रसों को भी समाविष्ट कर लिया है तथा ऐसे प्रसंगों में रसवत् अलंकार माना है। रसवत् अलंकारों के उदाहरणों में उन्होंने शृंगार, रौद्र, वीर, कारुण्य, बीभत्स, हास्य, अद्भुत और भयानक रसों के उदाहरण दिये हैं। इसके अतिरिक्त ऊर्जस्वि गुण तथा उदात्त आदि गुणों को भी अलंकारों में ही शामिल किया है। इसलिए इष्टार्थ से उनका तात्पर्य उस काव्य का अर्थ है जिसमें शब्दालंकार, अर्थालंकार, रस तथा गुणादि भी अलंकार मान लिये गये हैं।

(ग) 'पदावली' में उन्होंने शब्दसमूह को या वाक्य को लिया है तथा इस पर विवाद हो सकता है। दण्डी की ओर से यह कहा जा सकता है कि पदावली में या वाक्य में ही अर्थ पूर्ण होता है। मगर काव्य का अर्थ तो छन्द में ही पूर्ण होता है। इसलिए यहाँ पदावली के स्थान पर छन्द का उपयोग करना चाहिए। मगर उक्त परिभाषा में गद्य काव्य भी शामिल है जो छन्द रहित होता है। इसलिए पदावली का उपयोग करना ही दण्डी को अधिक उपयुक्त लगा तथा उदाहरणों के रूप में उन्होंने छन्दों को—पदावली को ही प्रस्तुत किया है। मगर फिर भी पदावली न कहकर शब्द कहना ही अधिक उपयुक्त होता।

भामह के और दण्डी के लक्षण में बुनियादी अन्तर यह है कि भामह का लक्षण उभयवादी है—वह शब्द और अर्थ दोनों का उल्लेख करता है जबकि दण्डी का काव्य लक्षण शब्द प्रधान है। वे पदावली को काव्य मानते हैं मगर काव्यगत पदावली को इष्टार्थ से विशिष्ट करते हैं—ऐसे ही जैसे आगे चलकर पण्डितराज

जगन्नाथ ने शब्द को काव्य माना है और इस काव्य रूप शब्द को रमणीय अर्थ से विशिष्ट किया है क्योंकि सभी शाब्दिक रचनाएँ तो काव्य नहीं हो सकतीं।

दण्डी के काव्य लक्षण की एक अन्य सीमा यह है कि उसमें एक पारिभाषिक शब्द—इष्टार्थ का प्रयोग किया गया है जो ऐसे अनुभव को व्यक्त करता है जो काव्य से उत्पन्न होता है। स्पष्ट है कि दण्डी की तुलना में भामह का काव्य लक्षण अधिक सार्थक तथा समीचीन है। दण्डी ने इष्टार्थ की व्याख्या करते हुए उसमें शब्दालंकार तथा अर्थालंकार को अनिवार्य माना है और इस व्याख्या को समझने के लिए दण्डी की अलंकार, शब्दालंकार तथा अर्थालंकार सम्बन्धी अवधारणा को समझने की आवश्यकता पड़ती है।

## वामन

वामन से पहले काव्य लक्षण देते हुए भामह तथा दण्डी दोनों ने ही शब्द और अर्थ की चर्चा की यानी काव्य का जो वस्तुगत रूप भाषा है, उसको केन्द्र में रखकर ही समझाने की चेष्टा की कि काव्य के इस भाषिक रूप की क्या विशेषताएँ होनी चाहिए जो काव्य को वाङ्मय के दूसरे भेद शास्त्र (आधुनिक सन्दर्भ में विज्ञान भी) से भिन्न अस्मिता प्रदान करता है। भामह ने एक सामान्य मगर महत्त्वपूर्ण बात कही कि काव्य के भाषिक रूप में शब्द तथा अर्थ दोनों का समान महत्त्व होता है और साथ ही इस समान महत्त्व की व्याख्या करते हुए काव्यभाषा के वैशिष्ट्य का, अलंकारादि का (जिसमें रसादि भी सम्मिलित हैं) का उल्लेख किया। वामन ने काव्यभाषा के इस वैशिष्ट्य की ही विस्तृत एवं गम्भीर व्याख्या करने का प्रयास करते हुए उसकी अनेक विशेषताओं की—रीति, सौन्दर्य, गुण, अलंकार आदि की व्याख्या करने का प्रयास किया और इस प्रकार काव्यभाषा के वैशिष्ट्य को व्यक्त करने वाली अवधारणाओं की स्पष्ट एवं विशिष्ट व्याख्या की जिससे भारतीय काव्य-चिन्तन अधिक व्यापकता और गम्भीरता की ओर बढ़ा। इस दृष्टि से यह कहना असंगत न होगा कि वामन से काव्य विवेचन के एक नये चरण का आरम्भ होता है जिसमें काव्य के विविध पक्षों का उद्घाटन करने की एक स्पष्ट दिशा दिखाई देती है।

दूसरी बात यह है कि भामह ने तो विशिष्ट रूप से सम्बद्ध (सहित भाव युक्त) शब्दार्थ को काव्य मानकर काव्य की एक सर्वमान्य तथा आदर्श परिभाषा प्रस्तुत की मगर दण्डी ने शब्दार्थ को काव्य का शरीर कहा, जो कि उनके युग के अनुरूप मुझे सही प्रतीत होता है तथा यहाँ 'शरीर' शब्द से काव्य की वस्तुपरक अस्मिता की अभिव्यक्ति होती है। मगर आगे जब आदि शंकराचार्य से दार्शनिक चिन्तन का व्यापक एवं गम्भीर विकास का प्रवर्त्तन होता है तथा दर्शन के स्तर पर व्यक्ति के शरीर की अपेक्षा आत्मा को सार तथा मूल तत्त्व माना गया तो इसका

प्रभाव काव्य चिन्तन पर भी पड़ा और काव्य चिन्तन में भी काव्य की आत्मा की खोज और प्रतिष्ठा होने लगी। काव्य की आत्मा के विवेचन का आरम्भ वामन से होता है जिन्होंने रीति को काव्य की आत्मा माना और यहाँ से काव्य की आत्मा के विवेचन का क्रम चल पड़ा जो रस-सिद्धान्त की स्थापना तक चलता रहा। जब रस-सिद्धान्त को ब्रह्मानन्दसहोदर के रूप में स्थापित किया गया (भट्टनायक—दसवीं शती) तो यहाँ आकर दर्शन तथा काव्य में आत्मा की खोज की चरम परिणति हो गयी—व्यक्ति का सार आत्मा तथा लक्ष्य आत्मानन्द की प्राप्ति है तथा उसी के समान्तर काव्य का सार ब्रह्मानन्दसहोदर रस तथा लक्ष्य रस का भोग है। इसी क्रम में वामन तथा उसके परवर्ती काव्य-चिन्तन को देखना चाहिए।

वामन ने काव्य का विवेचन उसकी आत्मा के विवेचन से आरम्भ किया और रीति को काव्य की आत्मा कहा। यहाँ रीति वामन का एक पारिभाषिक शब्द है और उसकी व्याख्या करते हुए यह कहा कि 'विशिष्ट पदरचना रीति है।' यहाँ 'विशिष्ट' भी एक पारिभाषिक शब्द है जिसकी व्याख्या करते हुए वामन ने कहा कि 'विशिष्ट' की आत्मा 'गुण' है और 'गुण' की परिभाषा करते हुए उन्होंने कहा कि ये दो प्रकार के होते हैं—''एक नित्य गुण जो शब्द के धर्म हैं और एक अनित्य गुण जिन्हें अलंकार कहा जाता है। उन्होंने अलंकार की भी सामान्य व्याख्या करते हुए उसे सौन्दर्य का पर्याय माना—सौन्दर्यमलंकारः।'' यहाँ ध्यान देने की बात है कि वामन ने पहली बार काव्यशास्त्र में **सौन्दर्य** की अवधारणा का प्रयोग किया जबकि पश्चिम में सौन्दर्यशास्त्र दर्शन के एक विषय के रूप में विकसित हुआ। इसीलिए पश्चिम का सौन्दर्यशास्त्र जो सभी ललित कलाओं के सौन्दर्य का एक साथ विवेचन करता है, प्रमुख रूप से अमूर्त्त विवेचन के रूप में विकसित हुआ, मगर भारत में सौन्दर्य काव्य के सीमित सन्दर्भ से जुड़े होने के कारण विशिष्ट और स्पष्ट अवधारणाओं—अलंकार, गुण, दोष, छन्द आदि के रूप में विकसित हुआ।

वामन ने काव्य के सौन्दर्य को अलंकार का पर्याय मानते हुए स्पष्ट रूप से चार बातें कहीं—

(क) अलंकार दो प्रकार के हैं—एक, नित्य अलंकार और दो, अनित्य अलंकार। गुण नित्य अलंकार हैं अर्थात् काव्य में गुणों का होना अनिवार्य है;

(ख) शब्दालंकार तथा अर्थालंकार अनित्य हैं—वे काव्य में हो भी सकते हैं और उनका अभाव भी हो सकता है;

(ग) काव्य में दोष नहीं होने चाहिए क्योंकि जहाँ गुण अनिवार्य हैं, वहाँ दोषों का अभाव इस मान्यता में अन्तर्भुक्त है; तथा

(घ) गुण और अलंकार दोनों ही शब्द के धर्म हैं।

उपर्युक्त विवेचन के आधार पर यह निष्कर्ष निकलता है कि वामन के अनुसार निम्नलिखित काव्य परिभाषा स्वीकार की जा सकती है—

"वह शब्दार्थ काव्य है जिसमें गुण हों, दोष न हों तथा शब्दालंकारों तथा अर्थालंकारों का होना वांछनीय है।"

वामन के बाद के आचार्यों के काव्य-चिन्तन में हमें दो विशेषताएँ दिखाई देती हैं जिनको समझे बिना उनके काव्य लक्षणों को समझना सम्भव नहीं है :

(क) वामन तक की काव्यगत अवधारणाओं के स्वरूप में परिवर्तन होता रहा—जैसे बाद में गुण को शब्द के स्थान पर रस का धर्म माना गया; और

(ख) अन्य अवधारणाओं को केन्द्रीय स्थान दिया गया—जैसे वक्रोक्ति, ध्वनि और रस—तथा उन्हें काव्य की आत्मा के रूप में स्वीकार करते हुए काव्य की परिभाषा में उनका उल्लेख किया जाने लगा।

**आक्षेप**—वामन के मत पर निम्नलिखित आक्षेप किये गये—

1. वामन ने काव्य की व्याख्या में पारिभाषिक शब्दों का—गुण, रीति, अलंकार आदि का प्रयोग किया है जो स्वयं व्याख्या सापेक्ष हैं।

2. वामन ने काव्य की व्याख्या में अभावात्मक विशेषता का प्रयोग किया है—काव्य में दोष नहीं होने चाहिए।

3. वामन की अवधारणाएँ भी बाद में असंगत सिद्ध हुईं। उदाहरण के लिए गुण को रस का धर्म मानना चाहिए, जबकि यामन ने गुण को शब्द का धर्म माना है।

**महत्त्व**—मगर साथ ही वामन के पक्ष में यह मानना उचित होगा कि उन्होंने काव्य के सभी अनिवार्य तत्त्वों की व्याख्या करते हुए काव्यभाषा के विशिष्ट प्रयोग रीति की कल्पना की जो अपने व्यापक अर्थ में आज भी शैली के समकक्ष मानी जा सकती है और मानी जाती है। उदाहरण के लिए पण्डित विद्यानिवास मिश्र ने शैली विज्ञान के लिए रीति विज्ञान नाम को अधिक उपयुक्त माना है।

## आनन्दवर्धन

आनन्दवर्धन ने काव्य में ध्वनि को केन्द्रीय तत्त्व माना तथा इसी तत्त्व को दण्डी की काव्य परिभाषा में जोड़कर काव्य का यह लक्षण दिया—**'शब्दार्थ काव्य का शरीर है तथा ध्वनि उसकी आत्मा है।'** मेरे विचार में यदि उन्होंने भामह के काव्य लक्षण को ही स्वीकार करते हुए ध्वनि की व्याख्या की होती तो उनका काव्य सम्बन्धी मत अधिक संगत होता। मगर दर्शन के प्रभाव से काव्य भी शरीर और आत्मा इन दो तत्त्वों में विभक्त हो गया।

**आक्षेप**—1. शब्दार्थ तथा ध्वनि में वह सम्बन्ध नहीं है जो शरीर और आत्मा में है। शरीर और आत्मा दो पृथक् तत्त्व हैं, बिना शरीर के आत्मा रह सकती है तथा बिना आत्मा के शरीर रह सकता है। मगर शब्द के बिना अर्थ और ध्वनि की कोई स्थिति ही नहीं है, जहाँ-जहाँ शब्द होगा, वहाँ अर्थ होगा और वहाँ ध्वनि भी—सामान्य अर्थ में—होगी ही।

2. ध्वनि एक पारिभाषिक शब्द है जिसे समझने के लिए कई पारिभाषिक शब्दों को समझना पड़ेगा। वाच्यार्थ या लक्ष्यार्थ से अधिक चमत्कारपूर्ण व्यंग्यार्थ को ध्वनि कहते हैं। यहाँ ध्वनि को समझने के लिए वाच्यार्थ, लक्ष्यार्थ और व्यंग्यार्थ को समझना पड़ेगा।

3. व्यवहार में हम उन रचनाओं को भी काव्य मानते हैं जिनमें ध्वनि नहीं होती। यह और बात है कि गौण ध्वन्यर्थ वाले या ध्वनिहीन काव्यों को क्रमशः मध्यम कोटि का या अधम काव्य माना जाता है। इसलिए उक्त लक्षण में अव्याप्ति दोष है।

**महत्त्व**–उक्त सीमाओं के बावजूद भी आनन्दवर्धन की सबसे बड़ी उपलब्धि काव्य में ध्वनि सिद्धान्त की स्थापना है जो आज भी एक प्रासंगिक एवं सार्थक सिद्धान्त है। इस पर ध्वनि सिद्धान्त के अन्तर्गत विचार किया जायेगा।

## कुन्तक

कुन्तक ने वक्रोक्ति सिद्धान्त की स्थापना करते हुए वक्रोक्ति को ही काव्य का जीवित या उसकी आत्मा माना है। काव्य लक्षण देते हुए उन्होंने दण्डी की अपेक्षा भामह के काव्य लक्षण को स्वीकार करते हुए उसे अपने वक्रोक्ति सिद्धान्त के अनुरूप विस्तृत किया है। उनका काव्य लक्षण है–**''वक्र व्यापारशाली बन्ध में स्थित शब्दार्थ सहित (रचना) काव्य कहलाती है और वह आह्लाद प्रदान करने वाली होती है।''** मूल रूप में तो वे काव्य को 'शब्दार्थ सहित रचना' मानते हैं मगर उस रचना की वक्रता द्वारा व्याख्या करते हैं। यहाँ वक्रता का अर्थ है कथन की भंगिमा या असाधारण उक्ति।

इस काव्य लक्षण पर निम्नलिखित आक्षेप हैं–

**आक्षेप**–1. वक्रता या काव्य का शब्दार्थ असाधारण होता है, यह विशेषता तो 'सहितभाव' में ही विद्यमान है और इसके दोबारा कथन की कोई अपेक्षा नहीं है।

2. विश्वनाथ ने यह आक्षेप किया है कि वक्रोक्ति तो एक अलंकार है तथा एक अलंकार काव्य का लक्षण कैसे हो सकता है। मगर यहाँ विश्वनाथ इस सत्य की उपेक्षा करते हैं कि कुन्तक ने वक्रोक्ति का प्रयोग एक व्यापक अर्थ में–कथनमात्र की भंगिमा के अर्थ में किया है जो काव्य के लिए अनिवार्य है।

3. मध्यम तथा अधम काव्य के अन्तर्गत हम वक्रोक्तिहीन काव्य को भी काव्य के रूप में स्वीकार करते हैं। ऐसी स्थिति में वक्रोक्ति को काव्य के लिए अनिवार्य मानने से उक्त काव्य लक्षण में अव्याप्ति दोष आ जाता है।

इसके उत्तर में यह कहा जा सकता है कि परिभाषा देते हुए हम हमेशा वस्तु के उत्कृष्ट रूप की ही परिभाषा देते हैं। उदाहरण के लिए मनुष्य की यह परिभाषा लें–'मनुष्य एक बौद्धिक प्राणी है।' मगर क्या प्रत्येक मनुष्य बौद्धिक प्राणी होता

है? यदि अनेक मनुष्यों में बौद्धिकता का, विवेक का अभाव नहीं होता तो संसार में इतनी विषमता, हिंसा आदि दुर्गुण क्यों होते?

## मम्मट

मम्मट का 'काव्यप्रकाश' अपने पाण्डित्यपूर्ण स्पष्ट विवेचन के कारण संस्कृत काव्यशास्त्र के अत्यन्त महत्त्वपूर्ण ग्रन्थों में माना जाता है। मम्मट से पहले संस्कृत काव्यशास्त्र में काव्य के प्रायः सभी महत्त्वपूर्ण प्रतिमानों की विस्तृत गहन व्याख्या हो चुकी थी। इनसे पूर्ववर्ती आचार्यों ने अलंकार (दण्डी), रीति (वामन), ध्वनि (आनन्दवर्धन), वक्रोक्ति (कुन्तक) तथा रस-सिद्धान्त (भट्टनायक तथा अभिनव गुप्त) की स्थापना हो चुकी थी तथा इन आचार्यों ने अपने प्रधान सिद्धान्तों के आधार पर काव्य के स्वरूप को समझाने की चेष्टा की थी। इस दृष्टि से मम्मट एक प्रकार के संक्रान्ति काल में हुए जब एक ओर काव्यभाषा के तत्त्वों–अलंकार, रीति, ध्वनि, वक्रोक्ति, गुण, दोष आदि के आधार पर काव्य को समझाने की चेष्टा की जा रही थी और दूसरी ओर इन सब काव्य प्रतिमानों के साध्य रूप में रस-सिद्धान्त की प्रतिष्ठा हो चुकी थी। इसी पृष्ठभूमि में मम्मट के काव्य लक्षण को समझा जा सकता है–

**''अदोष, सगुण और कभी-कभी अनलंकृत शब्दार्थ काव्य कहलाता है।''**

इस काव्य लक्षण की ये चार विशेषताएँ हैं–

1. मम्मट ने **शब्दार्थ** को काव्य माना है। इस प्रकार मम्मट ने भी प्रथम आचार्य भामह का ही अनुसरण किया है। मगर शब्दार्थ के सहित भाव के स्थान पर उन्होंने इस शब्दार्थ की उन विशेषताओं को रेखांकित किया है जो मम्मट तक विकसित, चर्चित हो चुकी थीं।

2. वह शब्दार्थ अदोष होना चाहिए;

3. वह शब्दार्थ सगुण होना चाहिए; तथा

4. वह शब्दार्थ कभी-कभी अनलंकृत भी हो सकता है।

**आक्षेप और समाधान**–रसवादी विश्वनाथ ने मम्मट के काव्य लक्षण का सूक्ष्म परीक्षण करते हुए उस पर अनेक आक्षेप लगाये। पहला आक्षेप शब्दार्थ के प्रयोग पर लगाया और यह कहा कि शब्द और अर्थ दोनों के प्रयोग से ऐसा लगता है कि किसी भी काव्य रचना की द्विविध सत्ता होती है–एक, शब्द काव्य और दूसरा, अर्थ काव्य।

मगर मेरे विचार में यह आक्षेप निराधार है, क्योंकि जैसा कि पहले भी कहा जा चुका है, शब्द और अर्थ दो सत्ताएँ न होकर एक संश्लिष्ट सत्ता है, जैसे जल और लहर (गोस्वामी तुलसीदास)। इसलिए यह आक्षेप करना तो बाल की खाल निकालने वाली बात है। इसके अतिरिक्त जिन आचार्यों ने शब्दवादी काव्य लक्षण

दिये हैं, उन्होंने भी अर्थ के वैशिष्ट्य द्वारा उस शब्द या वाक्य को निर्धारित तथा सीमित किया है। जैसे—आचार्य विश्वनाथ ने वाक्य को 'रसात्मक' कहकर सीमित किया है (रस अर्थ के अन्तर्गत आता है) तथा पण्डितराज जगन्नाथ ने अपने शब्दवादी काव्य लक्षण में शब्द को 'रमणीयार्थ' द्वारा विशिष्ट और सीमित किया है।

2. जहाँ तक शब्दार्थ के अदोष होने का सवाल है, उस पर कई आक्षेप किये गये हैं। पहला आक्षेप तो यह है कि दोष तो महान और श्रेष्ठ कवियों में—कालिदास आदि में भी पाये जाते हैं तो क्या उनकी उस सम्पूर्ण रचना को काव्य से बहिष्कृत कर देना चाहिए? या क्या रचना के उस शब्द, पदावली या छन्द को काव्य से बहिष्कृत कर देना चाहिए? प्रायः उत्कृष्ट कवियों की रचनाओं में भी कुछेक दोष पाये जाते हैं, इसलिए काव्य लक्षण में 'अदोष' का उल्लेख नहीं करना चाहिए।

इसके उत्तर में मेरी मान्यता है और इसका उल्लेख पहले भी किया जा चुका है कि जब कभी किसी रचना या वस्तु का लक्षण दिया जाता है तो उसके आदर्श रूप को ही ध्यान में रखा जाता है। इसलिए यह मान्यता सर्वथा समीचीन प्रतीत होती है कि काव्य को दोषमुक्त होना चाहिए। मगर अदोष के प्रयोग में दो दोष तो हैं ही—एक, वह अभावात्मक अवधारणा है तथा दो, वह एक पारिभाषिक शब्द है।

3. शब्दार्थ के गुणयुक्त होने पर विश्वनाथ ने आक्षेप करते हुए एक बुनियादी सवाल उठाया है—गुण का स्वरूप क्या है तथा गुण किसका धर्म है? जैसा कि पहले संकेत किया जा चुका है कि काव्य-चिन्तन के विकास के साथ-साथ काव्य के प्रतिमानों के स्वरूप का भी विकास होता रहा था और उनकी नयी व्याख्याएँ सामने आने लगीं। उदाहरण के लिए दण्डी और विश्वनाथ तथा आचार्य शुक्ल की अलंकार सम्बन्धी अवधारणा में बुनियादी अन्तर है। इसी प्रकार वामन की गुण सम्बन्धी अवधारणा तथा मम्मट तथा परवर्ती आचार्यों की गुण सम्बन्धी अवधारणा में अन्तर है। वामन ने गुण को मूलतः शब्द का धर्म माना है और यह भी माना है कि यह प्रकारान्तर से अर्थ का गुण भी हो जाता है। मगर इस सिद्धान्त की प्रतिष्ठा के बाद गुण रस का धर्म माना जाने लगा तथा मम्मट भी यही मानते हैं। इसलिए विश्वनाथ ने यह सवाल उठाया कि रस धर्मी या विशेष्य प्रधान है या उसका धर्म या विशेषण गुण? स्पष्टतः मम्मट ने रस को ही प्रधान माना है। और यदि रस प्रधान है तो काव्य की परिभाषा में प्रधान प्रतिमान-रस का उल्लेख होना चाहिए तथा मम्मट को यह मानना चाहिए कि शब्दार्थ सरस होना चाहिए।

मेरे विचार से काव्य लक्षण में रस के स्थान पर गुण का उल्लेख करना ही अधिक उपयुक्त है क्योंकि सभी रचनाओं से रसानुभूति नहीं होती मगर प्रायः सभी रचनाओं में माधुर्य आदि गुणों की स्थिति दिखाई देती है। इस दृष्टि से गुण के उल्लेख से मम्मट का काव्य लक्षण अव्याप्ति दोष से मुक्त हो जाता है और वह लक्षण अधिक संगत प्रतीत होता है।

4. विश्वनाथ ने एक अन्य आक्षेप यह लगाया है कि काव्य लक्षण में काव्य के अनिवार्य गुणों का ही उल्लेख होना चाहिए इसलिए यह कहना कि कभी-कभी काव्य अनलंकृत हो सकता है, संगत नहीं है। अगर अलंकार होने पर भी शब्दार्थ काव्य है तथा अलंकार न होने पर भी शब्दार्थ काव्य है तो काव्य लक्षण में अलंकार का प्रयोग ही अनावश्यक है।

मेरे विचार से यह आक्षेप भी संगत नहीं है। यदि मम्मट का यही आशय होता जो विश्वनाथ ने माना है तो वे कभी-कभी अनलंकृत नहीं कहते। वे 'कभी-कभी अलंकृत' भी कह सकते थे। मगर 'कभी-कभी अनलंकृत' कहने का तात्पर्य यह है कि सामान्यतः काव्य में अलंकार होने चाहिए क्योंकि अलंकार शोभावर्धक प्रतिमान हैं मगर साथ ही उन्होंने यह भी माना है कि अगर किसी काव्य में अलंकार नहीं हैं और वह अदोष या सगुण है तो उसे काव्य माना जा सकता है। इस सम्बन्ध में दूसरी बात यह है कि मम्मट अलंकारवादी और रसवादी युग के सन्धिकाल में थे तथा आनन्दवर्धन और कुन्तक के ध्वनि सिद्धान्त या वक्रोक्ति सिद्धान्त में अलंकार में ध्वनि तथा वक्रोक्ति की स्थिति स्वीकार की जा सकती है, उन्होंने अलंकार का पूर्णतः निषेध नहीं किया। अलंकारवादी मान्यता की व्यापकता तथा प्रभाव का अनुमान इसी बात से लगाया जाता है कि जयदेव ने अपने ग्रन्थ 'चन्द्रालोक' में मम्मट के काव्य लक्षण का उपहास करते हुए यह व्यंग्य किया है कि 'जो सुधी काव्य के अनलंकृत मानता है, वह अग्नि को शीतल क्यों नहीं मानता।' यह व्यंग्य है कि एक मूर्ख व्यक्ति ही अग्नि को शीतल या काव्य को अलंकारहीन मान सकता है।

हाँ, मम्मट के काव्य लक्षण की सीमा के रूप में यह कहा जा सकता है कि उन्होंने अपने काव्य लक्षण में पारिभाषिक शब्दों का प्रयोग किया है जिससे वह काव्य लक्षण दोषयुक्त माना जायेगा। यहाँ यह भी स्पष्ट है कि इन पारिभाषिक शब्दों की व्याख्याएँ भी बदलती रही हैं और इसलिए उनका काव्य लक्षण और भी क्लिष्ट एवं व्याख्या सापेक्ष हो जाता है।

## आचार्य विश्वनाथ

आचार्य विश्वनाथ संस्कृत काव्यशास्त्र के मर्मज्ञ पण्डित थे और सिद्धान्त में रसवादी थे। इसलिए उन्होंने अपने काव्य लक्षण में मात्र रस का उल्लेख करते हुए कहा–

''रसात्मक वाक्य काव्य है।''

यहाँ रस से उनका तात्पर्य रस, रसाभास, भाव, भावाभास आदि से है। इनका काव्य लक्षण देखने में सीधा और सरल लगता है, मगर उसकी कई सीमाएँ हैं।

**आक्षेप**–1. विश्वनाथ ने काव्य लक्षण में शब्द या शब्दार्थ के स्थान पर वाक्य का प्रयोग किया है। इसको लेकर यह आक्षेप किया गया है कि वाक्य के प्रयोग

की क्या आवश्यकता है जबकि शब्द या शब्दार्थ से काम चल जाता है? यदि इसके मूल में विश्वनाथ का यह अभिप्राय रहा है कि अर्थ की पूर्णता की दृष्टि से वाक्य ही न्यूनतम इकाई है तो इस पर यह आक्षेप लगाया जाता है कि काव्य में अर्थ की दृष्टि से वाक्य नहीं बल्कि छन्द ही पूर्ण इकाई है। ऐसी स्थिति में विश्वनाथ को वाक्य के स्थान पर छन्द का उपयोग करना चाहिए था।

दूसरा आक्षेप यह है कि काव्य को रसात्मकता तक सीमित कर देने से इस लक्षण में अव्याप्ति दोष आ जाता है। साथ ही आधुनिक साहित्य रूपों–कहानी, उपन्यास, ललित निबन्ध आदि भी इस परिभाषा के अनुसार काव्य से बहिष्कृत करने पड़ेंगे। तीसरा आक्षेप यह है कि रस एक पारिभाषिक शब्द है जो स्वयं व्याख्या सापेक्ष है। यद्यपि इसके उत्तर में यह कहा जा सकता है कि सहृदय अपनी अनुभूति से काव्य के रस को जान सकता है जो कि उसके लिए पर्याप्त है। मगर यह बात ठीक होते हुए भी सैद्धान्तिक स्तर पर खरी नहीं उतरती।

## पण्डितराज जगन्नाथ

पण्डितराज जगन्नाथ रसवादी आचार्य थे तथा साथ ही दर्शन शास्त्र के भी विद्वान थे। इसलिए उनके काव्य विवेचन में स्पष्टता तथा वस्तुपरकता दिखाई देती है। किन्तु रसवादी आग्रह के कारण काव्य लक्षण की सीमाएँ भी स्पष्ट हैं। उनका काव्य लक्षण है–

"रमणीय अर्थ का प्रतिपादक शब्द काव्य है।"

इस परिभाषा की दो विशेषताएँ स्पष्ट रूप से उभरकर सामने आती हैं–

(क) जगन्नाथ शब्द को काव्य मानते हैं; तथा

(ख) प्रत्येक शब्द काव्य नहीं हो सकता इसलिए काव्य रूप शब्द को विशिष्ट करने के लिए अर्थ के वैशिष्ट्य को आधार बनाते हैं और केवल उसी शब्द को काव्य मानते हैं जिसमें रमणीय अर्थ हो।

**विश्लेषण**–काव्य की स्थिति शब्द में या शब्दार्थ में है, यह विवाद आरम्भ से ही चला आ रहा है। आरम्भिक दोनों काव्य चिन्तकों से ही–भामह तथा दण्डी से ही यह विवाद आरम्भ हो जाता है। भामह शब्दार्थ के सहितभाव में काव्य की स्थिति मानते हैं और दण्डी पदावली या शब्द समूह में काव्य की स्थिति मानते हैं। मगर भारतीय दार्शनिक तथा भाषिक चिन्तन में शब्द के महत्त्व का संकेत पहले किया जा चुका है। गम्भीर चिन्तन की इस परम्परा के बावजूद भी काव्य में शब्द और अर्थ के द्वैत का संकेत क्यों मिलता है, क्यों कोई आचार्य काव्य लक्षण में शब्दार्थ को केन्द्रीय स्थान देता है और कोई आचार्य शब्द को? इसका कारण यह प्रतीत होता है कि काव्य अभिजात वर्ग से सम्बद्ध रहा है जो शिक्षित तो रहे होंगे, मगर भाषा की गम्भीर समस्याओं से अवगत नहीं होंगे और काव्य का आस्वाद

करने के लिए भाषा के स्वरूप का गम्भीर चिन्तक या ज्ञाता होना आवश्यक नहीं है। इसलिए काव्यशास्त्रियों ने शब्द और अर्थ की अभिन्नता मानते हुए भी काव्य लक्षण में दोनों का या केवल शब्द का प्रयोग करना व्यावहारिक दृष्टि से उपयोगी समझा होगा।

तीसरी बात यह भी ध्यान देने की है कि काव्यशास्त्र के सबसे पुराने सिद्धान्त, अलंकार सिद्धान्त के अन्तर्गत भी शब्दालंकार, अर्थालंकार (और उभयालंकर) का विवेचन एक आधारभूत विषय रहा है। चौथी बात यह भी ध्यान देने की है कि जिन आचार्यों ने शब्दवादी काव्य लक्षण दिये हैं, उन्होंने भी काव्यशब्द की शास्त्र में प्रयुक्त शब्द से मौलिक भिन्नता दिखाने के लिए अर्थ के वैशिष्ट्य का ही सहारा लिया है। उदाहरण के लिए दण्डी ने पदावली को काव्य मानते हुए भी उसे इष्टार्थ की अवधारणा के प्रयोग द्वारा विशिष्ट किया है, आचार्य विश्वनाथ ने वाक्य को काव्य मानते हुए भी उसे 'रसात्मकता' से विशिष्ट किया है तथा पण्डितराज जगन्नाथ ने शब्द को काव्य मानते हुए उसे रमणीय अर्थ से विशिष्ट किया है। निष्कर्ष यह है कि शब्द को काव्य मानने वाले आचार्यों का काव्य लक्षण भी अर्थ के वैशिष्ट्य को रेखांकित किये बिना सार्थक एवं पूर्ण नहीं होता।

जगन्नाथ के काव्य लक्षण की दूसरी विशेषता और सीमा भी यह है कि उन्होंने उसमें एक निजी पारिभाषिक शब्द का—अर्थ की रमणीयता का उल्लेख किया है। मगर साथ ही रमणीय अर्थ के पारिभाषिक स्वरूप को स्पष्ट भी किया है (जैसा कि दण्डी ने इष्टार्थ का किया है) और यह कहा है कि **'लोकोत्तर आह्लादजनक ज्ञान गोचरता'** ही अर्थ की रमणीयता है। यदि इस व्याख्या को भी जगन्नाथ के काव्य लक्षण में शामिल कर लें तो उनकी काव्य परिभाषा होगी : **''लोकोत्तर आह्लादजनक अर्थ प्रदान करने वाला शब्द काव्य है।''**

यहाँ मेरी आपत्ति यह है कि 'लोकोत्तर आह्लादजनक ज्ञान गोचरता' में लोकोत्तर आह्लाद से क्या तात्पर्य है? इस सवाल का उत्तर न तो पण्डितराज ने दिया है और न ही उनके मत के समर्थक किसी लेखक ने। यह प्रश्न दो कारणों से अत्यन्त महत्त्वपूर्ण है : (क) पण्डितराज जगन्नाथ से पहले की परम्परा में लोकोत्तर आह्लाद का प्रयोग रस के लिए रुढ़ हो गया था और इसलिए यदि पण्डितराज ने लोकोत्तर आह्लाल का प्रयोग रस से किसी भिन्न अर्थ के लिए किया है तो उसे स्पष्ट करना आवश्यक था। क्योंकि उन्होंने यह अन्तर स्पष्ट नहीं किया है, जैसे उन्होंने रमणीय अर्थ की व्याख्या की है, वैसे ही वे लोकोत्तर आह्लाद की व्याख्या भी कर सकते थे, इसलिए मेरी मान्यता है कि यहाँ पण्डितराज ने लोकोत्तर आह्लाद का प्रयोग रस के लिए ही किया है। और इसलिए उनके काव्य लक्षण का यह रूप उभरता है—**'रसात्मक अर्थ वाला शब्द काव्य है।'** और इस दृष्टि से उनका काव्य लक्षण विश्वनाथ के काव्य लक्षण का ही संशोधित रूप है।

डॉ. सत्यदेव चौधरी ने रमणीयता के अर्थ की तुलना 'इष्टार्थ', चमत्कार, सौन्दर्य आदि से की है[1] जो कि संगत नहीं है क्योंकि दण्डी, वामन, कुन्तक आदि आचार्यों ने इष्टार्थ, सौन्दर्य आदि की स्पष्ट व्याख्या करते हुए उसमें काव्य के प्रतिमानों—अलंकार, गुण, वक्रोक्ति आदि का प्रयोग किया है जो काव्य की वस्तुगत विशेषताएँ हैं। मगर पण्डितराज द्वारा दी गयी रमणीय अर्थ की व्याख्या अस्पष्ट और विषयी सापेक्ष है।

पण्डितराज रसवादी आचार्य हैं। इसलिए अगर वे कहीं ऐसे पारिभाषिक शब्द का प्रयोग करते हैं जो रस के समान है तो एक गम्भीर और स्पष्ट चिन्तक होने के नाते उस पारिभाषिक शब्द की व्याख्या करना और भी आवश्यक हो जाता है।

उपर्युक्त सीमाओं के कारण पण्डितराज जगन्नाथ के काव्य लक्षण की अपेक्षा भामह का काव्य लक्षण अधिक स्पष्ट और मान्य है।

संस्कृत के आचार्यों के बाद आधुनिक युग में प्रेस के आविष्कार तथा शिक्षादि के प्रसार से विस्तृत समीक्षा का युग आरम्भ हुआ तो हिन्दी के आलोचकों ने भी काव्य को परिभाषित करने का प्रयास किया। मगर वहाँ उन्होंने शीर्षक रूप में काव्य लक्षण का प्रयोग न कर प्रायः यह शीर्षक दिया 'कविता क्या है'। हिन्दी के अनेक काव्य लक्षणों से दो अत्यन्त महत्त्वपूर्ण हैं—1. आचार्य रामचन्द्र शुक्ल कृत काव्य की परिभाषा; और 2. प्रसाद द्वारा दी गयी काव्य की परिभाषा।

## आचार्य रामचन्द्र शुक्ल

आचार्य शुक्ल ऐसे युग में हुए जब भारत में परम्परा और आधुनिकता का द्वन्द्व चल रहा था और वह एक व्यापक संक्रान्ति का युग था। इसलिए हिन्दी के आधुनिक लेखक और समीक्षक एक ओर तो भारत के पारम्परिक स्वस्थ मूल्यों को आधुनिकता के सन्दर्भ में रेखांकित कर रहे थे और साथ ही आधुनिकता के प्रभाव से परम्परागत मूल्यों का पुराख्यान कर रहे थे तथा उसे चुनौती के रूप में स्वीकार कर रहे थे। आचार्य शुक्ल भी संक्रान्ति काल के इस द्वन्द्व से प्रभावित थे जिसे उनकी समीक्षा में बराबर देखा जा सकता है। आधुनिकता का सबसे बड़ा लक्षण सामाजिकता की सत्ता का प्रभावी रूप में उभरना था और इसके चलते हिन्दी के लेखक एकदम परम्परावादी मूल्यों की प्रतिष्ठा के साथ-साथ आधुनिकता के बीच उभरते यथार्थ और उसके प्रति अपने दायित्व के प्रति भी सजग थे। द्वन्द्व के इस सत्य को भारतेन्दु की 'चन्द्रावली नाटिका' तथा 'अन्धेर नगरी' में सहज ही देखा जा सकता है। एक ओर तो विदेशी राजनीतिक, धार्मिक आदि प्रभाव और दमन के कारण परम्परा के प्रति अतिरिक्त मोह दिखाई देता है और दूसरी ओर अंग्रेज़ सरकार के आर्थिक शोषण से उत्पन्न यथार्थ की विभीषिका की चुनौती की स्वीकृति दिखाई देती है। आचार्य शुक्ल की आलोचना भी कहीं तो मध्यकालीन बोध से प्रभावित दिखाई देती

1. डॉ. सत्यदेव चौधरी—भारतीय काव्यशास्त्र, पृ. 595

है और कहीं आधुनिकता के प्रभाव से लोकमंगल के लिए होने वाले संघर्ष के महत्त्व को भी रेखांकित करती है।

यद्यपि उन्होंने कविता के विविध पक्षों की विस्तृत समीक्षा की है, मगर इस विस्तृत समीक्षा के बीच संस्कृत के आचार्यों का अनुसरण करते हुए कविता की परिभाषा भी दी है जिसके केन्द्र में रस स्थापित है–

**"जिस प्रकार आत्मा की मुक्तावस्था ज्ञानदशा कहलाती है, उसी प्रकार हृदय की यह मुक्तावस्था रस दशा कहलाती है। हृदय की इसी मुक्ति की साधना के लिए मनुष्य की वाणी जो शब्द विधान करती आयी है, उसे कविता कहते हैं। इस साधना को हम भावयोग कहते हैं और कर्मयोग और ज्ञानयोग का समकक्ष मानते हैं।"**[1]

इस परिभाषा की निम्नलिखित विशेषताएँ हैं–

1. आचार्य शुक्ल 'शब्द विधान' को कविता मानते हैं। यह दण्डी, विश्वनाथ और जगन्नाथ की परम्परा के क्रम में ही है।

2. उन्होंने काव्य के इस 'शब्द विधान' को रस दशा के द्वारा निर्दिष्ट किया है। इस प्रकार यह कहा जा सकता है कि आचार्य शुक्ल के अनुसार काव्य लक्षण होगा : **"रसात्मक शब्द विधान कविता है।"**

3. उपर्युक्त दोनों विशेषताएँ तो शुक्ल जी की कविता सम्बन्धी धारणा को सीधे मध्यकाल से–खासकर विश्वनाथ से जोड़ती हैं। मगर 'हृदय की मुक्तावस्था' जिसे रस दशा कहा गया है, रस की नयी आधुनिक व्याख्या है जो मनोविज्ञान से प्रभावित है क्योंकि शुक्ल जी के मतानुसार कविता व्यक्ति को स्वार्थ की संकीर्णता से मुक्त कर लोकसामान्य भावभूमि पर प्रतिष्ठित करती है।

4. उक्त परिभाषा में अव्याप्ति दोष है क्योंकि काव्य की नयी महत्त्वपूर्ण विधाओं को–कहानी, उपन्यासादि को रस-सिद्धान्त में सीमित नहीं किया जा सकता। मगर साथ ही यह भी स्पष्ट है कि आचार्य शुक्ल ने रस को आध्यात्मिकता से मुक्त कर उसे मनोवैज्ञानिक धरातल पर प्रतिष्ठित करने का प्रयास किया है जिसके कारण उन पर आई.ए. रिचर्ड्स का प्रभाव माना जाता है।

## जयशंकर प्रसाद

प्रसाद सृजनात्मक साहित्य के क्षेत्र में इतने विख्यात हो गये कि उनके आलोचक रूप की ओर हिन्दी के लेखकों का ध्यान नहीं गया। मगर उनकी आलोचनात्मक दृष्टि भी आचार्य शुक्ल की आलोचनात्मक दृष्टि से कम महत्त्वपूर्ण नहीं है।

प्रसाद के काव्य-चिन्तन पर भी भारतीय दार्शनिक परम्परा का गम्भीर प्रभाव दिखाई देता है। मगर साथ ही प्रसाद ने यथार्थवाद पर भी व्यापक रूप से विचार

1. आचार्य रामचन्द्र शुक्ल, चिन्तामणि भाग 1, पृ. 141 ('कविता क्या है?' निबन्ध से)

किया है (जो कि शुक्ल जी ने नहीं किया) और इसका प्रभाव उनके सृजनात्मक साहित्य पर भी दिखाई देता है।

उनका काव्य लक्षण है—

**"काव्य आत्मा की संकल्पनात्मक अनुभूति है, जिसका सम्बन्ध विश्लेषण, विकल्प या विज्ञान से नहीं है। वह एक श्रेयमयी प्रेय रचनात्मक ज्ञानधारा है। आत्मा की मननशक्ति की वह असाधारण अवस्था जो श्रेय सत्य को उसके मूल चारुत्व में सहसा ग्रहण कर लेती है, काव्य में संकल्पनात्मक मूल अनुभूति कही जा सकती है।"**[1]

इस परिभाषा की निम्नलिखित विशेषताएँ हैं—

1. काव्य आत्मा का सृजन है। 'उत्तररामचरितम्' में भवभूति ने काव्य को 'आत्मा की कला' कहा है।

2. काव्य एक अनुभूति है जो अन्य प्रकार के अनुभवों से भिन्न एवं विशिष्ट है। इसी वैशिष्ट्य को व्यक्त करने के लिए काव्य की अनुभूति को एक संकल्पनात्मक अनुभूति कहा गया है।

3. उक्त परिभाषा अन्य सभी काव्य परिभाषाओं से भिन्न है क्योंकि प्रसाद ने काव्य को ज्ञान का रचनात्मक रूप कहा है—एक ऐसा ज्ञान जिसमें आध्यात्मिकता और लौकिकता दोनों का समन्वय दिखाई देता है।

4. 'संकल्पनात्मक अनुभूति' पारिभाषिक शब्दावली है जिसकी व्याख्या करते हुए प्रसाद ने उसे आत्मा के मनन की ऐसी असाधारण अवस्था माना है जिसमें आध्यात्मिक सत्य और लौकिक सौन्दर्य संश्लिष्ट हो जाते हैं। इस रूप में कविता विशिष्ट या असाधारण अवस्था या प्रतिभा से जन्म लेती है तथा उसमें श्रेय और सौन्दर्य का समन्वय हो जाता है। महादेवी ने भी 'दीपशिखा' की भूमिका में कहा है—"सत्य काव्य का साध्य और सौन्दर्य उसका साधन है।"

प्रसाद की काव्य परिभाषा को पढ़कर सहसा क्रोचे की काव्य सम्बन्धी धारणा का स्मरण हो आता है। प्रमाणों के अभाव में यह नहीं कहा जा सकता कि प्रसाद को क्रोचे के अभिव्यंजनावाद का परिचय था या नहीं मगर यह भी सत्य है कि आचार्य शुक्ल ने 'काव्य में अभिव्यंजनावाद' एक लम्बा निबन्ध लिखा था जिसमें क्रोचे की काव्य सम्बन्धी धारणा का खण्डन किया गया है। हो सकता है यह निबन्ध प्रसाद ने देखा हो। मगर वास्तविकता यह है कि प्रसाद की परिभाषा उनके दार्शनिक ज्ञान से सीधे सम्बद्ध प्रतीत होती है। क्रोचे ने भी प्रसाद के समान ही काव्य को आत्मा का सृजन माना है तथा उसे ज्ञान के एक प्रकार—स्वयंप्रकाश ज्ञान या अन्तर्ज्ञान का एक प्रकार माना है। मगर क्रोचे ने काव्य-वस्तु की व्याख्या का वैसा प्रयास नहीं किया जैसा प्रसाद ने किया है।

1. जयशंकर प्रसाद : काव्य और कला तथा अन्य निबन्ध, पृ. 38

## अध्याय-3

# काव्य के प्रकार

उपलब्ध ग्रन्थों के आधार पर स्पष्ट है कि भारत में काव्य का आरम्भ नाटक से ही हुआ। इसीलिए काव्य समीक्षा का उपलब्ध सबसे पुराना ग्रन्थ भरतमुनि का नाट्यशास्त्र है। यह भी सच है कि भरतमुनि ने नाट्यशास्त्र में नंदिकेश्वर आदि पुराने आचार्यों का उल्लेख किया है, मगर उनका कोई ग्रन्थ उपलब्ध नहीं है। साथ ही भरतमुनि के समय के बारे में निश्चित रूप से कुछ नहीं कहा जा सकता है। अलग-अलग विद्वानों के मतों पर यह ज्ञात होता है कि उसकी रचना ई.पू. 300 वर्ष तथा ईसा की पाँचवीं शताब्दी के बीच कभी हुई होगी। यह भी कहा गया है कि भरतमुनि ने चारों वेदों के आधार पर पाँचवें वेद नाट्यशास्त्र की रचना की है। इससे दो महत्त्वपूर्ण निष्कर्ष निकलते हैं। पहला, नाटक काव्य का अत्यन्त महत्त्वपूर्ण रूप माना गया है, क्योंकि वह जीवन के विविध रूपों का साक्षात् मंचन करता है। काव्य के सिद्धान्त पर उपलब्ध पहला ग्रन्थ भामह का 'काव्यालंकार' है जिसका रचनाकाल ईसा की छठी शती माना जाता है। कालान्तर में नाटक तथा काव्य के अनेक भेद होते चले गये और आधुनिक काल में काव्य के अनेक रूपों की रचना होने लगी।

आधुनिक काल में काव्य-रूपों की अनेकता का मूल कारण है, औद्योगिक क्रान्ति। इसी क्रान्ति के फलस्वरूप शिक्षा का असीम विस्तार होता रहा है और अन्य विविध विषयों के उदय के साथ ही साथ काव्य के अनेक प्रकारों का विकास हुआ। रूपों की यह अनेकता का प्रधान कारण है। काव्य के विषय में बदलती मूल अवधारणा प्राचीनकाल में काव्य केवल उच्च एवं शिक्षित वर्ग के जीवन से ही सम्बद्ध रहा। मगर आधुनिक काल में सामाजिकता के बोध के विस्तार और

विकास के साथ ही साहित्यकारों एवं बुद्धिजीवियों ने विविध रूपों का आविष्कार किया। एक विशेष बात यह है कि रूपों की यह विभिन्नता गद्य काव्य में ही देखने को मिलती है। कारण यह है कि कविता की रचना हेतु एक विशेष शक्ति की अपेक्षा होती है, क्योंकि उसका स्वरूप तथा माध्यम सीमित है। कविता या छन्दबद्ध होती है। छन्द का मूल आधार लय होता है। इसीलिए छन्द मुक्त कविता में भी लय होती ही है। मगर इसके विपरीत गद्य में विविध रूपों के विकास की सम्भावना होती है तथा उपन्यास से रिपोर्ताज तक अनेक प्रकार के गद्य साहित्य की रचना हुई। इस स्थिति का एक अन्य कारण यह भी है कि सामान्य रूप से आम जनता के लिए गद्य को पढ़ना अपेक्षाकृत आसान होता है और साथ ही गद्य लिखते हुए लेखक को कवि की अपेक्षा कहीं अधिक स्वतन्त्रता रहती है। गद्य के लेखन का विकास पत्र-पत्रिकाओं के भी व्यापक विकास और लोकप्रियता से जुड़ा हुआ है।

प्राचीनकाल से लेकर आज तक विविध रीतियों से काव्य के भेदों या रूपों की चर्चा होती है। उन सभी के समेकित विवेचन को यहाँ प्रस्तुत किया जा रहा है।

## दृश्य काव्य के भेद

काव्य रूपों के दो प्रधान वर्ग हैं—दृश्य काव्य और श्रव्य काव्य। दृश्य काव्य के अन्तर्गत नाटक, एकांकी, प्रहसन, नाटिका आदि विविध रूप होते हैं। इनके अतिरिक्त काव्य नाटक के रूप में एक नयी विधा भी अब दिखाई देती है। धर्मवीर भारती का 'अन्धायुग' उसका श्रेष्ठ उदाहरण है। इन सभी के लिए रंगमंच की आवश्यकता होती है। भाषा-शैली की दृष्टि से श्रव्य काव्य के तीन भेद किये जाते हैं—गद्य, पद्य और चम्पू काव्य। चम्पू काव्य में गद्य और पद्य दोनों ही एक साथ होते हैं। इसका उदाहरण है मैथिलीशरण गुप्त द्वारा लिखित 'यशोधरा'। आधुनिक काल में एक नयी शैली का काव्य रूप सामने आया है, जिसे गद्य काव्य कहते हैं। यह गद्य में लिखा जाता है, मगर उसमें कल्पना, अनुभूति और शब्द-चमत्कार कविता जैसा ही मिलता है। मगर इसका अधिक प्रचलन नहीं हुआ। रायकृष्ण दास और दिनेश नन्दिनी डालमिया इस विधा के प्रमुख लेखक हैं। छायावादी काल में कुछ गद्य-गीत लिखे गये हैं, मगर आजकल यह विधा दिखाई नहीं देती।

## पद्य के भेद

काव्य के जिस रूप का पाठ किया जाता है, वह श्रव्य काव्य कहलाता है। प्राचीनकाल में अधिकांश कवि दरबार के आश्रित रहते थे और वे अपनी रचनाएँ राजा तथा सामन्तों को सुनाया करते थे। इनके अतिरिक्त कबीर, सूर आदि अपनी रचनाओं

को जनता को सुनाया करते थे या अपने पदों का कीर्तन किया करते थे। मगर आज छापेखाने के आविष्कार के बाद काव्य प्रकाशित होने लगे और शिक्षित जनता उनको पढ़ने लगी। इसलिए प्राचीनकाल में जो श्रव्य काव्य कहलाता था, वह आज पाठ्य-काव्य कहा जाता है। प्रबन्ध काव्य के दो भेद हैं, एक **प्रबन्ध काव्य** तथा दूसरा **मुक्तक काव्य**।

प्रबन्ध काव्य उसे कहते हैं जिसमें किसी देवता, राजा या सामन्त के जीवन का व्यापक या सीमित वर्णन होता है। जिस प्रबन्ध काव्य में नायक के अधिकांश जीवन का वर्णन होता है, उसे **महाकाव्य** कहते हैं। ऐसे महाकाव्य भी लिखे गये हैं जिनमें किसी पूरे वंश का वर्णन होता है। जैसे कालिदास रचित 'रघुवंश' महाकाव्य। नायक के जीवन की किसी प्रधान घटना पर आधारित प्रबन्ध काव्य भी महाकाव्य माना जाता है, जैसे भार्गवकृत 'किरातार्जुनीयम'।

**महाकाव्य के लक्षण**–महाकाव्य में नायक और उसके युग के समाज का व्यापक चित्रण किया जाता है। महाकाव्य में कम से कम आठ सर्ग होने चाहिए तथा सर्ग के अन्त में आगामी घटना का संकेत दिया जाता है। उसमें जीवन के विविध रूपों का चित्रण होता है। विविध जातियों का, युद्धों का तथा समाज की प्रमुख विशेषताओं पर प्रकाश डाला जाता है। उसमें विविध प्राकृतिक दृश्यों-महीनों (बारहमासा), ऋतुओं (षट्ऋतु वर्णन), पर्वत, सागर, देशों, वनों, नदियों, उषा, सन्ध्या, रात्रि, सूर्य, चन्द्रमा आदि का चित्रण होना चाहिए। काव्य में सभी रसों का चित्रण होना चाहिए मगर कोई एक रस (वीर, शृंगार या करुणा रस) प्रधान होता है। एक रस की प्रधानता के द्वारा आचार्यों ने महाकाव्य की अन्विति पर बल दिया है–सभी पात्र, घटनाएँ, दृश्य आदि सम्बद्ध होकर एक प्रधान या अंगी रस में पर्यवसित हो जाते हैं।

संस्कृत साहित्य तथा प्राचीन हिन्दी साहित्य में अनेक महाकाव्यों की रचना हुई, मगर वाल्मीकि कृत 'रामायण' या तुलसीदास कृत 'रामचरितमानस' ही उन सभी लक्षणों पर खरे उतरते हैं। इसलिए आधुनिक काल के वरिष्ठ आलोचक आचार्य रामचन्द्र शुक्ल ने 'प्रिय प्रवास', 'संकेत', 'कामायनी' आदि प्रबन्ध काव्यों को महाकाव्य नहीं माना। मगर बाद के आलोचकों ने इस बुनियादी बात पर जोर दिया कि लक्षणों के आधार पर काव्य का निर्माण नहीं किया जाता वरन् काल के आधार पर नये लक्षणों की स्थापना की जाती है। इस आधार पर 'प्रिय प्रवास', 'कामायनी' आदि आधुनिक काल के प्रसिद्ध महाकाव्य माने जाते हैं।

प्रबन्ध काव्य का दूसरा भेद है। **खण्ड काव्य** जिसमें किसी एक प्रसिद्ध घटना का वर्णन होता है। मैथिलीशरण गुप्त कृत 'पंचवटी', प्रसाद कृत 'प्रेम पथिक', 'आँसू' आदि खण्ड काव्य हैं।

आधुनिक युग में पद्य की एक नयी कविता का काफी प्रचलन हुआ है जिसे

**लम्बी कविता** कहा जाता है। प्रसाद कृत 'प्रलय की छाया', निराला कृत 'राम की शक्ति पूजा' आदि लम्बी कविताओं की श्रेणी में आती हैं।

## मुक्तक काव्य

मुक्तक काव्य उसे कहते हैं जो प्रबन्ध से मुक्त होता है तथा जिसकी रचना छन्द में या छन्दमुक्त लययुक्त पदों या प्रगति के रूप में की जाती है। दोहा, चौपाई आदि छन्दमय कविता हैं। यह एक या एक से अधिक छन्दों में हो सकती है। दूसरा रूप होता है जिसमें कोई पारम्परिक छन्द नहीं होता और जो शुद्ध लय पर आधारित है। जयदेव का 'गीत गोविन्द' गीतों की रचना है। आगे हिन्दी में चलकर पदों की रचना होने लगी तथा विद्यापति, कबीर, सूर तथा तुलसी आदि ने पदों की रचना की है। इसके अतिरिक्त आधुनिक काल में प्रगीत की रचना हुई जो लय पर आधारित है तथा एक या अनेक लययुक्त छन्द होते हैं। इस काल में जहाँ परम्परागत छन्दों में भी रचना हुई, मगर अधिकांश कवियों ने उनसे मुक्त होकर अपनी रुचि तथा विषय के अनुरूप लययुक्त रचनाएँ कीं। इन प्रगीत मुक्तकों की विविध पंक्तियों में मात्राओं के भेद के द्वारा कवि ने लय में चमत्कार उत्पन्न करने में सफलता पायी है। आधुनिक काल में ही मुक्तक काव्य का एक अन्य रूप भी मिलता है जिसे छन्दमुक्त कविता कहा जाता है। इस परम्परा में निराला का विशेष महत्त्व है, जिन्होंने छोटी या लम्बी अनेक कविताओं की रचना की है। आरम्भ में निराला की छन्दमुक्त कविताओं का बड़ा उपहास तथा विरोध हुआ और उनके छन्द को रबड़ छन्द और केचुआ छन्द कहा गया। मगर समय के विकास के साथ छन्दयुक्त कविता का विशेष प्रचलन हुआ और 'अन्धायुग' जैसे काव्य नाटकों की रचना भी उसमें होने लगी।

## गद्य के रूप

प्राचीनकाल में आख्यायिका ही गद्य का प्रधान रूप था जो 'कादम्बरी' के समान बहुत बड़ा भी हो सकता था या 'दशकुमारचरित' के समान छोटी कहानियाँ भी हो सकती थीं। हिन्दी साहित्य के आरम्भिक तीन कालों में तो आख्यायिका का अभाव ही मिलता है, मगर आधुनिक काल के आरम्भ में ही आख्यायिका या कथा साहित्य के विविध रूपों का विकास बड़ी तेजी के साथ हुआ। इसके प्रधान कारण थे—औद्योगिक क्रान्ति के चलते छापेखानों की स्थापना, शिक्षा के विस्तार के कारण पाठक वर्ग की संख्या में अभूतपूर्व वृद्धि, शिक्षा का विकास, हिन्दी की पत्र-पत्रिकाओं का विकास आदि। आधुनिक काल में पद्य की अपेक्षा गद्य का इतना अधिक विकास

हुआ कि कई इतिहासकार उसे गद्य काल कहना ही उचित समझते हैं। कविता के नियमों और बन्धनों से मुक्ति के बावजूद भी गद्य लिखना सरल तथा अधिक व्यापक प्रभावशाली सिद्ध हुआ। इसका परिणाम यह हुआ कि हिन्दी के गद्य साहित्य का बहुत अधिक विकास और प्रचार हुआ और गद्य लेखकों की संख्या भी बहुत बढ़ गयी। पाठक वर्ग के लिए भी उपन्यास, कहानी आदि पढ़ना अधिक सरल और मनोरंजक सिद्ध हुआ। गद्य के रूपों के चयन में भी बड़ी स्वाधीनता मिली और इसलिए गद्य साहित्य के अनेक रूपों का आविर्भाव हुआ। उपन्यास, लघु उपन्यास, कहानी, लम्बी कहानी, लघु कथा, समीक्षा, निबन्ध आदि अनेक रूपों का विकास हुआ। प्राचीनकाल में भी संस्कृत में भरतमुनि के नाट्यशास्त्र के बाद अनेक सैद्धान्तिक समीक्षा के ग्रन्थ लिखे गये जिनमें गद्य और पद्य दोनों ही रूप मिलते थे। इसके अतिरिक्त इन्हीं ग्रन्थों में उदाहरणों के रूप में जो पद्यांश आदि उद्धृत किये जाते थे, उनकी व्यावहारिक समीक्षा भी दिखाई देती है। इसके अतिरिक्त मल्लिनाथ ने कालिदास के काव्यों पर विस्तृत टीकाएँ लिखीं जिनमें अति आधुनिक मानी जाने वाली समीक्षा-पद्धतियों, शैली विज्ञान, विखण्डनवाद आदि की विशेषताएँ भी लक्षित की जा सकती हैं। उपन्यासों के भी सामाजिक, ऐतिहासिक, आंचलिक मनोविश्लेषणात्मक अनेक रूप मिलते हैं। यही बात कहानियों के बारे में कही जा सकती है। निबन्ध के अनेक रूप–ललित निबन्ध, संस्करण, रेखाचित्र, मात्रा साहित्य, आत्मकथा, जीवनी, रिपोर्ताज, अनुवाद साहित्य का इतिहास आदि की रचना हुई।

उपर्युक्त विवेचन में शैली एवं रूप के आधार पर काव्य के भेदों का वर्गीकरण किया है। इसके अतिरिक्त काव्य के गुण एवं स्तर के आधार पर भी काव्य के तीन प्रकार माने गये हैं–उत्तम काव्य या ध्वनि काव्य, मध्यम काव्य या गुणीभूत व्यंग्य काव्य और अधम, अवर या चित्र काव्य।

## काव्य के प्रकार या रूप

महर्षि वाल्मीकि भारत के आदि कवि माने जाते हैं जिन्होंने सबसे पहले संस्कृत में कविता लिखी। भवभूति के 'उत्तर रामचरित्र' के एक प्रसंग में महर्षि वाल्मीकि के आश्रम की ऋषि कन्याएँ परस्पर बातचीत करती हुई आती हैं। एक कन्या यह कहती है कि आज बड़ी आश्चर्यजनक घटना हुई। अन्य कन्याओं के पूछने पर वह बताती है कि आज महर्षि ने छान्दस् (यानी वेदों) से भिन्न एक लौकिक छन्द की रचना की। एक शिकारी ने क्रीड़ा करते हुए क्रौंच मिथुन में से एक का वध कर दिया। इस करुण दृश्य को देखकर महर्षि का हृदय पीड़ा से विचलित हो गया और उन्होंने शिकारी को सहसा इस छन्द के रूप में शाप दिया–

*"मा निषाद त्भगमः प्रतिष्ठा शाश्वती समाः।*
*याक्रौंचमिथुनात् एकमवधी काम मोहितं।।"*

"हे निषाद, तुमको कभी भी मुक्ति न मिले क्योंकि तुमने क्रीड़ा करते हुए

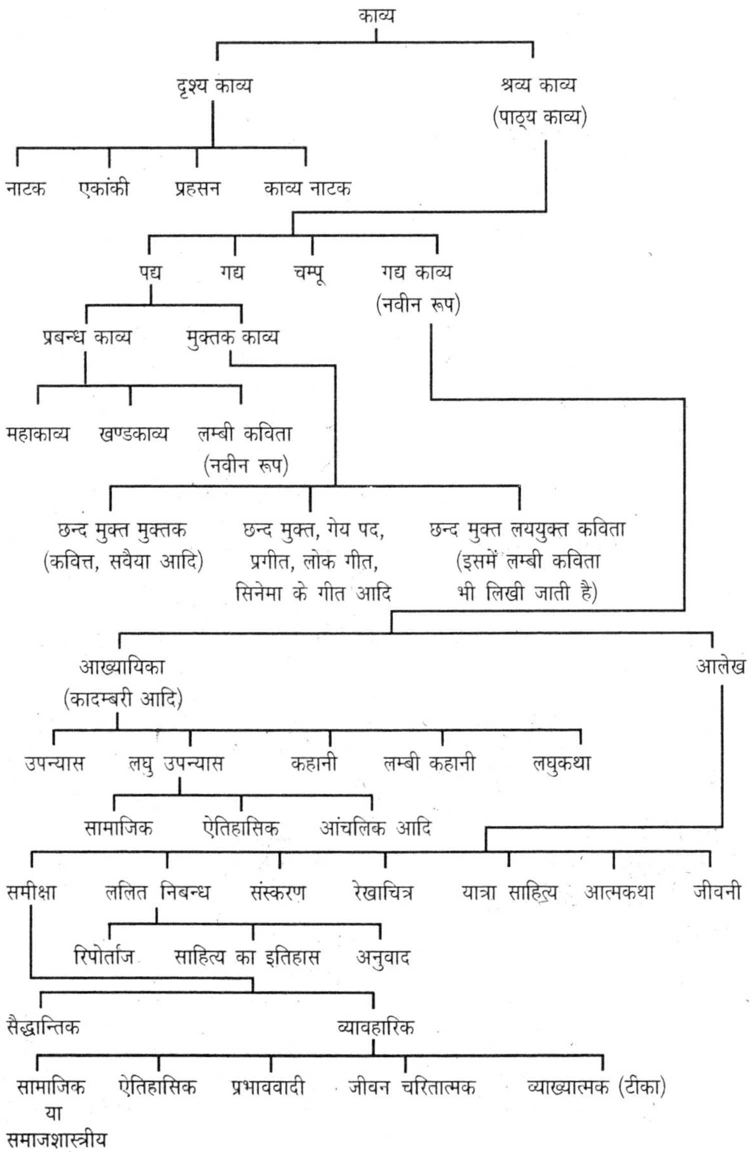

क्रौंच पक्षी के जोड़े में से एक को मार गिराया।" इसके बाद उन्होंने 'रामायण' की रचना की जो एक विकसनशील महाकाव्य है क्योंकि आज तक रामकथा पर आधारित अनेक काव्य लिखे जा रहे हैं।

इसके उपरान्त संस्कृत और फिर हिन्दी में अनेक छन्दों में रचना होती रही। इसके अतिरिक्त 'गीत गोविन्द' जैसे गीतमय काव्य भी लिखे गये। हिन्दी साहित्य के आरम्भ में भी यह परम्परा चलती रही तथा दोहा, चौपाई आदि छन्दों में भी कविता होती रही तथा पद साहित्य भी लिखा जाता रहा। आधुनिक काल में भी यही परम्पराएँ बनी रहीं और इसी क्रम में छन्दमुक्त लयात्मक प्रगीतों की रचना का विकास होता रहा।

आख्यायिका या कथात्मक रचनाएँ वेदों के काल से ही मिलती हैं। आधुनिक काल में इसके अनेक रूपों का विकास हुआ।

कथात्मक साहित्य की आरम्भिक समीक्षा विविध तत्त्वों कथानक, पात्र के चरित्र-चित्रण, शैली-संवाद, देशकाल तथा उद्देश्य आदि के आधार पर होती रही। समीक्षा, निबन्ध, संस्मरण आदि का विवेचन रचना के व्यक्तित्व, भाषा-शैली और उद्देश्य के आधार पर की जाती है।

समीक्षा के विविध प्रकार हैं। इसका आरम्भ संस्कृत के काल में ही काव्यशास्त्र के ग्रन्थों के रूप में हुआ और आज तक भारतीय भाषाओं में होने वाली समीक्षा में इन्हीं के सिद्धान्तों रस, अलंकार आदि को प्रधान आधार बनाया जाता है। इसीलिए संस्कृत के काव्यशास्त्र को संस्कृत का काव्यशास्त्र न कहकर भारतीय काव्यशास्त्र या भारतीय कांव्य-सिद्धान्त कहा जाता है। इसके कई रूप हैं, जिन्हें तालिका (पृ. 47) के रूप में समझा जा सकता है।

सैद्धान्तिक समीक्षा में साहित्य विषयक मूल सिद्धान्तों की स्थापना की जाती है जैसे अलंकारवाद, वक्रोक्तिवाद, रीतिवाद, ध्वनिवाद आदि। व्यावहारिक समीक्षा में इन सिद्धान्तों के आधार पर साहित्य की व्याख्या, आलोचना और मूल्यांकन किया जाता है। आधुनिक काल में व्यावहारिक समीक्षा के अनेक रूप दिखाई देते हैं। प्रत्येक साहित्यिक कृति विशेष सामाजिक परिवेश की प्रतीति से प्रेरित होती हुई समाज को प्रभावित करती है। ये ही सामाजिक आलोचना के मुख्य सरोकार हैं। ऐतिहासिक आलोचना में किसी कृति के ऐतिहासिक परिवेश, महत्त्व और प्रभाव पर प्रकाश डाला जाता है। हर कृति पाठक पर विशिष्ट प्रभाव डालती है। इस प्रभाव का वर्णन ही प्रभाववादी आलोचना का लक्ष्य होता है। इसीलिए यह कृति पर कम और आलोचक के मन पर पड़े उसके प्रभाव की अभिव्यक्ति को ही लक्ष्य मानती है। जीवन चरितात्मक आलोचना के संस्थापक फ्रांसीसी आलोचक सेंट ब्यव है, जिनका मूल सिद्धान्त है—"अगर आप फल को जानना चाहते हैं तो पेड़ को जानिए जिस पर वह फल पैदा होता है।" उसके मतानुसार कवि और रचना में पेड़ और

फल जैसा सम्बन्ध होता है। इसलिए कृति को समझने के लिए कवि के जीवन का गहरा ज्ञान होना चाहिए। स्पष्ट है कि आलोचना के इस प्रकार की बुनियादी सीमा यह है कि अनेक साहित्यकारों के जीवन की जानकारी नहीं होती या बहुत कम होती है। व्याख्यात्मक आलोचना या टीका में लक्ष्य कृति को उसकी सभ्यता तथा उसके विविध तत्त्वों पर प्रकाश डाला जाता है। वेदों पर भी अनेक टीकाएँ लिखी गयी हैं। कालिदास के साहित्य पर लिखी गयी मल्लिनाथ की टीकाएँ अत्यन्त प्रसिद्ध हैं।

आधुनिक युग में ज्ञान-विज्ञान के अनेक सिद्धान्तों एवं अंगों आदि के आधार पर साहित्य की समीक्षा की कई प्रवृत्तियाँ और कई वाद लक्षित होते हैं। इन सबको समझने के लिए यह बुनियादी सत्य समझना आवश्यक है कि काव्य के तीन पक्ष होते हैं और इन्हीं के अनुरूप ही अलग-अलग वादों और प्रवृत्तियों का आकलन तथा मीमांसा की जाती है। कविता का पहला पक्ष है कवि, दूसरा है कविता का भाषिक रूप जो श्रव्य काव्य, पाठ्य काव्य आदि के रूप में होता है और उसका तीसरा पक्ष है प्रमाता की प्रतिक्रिया, प्रभाव या सामाजिक पक्ष। यह तीन तत्त्व मिलकर ही कविता की त्रिकुटी कहे जा सकते हैं। कविता की सारी समीक्षा इन्हीं तीन पक्षों में से किसी एक को केन्द्र बनाकर की जाती रही है। स्पष्ट है कि समीक्षा के तीनों प्रकार एकांगी ही हैं तथा कविता को उसकी पूर्णता और अखण्डता में समझने के लिए तीनों के सम्मिलित रूप का उपयोग ही पूरी तरह से सार्थक हो सकता है।

उदाहरण के लिए अलंकार, रीति, वक्रोक्ति तथा ध्वनि सिद्धान्त कविता के भाषिक रूप की समीक्षा प्रस्तुत करते हैं। इनमें कहीं-कहीं भावों की अभिव्यक्ति का भी उल्लेख होता है। इन सबसे अलग रस-सिद्धान्त काव्य की अनुभूति पक्ष का विवेचन करता है और साधारणीकरण सिद्धान्त के अन्तर्गत सहृदय की अनुभूति का भी विवेचन होता है। भरतमुनि ने भी नाटक में रस के विवेचन के अन्तर्गत प्रमाता या दर्शक की अनुभूति का 'हर्षादि' के रूप में संकेत किया है। जहाँ तक सामाजिक प्रभाव का सन्दर्भ है, उसका विवेचन काव्य के प्रयोजनों के अन्तर्गत लोकोपदेशादि के रूप में किया जाता है। वैसे रस-सिद्धान्त के अन्तर्गत भी रस के स्वरूप की व्याख्या करते हुए सत्त्वोद्रक, संविद्विश्रान्ति जैसे सामाजिक पर पड़ने वाले प्रभाव का विवेचन किया गया है।

आधुनिक काल में ज्ञान-विज्ञान के विस्तार के चलते आलोचना की अनेक प्रवृत्तियों का विवेचन किया गया है। शैली विज्ञान, नयी समीक्षा, संरचनावाद, अभिव्यंजनावाद, विखण्डनवाद, मार्क्सवाद, मनोविश्लेषणवाद, समाजवाद और उत्तर आधुनिकतावाद की चर्चा की जाती है। वस्तुतः कुछ अंशों में ये सभी साहित्य के किसी एक पक्ष पर आधारित खण्डित समीक्षाएँ ही हैं। नयी समीक्षा और शैली विज्ञान

काव्य के भाषिक रूप के विश्लेषण पर आधारित है। मनोविश्लेषण, समीक्षा और अभिव्यंजनावाद साहित्य के सृजन पक्ष में ही केन्द्रित हैं। मार्क्सवाद, समाजवाद और उत्तर-आधुनिकता का मुख्य सरोकार है, साहित्य की ऐतिहासिक और सामाजिक चेतना। किसी भी वस्तु या रचना की समग्र व्याख्या में दो बुनियादी व्यापार हैं—एक, विविध तत्त्वों में विश्लेषण (विखण्डनवाद, नयी समीक्षा, शैली विज्ञान आदि) तथा संश्लेषण जिसमें इन सभी तत्त्वों की सम्पृक्ति की प्रक्रिया और स्वरूप पर विचार किया जाता है। इस प्रकार आलोचना की प्रवृत्तियाँ काव्य के स्वरूप का एकांगी विश्लेषण करती हैं। समग्र काव्य के महत्त्व का मूल्यांकन करने के लिए आवश्यक है कि इन सभी समीक्षाओं द्वारा प्रस्तुत काव्य के विविध अंगों का संश्लेषण कर उन्हें समझा जाये।

एक अन्य बुनियादी महत्त्व की बात यह है कि काव्य का इन दोनों प्रकार का विश्लेषण भारतीय काव्यशास्त्र में आरम्भ से ही किया जा रहा है तथा उसकी एक लम्बी एवं सार्थक परम्परा है। भारतीय काव्यशास्त्र के जानकार व्यक्तियों के लिए विश्लेषण तथा संश्लेषण की ये सारी प्रक्रियाएँ नयी हैं। यह स्पष्ट है कि अलंकार, रीति, वक्रोक्ति, शब्द शक्ति, विभाव, अनुभाव, संचारी भाव आदि ये सभी तत्त्वों का 'विशद' विवेचन भारतीय काव्यशास्त्र में हुआ है। भारत के कई तथाकथित आलोचक भारतीय काव्यशास्त्र के ज्ञान के अभाव के कारण यह बुनियादी बात नहीं समझ पाते और पाश्चात्य सीमित समीक्षा-प्रवृत्तियों का गुणगान करते दिखाई देते हैं। आशा है यह पुस्तक पढ़ने के बाद इस प्रकार की अविवेकपूर्ण मान्यताओं से बचा जा सकेगा।

साहित्य-सृजन की परम्परा सालों से चली आ रही है। उसके साथ ही समीक्षा की परम्परा भी विकसित होती रही है। पश्चिम में इस ऐतिहासिक परम्परा को ही अलग-अलग धाराओं—आभिजात्यवाद, नव्य आभिजात्यवाद, स्वच्छन्दतावाद आदि नाम दिये गये हैं। भारतीय समीक्षा की परम्परा पर ये सिद्धान्त लागू नहीं होते, क्योंकि यहाँ आरम्भ से ही अनुभूति पक्ष के विवेचन रसादि के रूप में होता रहा है। इसके अतिरिक्त कथावस्तु की गरिमा तथा काव्यभाषा के विविध तत्त्वों की विस्तृत समीक्षा मिलती है। उदाहरण के लिए रामदहिन मिश्र ने अपने ग्रन्थ 'काव्य दर्पण' में ध्वनि के इक्यावन भेद गिनाये हैं[1] तथा बयासी अलंकारों का सोदाहरण विवेचन किया है।[2] अंगी रस तथा फलागम के अन्तर्गत रचना की संरचनात्मक अखण्डता का ही विवेचन किया गया है।

उपर्युक्त विवेचन से स्पष्ट है कि विविध आलोचना पद्धतियाँ, सिद्धान्त या वाद कविता के तीन पक्षों—कवि, कविता और सहृदय—में से किसी एक को ही

1. रामदहिन मिश्र, काव्य-दर्पण, पृ. 228।
2. पृ. 344 से 525 तक।

प्रधान रूप से अपना केन्द्र बनाती हैं। उदाहरण के लिए सृजन या कवि के जीवन चरित्र के आलोक में की गयी आलोचना कवि पर केन्द्रित है। काव्यभाषा में केन्द्रित समीक्षा पद्धतियाँ हैं—अलंकार सिद्धान्त, रीति सिद्धान्त, वक्रोक्ति सिद्धान्त, ध्वनि सिद्धान्त, नयी समीक्षा, शैली विज्ञान, विखण्डनवाद आदि। रस, काव्यानुभूति, विरोधी आवेगों का सन्तुलन आदि पक्षों का सम्बन्ध सीधा सहृदय की प्रतिक्रिया से है। काव्यभाषा की समीक्षा करने वाले विविध सिद्धान्तों में वर्णित घटकों में गहरी समानता है जिसका विवेचन आगे 'काव्य-सिद्धान्तों के अन्तःसम्बन्ध' अध्याय में किया गया है। पूर्ण आलोचना वही मानी जायेगी जो इन सभी पक्षों पर विचार करे। इस सम्पूर्ण समीक्षा के अभाव में काव्य को उसकी समग्रता में नहीं समझा जा सकता।

## मूल्यांकन : आधुनिक सन्दर्भ

अभी तक भारतीय आचार्यों द्वारा दिये गये काव्य लक्षणों की शास्त्रीय व्याख्या भर की जाती रही और यही कारण है कि उनका ऐतिहासिक महत्त्व भर मानकर उन्हें उपेक्षित, विस्मृत कर दिया जाता है जिसके अनेक कारणों में हिन्दी के कई लेखकों का अविवेकपूर्ण परम्परा-विरोध तथा अंग्रेज़ी या विदेशी आलोचना के सिद्धान्तों को हिन्दी में सही या गलत अनूदित कर अपने मौलिक सिद्धान्तों को प्रस्तुत करने का उत्साह रहा है। साथ ही भारतीय काव्य-सिद्धान्तों के परम्परागत स्वरूप की व्याख्या तो की गयी है मगर आधुनिक समीक्षा के सन्दर्भ में उनकी व्याख्या का प्रयास नहीं हुआ।

एक दार्शनिक होने के नाते पश्चिम में प्लेटो ने तो काव्य का विरोध किया है क्योंकि काव्य मनुष्य की वासना को पुष्ट कर उसे सत्य से दूर ले जाता है, मगर उसके बाद अरस्तू ने त्रासदी, जिसे वह काव्य का प्रधान रूप मानता है, के स्वरूप का विवेचन करते हुए उसमें त्रास और करुणा के भावों की केन्द्रीय स्थिति स्वीकार की है तथा लोंजाइनस ने तो अपने औदात्य के सिद्धान्त में भाव, विचार तथा अलंकारों आदि का समावेश करते हुए काव्य के उन सभी तत्त्वों का उल्लेख किया है जिनकी चर्चा संस्कृत के काव्य चिन्तन में भरत तथा भामह से ही आरम्भ हो जाती है। अरस्तू ने नाटक के विवेचन में केवल तीन भावों को स्वीकार किया है—त्रास, करुणा तथा हास, मगर भरत ने आठ भावों और इनके अनुरूप ही आठ रसों को स्वीकार किया है। लोंजाइनस ने उदात्त के पोषक भावों की गिनती तो नहीं की मगर उसने रति, वीर, हास, करुणा आदि इन भावों को स्वीकार किया है जो आत्मा के औदात्य के अनुकूल हैं तथा भयादि भावों को आत्मा के औदात्य का विरोधी बताते हुए उन्हें अस्वीकार किया है जबकि भरत ने इन भावों को भी स्वीकार करते हुए एक व्यापक काव्य-चिन्तन का आरम्भ किया है जो जीवन की समग्रता को अपने भीतर समेट लेता है।

नव्य आभिजात्यवादी काव्य-चिन्तन ने काव्य न्याय, औचित्य, संकलन त्रय, भाषा आदि के महत्त्व पर विचार किया है। भारतीय काव्य लक्षणों में इन सभी तत्त्वों की स्वीकृति प्राचीनकाल से ही दिखाई देती है। नैतिकता के अभाव में रस नहीं रसाभास की निष्पत्ति होती है, औचित्य की चर्चा तो अन्य आचार्यों ने भी रीति, वृत्ति आदि के विवेचन के अन्तर्गत की है, मगर क्षेमेन्द्र ने औचित्य की व्यापक व्याख्या करते हुए उसे काव्य के सभी पक्षों का—रस, वस्तु, भाषा, अलंकार आदि का आधार ही माना है तथा दसवीं शती से दार्शनिकता के प्रभाव से काव्यानुभव में सात्विकता को अन्तरंग गुण के रूप में स्वीकृति मिल गयी थी।

यहाँ यह स्पष्ट हो जाना चाहिए कि संस्कृत आचार्यों ने जो काव्य लक्षण दिये हैं, वे उनके सम्पूर्ण काव्य-चिन्तन का सार हैं तथा उनके काव्य लक्षणों में उनका सम्पूर्ण काव्य-चिन्तन ही अन्तर्निहित है। प्रत्येक काव्य लक्षण यह समझाने का प्रयास करता है कि आचार्य विशेष की दृष्टि से कविता का स्वरूप क्या है। इसी व्यापक अर्थ में उन काव्य लक्षणों की सही व्याख्या की जा सकती है तथा आधुनिक समीक्षा के सन्दर्भ में उनका मूल्यांकन किया जा सकता है।

साथ ही यह भी रेखांकित करना आवश्यक है कि समीक्षा सिद्धान्तों का आधार काव्य है तथा उत्कृष्ट काव्य के लक्षण—उसके भाव, विचार, शैली, अलंकार, रचना विधान, प्रेरणा, उपयोगिता आदि के तत्त्व भी प्रायः समान ही हैं। हाँ, उनके नामकरण में या उनकी व्याख्या में थोड़ा-बहुत अन्तर हो सकता है। मगर यह अन्तर उत्कृष्ट काव्य की विशेषताओं की बुनियादी समानता को नहीं छिपा सकता। इसलिए भारतीय तथा पाश्चात्य काव्य-चिन्तन में काव्य की विशेषताओं के नामों में अन्तर हो सकता है, मगर उनके स्वरूप में अन्तर नहीं हो सकता। नामों या संज्ञाओं में इस अन्तर की तह में विद्यमान समानता को पहचानने की कोशिश करने में ही काव्यविवेक की सार्थकता है।

पश्चिम के रोमांटिक काव्य तथा काव्य-चिन्तन में तो भावों, मनोवेगों, आवेगों, वृत्तियों आदि को ही काव्य के केन्द्रीय तत्त्वों के रूप में स्वीकार किया गया है। इस दृष्टि से भरत का रस-सिद्धान्त—उनकी यह मान्यता कि भाव ही रसत्व को प्राप्त होता है तथा उनकी संचारी भावों तथा सात्त्विक अनुभावों सम्बन्धी मान्यता—रोमांटिक काव्य-चिन्तन के समकक्ष सिद्ध होती है। भामह ने रस को अलंकारों के अन्तर्गत स्वीकार किया है तथा भामह का काल ईसा की छठी शती है। इस रूप में देखा जाये तो भारत में जिस काव्य तत्त्व को छठी शती में रेखांकित किया गया, वह पश्चिम में रोमांटिक काल से लेकर आई.एच रिचर्ड्स (बीसवीं शती) तक दिखाई देता है। और यह स्वाभाविक ही है कि आई. ए. रिचर्ड्स ने काव्य मूल्य—विरोधी आवेगों का समतोल—की अपने युगानुरूप मनोवैज्ञानिक स्तर पर व्याख्या की है जबकि भारत में भट्टनायक, अभिनवगुप्त, मम्मट, विश्वनाथ, जगन्नाथ

ने काव्य में व्यक्त भाव (रस) की व्याख्या अपने युगानुरूप दार्शनिक स्तर पर की है तथा आधुनिक युग में आचार्य शुक्ल ने कविता के स्वरूप की व्याख्या करते हुए भाव (रस) की मनोवैज्ञानिक व्याख्या का प्रयास किया है जो कि स्वाभाविक ही है। समकालीन समीक्षा में जब काव्यानुभव की व्याख्या की जाती है तो भाव–स्थायी भाव या संचारी भाव–उसके अन्तरंग तत्त्व माने जाते हैं। (इस पक्ष की विस्तृत व्याख्या रस-सिद्धान्त के विवेचन के अन्तर्गत की जायेगी)।

कुछ वर्षों पहले तक हिन्दी में पश्चिम की समीक्षा में विकसित शैली विज्ञान और नयी समीक्षा की बड़ी धूम रही। मगर हिन्दी के ये लेखक भारतीय काव्य-चिन्तन से अनभिज्ञ थे। यदि ऐसा न होता तो भारतीय आचार्यों में शब्द को काव्य मानने वालों की दण्डी से लेकर पण्डितराज जगन्नाथ तथा आचार्य शुक्ल तक पूरी एक परम्परा है जिन्होंने शब्द को काव्य माना है। दण्डी ने पदावली को काव्य माना है, विश्वनाथ ने वाक्य को काव्य माना है, जगन्नाथ तथा आचार्य शुक्ल ने शब्द को काव्य माना है और जिस प्रकार पश्चिम में शैली वैज्ञानिकों तथा नये समीक्षकों ने काव्य शब्द को अर्थ से विशिष्ट किया है–विरोध-चमत्कार, सपाटबयानी, विडम्बना, अनेकार्थता आदि द्वारा काव्य-शब्द की व्याख्या की है, उसी प्रकार भारतीय आचार्यों ने आरम्भ से ही काव्य-शब्द के इस वैशिष्ट्य को अलंकार, रीति, गुण, वृत्ति, वक्रोक्ति, लक्षणा, ध्वनि, रसादि द्वारा स्पष्ट करने का प्रयास किया है।

आधुनिक युग में प्रेस और गद्य के विकास के साथ ही विस्तृत स्पष्ट विवेचन की परिपाटी प्रचलित हुई। इसलिए आज हिन्दी, अंग्रेज़ी या अन्य भाषाओं में जो समीक्षा लिखी जा रही है या काव्य के प्रतिमानों की प्रतिष्ठा की जा रही है, उनकी स्पष्ट, सरल व्याख्या उपलब्ध होने के कारण हिन्दी के अनेक लेखकों को अंग्रेज़ी के समीक्षा सिद्धान्तों को हिन्दी में अनूदित करना सरल काम प्रतीत हुआ। इसके विरोध में प्राचीन संस्कृत काव्य समीक्षा में कुछ तो भाषा की कठिनाई के कारण और कुछ उसकी सूत्र शैली के कारण, जिसे समझने के लिए बहुत परिश्रम, चिन्तन और मनन करना पड़ता है, उसकी उपेक्षा या विरोध करना बड़ा सरल काम है। उदाहरण के लिए आचार्य शुक्ल की काव्य परिभाषा को समझने के लिए उनका पूरा निबन्ध 'कविता क्या है' तथा उनके आलोचना साहित्य के अनेक भागों को पढ़ना आवश्यक है–और व्याख्यात्मक शैली के विस्तार के कारण सरल भी। इसलिए उनकी काव्य परिभाषा पर विचार करना तो सरल है। संस्कृत में पण्डितराज जगन्नाथ के काव्य लक्षण को समझने के लिए उनके 'रसगंगाधर' के अधिकांश को समझना भी आवश्यक है, मगर साथ ही यह भी स्पष्ट है कि यह काम बड़ा कठिन और श्रमसाध्य है। यही कारण है कि प्राचीन भारतीय काव्य समीक्षा के ग्रन्थों की अधिकांश हिन्दी के लेखकों-आलोचकों ने उपेक्षा ही की। एक-दो अन्य उदाहरणों से यह बात और भी स्पष्ट हो जायेगी।

पहला उदाहरण आई.ए. रिचर्ड्स का लिया जा सकता है। उन्होंने भाषा के प्रयोग के आधार पर काव्य तथा विज्ञान में अन्तर किया है। विज्ञान में भाषा का सांकेतिक प्रयोग होता है तथा काव्य में भाषा का भावोद्‌बोधक रूप, क्योंकि विज्ञान का उद्देश्य अर्थ स्पष्ट करना है तथा काव्य का उद्देश्य पाठक में भाव जगाना है। यह व्याख्या उनके मूल काव्य मूल्य, विरोधी आवेगों के सन्तुलन से सम्बद्ध है। इस अन्तर की ओर हिन्दी के अधिकांश लेखकों का ध्यान गया। मगर भामह के काव्य-लक्षण में भी भाषा के प्रयोग के आधार पर ही काव्य तथा शास्त्र (तब विज्ञान भी शास्त्र के अन्तर्गत ही माना जाता था) का अन्तर स्पष्ट किया है। शास्त्र की भाषा अर्थ प्रधान होने के कारण स्वभावोक्ति पर बल देती है जबकि काव्य की भाषा अपने वैशिष्ट्य के कारण वक्रोक्ति का प्रयोग करती है। परवर्ती शब्दावली में कहना चाहें तो कह सकते हैं कि शास्त्र की भाषा अभिधा प्रधान होती है तथा काव्य की भाषा लक्षणा तथा व्यंजना प्रधान होती है। मगर भामह के काव्य लक्षण की इस व्याख्या की ओर हिन्दी के आलोचकों का ध्यान नहीं गया।

इसी प्रकार आई.ए. रिचर्ड्स ने काव्यभाषा का विवेचन करते हुए बिम्ब, प्रतीक, रूपक आदि के प्रयोग पर महत्त्व देते हुए काव्य की भाषा की अनेकार्थता–ऐम्बिग्युटी पर बल दिया है जो प्रतिमान नयी समीक्षा तक बरकरार रहा और वहाँ से हिन्दी के समीक्षकों ने ग्रहण कर लिया। यदि इन समीक्षकों ने थोड़ा परिश्रम किया होता तो उन्हें स्पष्ट हो गया होता कि बिम्ब (उपमा आदि) रूपकातिशयोक्ति–जहाँ उपमेय का लोप हो जाता है और केवल उपमान का ही प्रयोग होता है तथा जहाँ गौणी साध्यवसाना लक्षणा भी मानी जाती है–तथा रूपक आदि प्रतिमान कोई एकदम नये प्रतिमान नहीं हैं। साथ ही यह भी स्पष्ट हो जाता है कि अंग्रेज़ी समीक्षा में जिसे ऐम्बिग्युटी कहा गया है तथा जिसका हिन्दी अनुवाद कुछ लेखकों ने श्लेष या अनेकार्थता किया है, वस्तुतः ध्वनि है जिसकी तुलना घण्टे की अनुरणन ध्वनि से की गयी है। जिस प्रकार आई.ए. रिचर्ड्स के अनुसार ऐम्बिग्युटी का अर्थ अनेकार्थता है, उसी प्रकार भारतीय काव्य-समीक्षा में ध्वनि का अर्थ भी अनेकार्थता ही है। रिचर्ड्स के इस सिद्धान्त की व्याख्या करते हुए ऐम्पसन ने सात प्रकार की ऐम्बिग्युटी मानी है, मगर भारतीय काव्य समीक्षकों ने–जो चिन्तन के गाम्भीर्य की व्यवस्थित व्याख्या में अनुपम हैं–ध्वनि के इक्यावन भेद माने हैं। इस विवेचन से स्पष्ट है कि अधिकांश हिन्दी समीक्षकों ने–खासकर कई शुक्लोत्तर समीक्षकों ने बिना परिश्रम किये ही अपने आपको हिन्दी में प्रतिष्ठित करना चाहा। ऐसी स्थिति में उनके पास संस्कृत के गम्भीर एवं जटिल समीक्षा सिद्धान्तों को समझने की न तो प्रतिभा थी और न ही परिश्रम करने की क्षमता तथा धैर्य ही था। अंग्रेज़ी से कविता के इन नये प्रतिमानों को हिन्दी कविता पर आरोपित करना सरल भी था और पाण्डित्य का आभास या फैशन भी था।

उपर्युक्त विवेचन के आधार पर यह स्पष्ट हो जाता है कि संस्कृत के काव्य-चिन्तन में स्थापित काव्य के प्रतिमानों को शास्त्रीय दृष्टि से समझने के साथ-साथ इस दिशा में हिन्दी में पर्याप्त काम हुआ है—आधुनिक दृष्टि से, आधुनिक काव्य एवं काव्य प्रतिमानों के सन्दर्भ में भी समझने का गम्भीर प्रयास किया जाना चाहिए, तभी संस्कृत में उपलब्ध काव्य-समीक्षा की सही समझ तथा उसका सन्तुलित मूल्यांकन सम्भव हो सकेगा। बिना पढ़े-सोचे ही भारतीय परम्परा को मृत घोषित करना केवल अपने अविवेक और अज्ञान का परिचय देना ही होगा। इस दृष्टि से आज निर्विवाद रूप से यह कहा जा सकता है कि आज भी भामह का काव्य-लक्षण आदर्श एवं सर्वमान्य है जो साहित्य मात्र के लिए स्वीकार्य है।

## अध्याय-4

# काव्य प्रयोजन : कविता और समाज

उपयोगितावादी सोच मनुष्य के स्वभाव का ही एक अंश है। इसलिए जब से काव्य रचना आरम्भ हुई तभी से उस पर विचार करते हुए उसकी उपयोगिता के सवाल पर भी विचार किया जाने लगा। भारतीय काव्य-चिन्तकों ने इस विवेचन को काव्य प्रयोजन के अन्तर्गत रखा। स्पष्ट है कि काव्य की उपयोगिता का सवाल एक बुनियादी सवाल है जिस पर हरेक देश और काल में विचार होता आया है।

कविता पर विचार करते हुए तीन सत्ताएँ हमारे सामने आती हैं जिनके अन्तर्गत सम्पूर्ण काव्य-चिन्तन रखा जा सकता है। **ये तीन सत्ताएँ हैं–कवि, कविता और सामाजिकी।** इसलिए काव्य की उपयोगिता पर विचार करते समय समीक्षकों के सामने ये तीनों सत्ताएँ रही हैं। इस समीक्षा के अन्तर्गत यह विचार किया गया है कि कवि के लिए काव्य की क्या उपयोगिता है, सामाजिक-व्यक्ति और समाज के लिए काव्य की क्या उपयोगिता है तथा कविता की निजी उपयोगिता क्या है यानी क्या कोई ऐसा तत्त्व भी है जो केवल काव्य में ही उपलब्ध हो सकता है।

**भरत :** भरत ने नाटक पर विचार करते हुए नाटक के ये प्रयोजन गिनाये हैं–धर्म, यश, आयु की वृद्धि, हित या कल्याण, बुद्धि का विकास तथा लोकोपदेश। इसमें यश की प्राप्ति तो कवि को होती है। धर्म की प्राप्ति कवि को भी हो सकती है और सहृदय को भी। शेष सभी तत्त्वों का सम्बन्ध प्रत्यक्ष रूप से सामाजिक के साथ है। इन सभी तत्त्वों पर विचार करते हुए हम सहज ही इस निष्कर्ष पर पहुँचते हैं कि भरत ने नाटक की उपयोगिता प्रधान रूप से लोक-कल्याण में ही मानी है। यहाँ यह उल्लेख करना भी आवश्यक है कि नाट्यशास्त्र की रचना के विषय में

भरत ने यह कहा है कि उसकी रचना चारों वेदों के आधार पर की गयी है तथा नाट्यशास्त्र पाँचवाँ वेद है। इसी से भरत का मत स्पष्ट हो जाता है कि जैसे वेदों से मनुष्य का कल्याण होता है–जिसमें विवेक का विकास आदि भी सम्मिलित हैं, उसी प्रकार नाटक से भी मनुष्य का कल्याण होता है।

इस विवेचन में एक तत्त्व का अभाव लक्षित होता है और वह तत्त्व है, रस। रस के प्रसंग में भरत ने स्पष्ट कहा है कि रस के बिना नाटक में कोई अर्थ प्रवर्त्तित नहीं होता। यदि रस नाटक की सार्थकता का आधार है तथा नाटक के प्रयोजनों के अन्तर्गत रस का उल्लेख भी होना चाहिए। मगर भरत की रस सम्बन्धी धारणा आस्वाद रूप नहीं है। वे मानते हैं कि नाटकों में रस विभावादि के संयोग से निष्पन्न होता है तथा विभावादि तो नाटक की सामग्री भी हैं और अभिनय के उपादान भी। इसलिए रस का उल्लेख करने का अर्थ यह होता है कि नाटक की सार्थकता ही नाटक का प्रयोजन है। स्पष्टतः ऐसा कहना बेमानी है। मगर भरत ने लोक के कल्याण-हित, बुद्धि का विकास, लोकोपदेश आदि पर बल देकर नाटक की उपयोगिता के बारे में एक ऐसे प्रयोजन का उल्लेख किया है जिसे अनेक आलोचक आज भी मानते हैं।

**भामह :** भामह ने काव्य के छः प्रयोजन माने हैं–धर्म, अर्थ, काम, मोक्ष, कीर्ति और प्रीति। यहाँ कीर्ति तथा अर्थ का सम्बन्ध कवि से है–श्रेष्ठ काव्य रचना से कवि को यश तथा धन की प्राप्ति होती है तथा शेष तत्त्वों का सम्बन्ध सामाजिक से है। यहाँ प्रीति का अर्थ है आनन्द। भामह का काव्य प्रयोजन सम्बन्धी मत अत्यन्त महत्त्वपूर्ण है और इसीलिए संस्कृत के अनेक काव्यशास्त्रियों ने चतुर्वर्ग का उल्लेख किया है। परन्तु इस मत की ओर हिन्दी की आलोचना में पर्याप्त ध्यान नहीं दिया गया। मगर इससे यह स्पष्ट है कि भारतीय काव्य-चिन्तन में एक धारा ऐसी रही है जो जीवन के लक्ष्यों को ही काव्य का भी लक्ष्य मानती रही है जिसका मूल अभिप्राय यह है कि काव्य व्यक्ति की सर्जना के स्तर पर सम्पूर्ण जीवन का ही पर्याय है।

**कुन्तक :** कुन्तक ने भी चतुर्वर्ग–धर्म, अर्थ, काम और मोक्ष को काव्य का प्रयोजन माना है मगर साथ ही यह भी कहा है कि काव्य अपने विशिष्ट अमृत-रस से अन्तश्चमत्कार को भी सिद्ध करता है, सहृदय को काव्य के द्वारा एक ऐसा अन्तश्चमत्कार प्राप्त होता है जो चतुर्वर्ग का भी अतिक्रमण कर जाता है, जो धर्मादि से भी अधिक महत्त्वपूर्ण है। स्पष्ट है कि यहाँ कुन्तक एक ओर तो काव्य के उद्देश्य के वर्णन में अतिशयोक्ति का प्रयोग कर रहे हैं तथा दूसरी ओर काव्य के विशिष्ट और सर्वथा मौलिक उद्देश्य को भी रेखांकित कर रहे हैं। साथ ही उन्होंने काव्य द्वारा मोक्ष की सिद्धि पर सन्देह भी व्यक्त किया है जो कि सन्तुलित मत है।

**भोज :** भोज ने कीर्ति और प्रीति–आनन्द को उत्कृष्ट काव्य का प्रयोजन माना है–कवि को उत्कृष्ट काव्य से यश की प्राप्ति होती है तथा सहृदय को आनन्द की।

**वामन :** वामन ने भी काव्य के दो प्रयोजन माने हैं–एक, प्रीति या आनन्द जिसे उन्होंने दृष्ट प्रयोजन कहा है तथा दूसरा अदृष्ट प्रयोजन कीर्ति है जो कवि को प्राप्त होता है।

**मम्मट :** मम्मट ने पूर्व आचार्यों के मतों का उपयोग करते हुए उनमें संशोधन किया है। उनके अनुसार काव्य के छः प्रयोजन हैं–एक, कवि को यश की प्राप्ति होती है तथा उसकी अशिव या अमंगल से रक्षा होती है (जैसे कहा जाता है कि तुलसीदास द्वारा 'हनुमानबाहुक' की रचना से उनको बाहुपीड़ा से मुक्ति मिल गयी)। इसके अतिरिक्त कवि को राजा, सामन्तों आदि से धन की प्राप्ति भी होती है। इस प्रकार **तीन प्रयोजनों–यश, अर्थ और अशिव से रक्षा का सम्बन्ध कवि से है।** शेष तीन प्रयोजनों का सम्बन्ध सहृदय से है। सामाजिक को उत्कृष्ट काव्य से **व्यवहार ज्ञान** होता है, **परनिर्वृत्ति** होती है–सांसारिक भावनाओं से मुक्ति तथा लोकोत्तर आनन्द-रस की प्राप्ति होती है तथा उसे **कान्तासम्मित उपदेश** की प्राप्ति होती है।

कान्तासम्मित उपदेश की व्याख्या करते हुए मम्मट ने कहा है कि उपदेश तीन प्रकार के होते हैं : एक, **प्रभुसम्मित उपदेश** जैसे वेद का उपेदश है। यह ईश्वर का दिया हुआ उपदेश है जो आदेश के रूप में होता है तथा इसका पालन करना प्रत्येक मनुष्य के लिए अनिवार्य है। दो, **मित्रसम्मित उपदेश** जैसे पुराणों का उपदेश है जिसे व्यक्ति चाहे तो स्वीकार करे और चाहे तो स्वीकार न करे। तीसरे प्रकार का उपदेश होता है **कान्तासम्मित उपदेश** जो पत्नी का दिया हुआ उपदेश है तथा जिसे व्यक्ति भय या उपयोगिता के कारण स्वीकार नहीं करता बल्कि वह प्रेमपूर्वक दिया गया सरस उपदेश होता है तथा उसे व्यक्ति उसकी सरसता के कारण स्वीकार करता है। काव्य द्वारा दिये गये उपदेश का भी यही सरस स्वरूप होता है–वह एक नीरस दिशा-निर्देश नहीं होता बल्कि कवि अपनी प्रतिभा द्वारा विचारों को इस रूप में प्रस्तुत करता है कि उसकी सरसता के कारण ही व्यक्ति की उसमें आसक्ति होती है और वह उसकी मार्मिकता से प्रभावित होकर ही उसे ग्रहण करता है। इस प्रकार काव्य का उपदेश या उसमें व्यक्त नैतिकता या विचारधारा सरस चरित्रों एवं बिम्बों के माध्यम से व्यक्त होती है।

इस सन्दर्भ में मम्मट ने एक अन्य तात्त्विक प्रश्न भी उठाया है जो उनकी पैनी प्रतिभा का प्रमाण है तथा जो उनके चिन्तन को एकदम वर्तमान समीक्षा में विवेचित काव्य की उपयोगिता की समस्या से जोड़ता है। मम्मट ने यह सवाल उठाया है कि सामान्यतः काव्य के ये सभी प्रयोजन हैं मगर काव्य का मूलभूत या प्रमुख उद्देश्य क्या है? और इसका उन्होंने स्पष्ट उत्तर दिया है कि परनिर्वृत्ति–लोकोत्तर आनन्द की प्राप्ति ही काव्य का प्रधान प्रयोजन है तथा सभी प्रयोजनों का मूलभूत–"सकल-प्रयोजनमौलिभूतम्"–प्रयोजन है। इस विवेचन से यह स्पष्ट है कि 'कला कला के लिए' या 'कला समाज के लिए' या कविता की उपयोगिता

जो आधुनिक समीक्षा का एक प्रधान प्रश्न है, उसका आरम्भ ग्यारहवीं शती में मम्मट के उपर्युक्त विवेचन में दिखाई देता है जहाँ उन्होंने काव्य से प्राप्त रस या आनन्द को सरस उपदेश से भी अधिक महत्त्वपूर्ण माना है और यही मान्यता संगत प्रतीत होती है क्योंकि ऐसे अनेक उत्कृष्ट काव्य हैं—विशेषकर प्रकृति के सौन्दर्य को अभिव्यक्त करने वाले—जिनसे विशेष प्रकार के अन्तश्चमत्कार की अनुभूति तो होती है, मगर जो कोई प्रत्यक्ष उपदेश नहीं देते।

**विश्वनाथ** ने काव्य प्रयोजन के बारे में यह कहा है कि काव्य द्वारा अल्पबुद्धि वालों को भी सुखपूर्वक चतुर्वर्ग की प्राप्ति होती है। जीवन में तो धर्मादि को प्राप्त करने के लिए निरन्तर कठोर परिश्रम और गम्भीर ज्ञान की अपेक्षा होती है मगर काव्य के द्वारा साधारण सामाजिक को भी चारों पुरुषार्थों की प्राप्ति सरलता से हो जाती है। **पण्डितराज जगन्नाथ** ने दो काव्य प्रयोजनों का उल्लेख किया है—एक, कवि को यश की प्राप्ति होती है तथा सामाजिक को प्रीति या रस की प्राप्ति होती है।

इस प्रकार स्पष्ट है कि भारतीय काव्य-चिन्तन में यद्यपि यश, आनन्दादि कुछ प्रयोजनों का उल्लेख तो सभी आचार्यों ने किया है मगर अनेक आचार्यों ने चतुर्वर्ग को काव्य का प्रयोजन माना है। ये दोनों धाराएँ महत्त्वपूर्ण हैं। मगर जब रस सिद्धान्त को केन्द्रीय प्रतिमान मान लिया गया तो चतुर्वर्ग वाली धारा के महत्त्व की उपेक्षा हुई।

## समीक्षा : आधुनिक सन्दर्भ में

पाश्चात्य समीक्षा में भी काव्य की उपयोगिता की चर्चा प्राचीनकाल से ही मिलती है। सबसे पहले **प्लेटो** ने आनन्द के विरोध में नैतिकता या उपदेश को काव्य का प्रयोजन माना। उनका मत था कि काव्य मनुष्य की निम्न वृत्तियों का पोषण कर उसे निम्नकोटि का आनन्द प्रदान करता है। उन्होंने आनन्द के तीन प्रकार माने—ऐन्द्रिय आनन्द (जो वासनाजन्य होता है), बौद्धिक आनन्द जो दर्शनादि के विवेचन से उपलब्ध होता है तथा आत्मिक आनन्द जो उच्चकोटि का उदात्त आनन्द है तथा जो सत्य की प्राप्ति से मिलता है। साथ ही उन्होंने कहा कि यूनानी महाकवि होमर तथा अन्य साहित्यकारों ने देवताओं की अनैतिकता और व्यभिचार आदि का चित्रण किया है जिससे समाज में भी अनैतिकता का प्रचार होता है। इसलिए उन्होंने इस प्रकार के काव्य का निषेध कर ऐसी काव्य-रचना पर बल दिया जिससे समाज में नैतिकता का प्रचार हो सके। **लोंजाइनस** ने आनन्द के साथ-साथ काव्य के एक अन्य प्रयोजन का उल्लेख भी किया है—आन्दोलित करना। श्रेष्ठ काव्य श्रोता को उत्प्रेरित करता है, उसमें भी आवेश की स्थिति का जन्म होता है। पश्चिम की सम्पूर्ण आभिजात्यवादी आलोचना में शिक्षा या नैतिकता पर बल दिया गया है मगर कुछ आलोचकों ने आनन्द का उल्लेख भी किया है। **अरस्तू** ने काव्य से

प्राप्त आनन्द की चर्चा की है, मगर उन्होंने नैतिकता पर भी विशेष बल दिया है, क्योंकि वे ऐसी स्थितियों को त्रासदी के प्रतिकूल मानते हैं जिनमें पूर्णतः सदाचारी व्यक्ति का पतन दिखाया गया हो या दुराचारी का उत्कर्ष दिखाया गया हो।

आधुनिक काल के नव्य आभिजात्यवाद में तो **काव्य न्याय** यानी अच्छे व्यक्ति का परिणाम अच्छा हो तथा बुरे व्यक्ति का परिणाम बुरा–को एक प्रधान प्रतिमान के रूप में स्थापित किया। मगर रोमांटिक कवियों **कॉलरिज** आदि ने काव्य से प्राप्त होने वाले आनन्द को ही महत्त्वपूर्ण माना। उधर दर्शनशास्त्र के एक अंग सौन्दर्यशास्त्र में निष्प्रयोजन आनन्द की बात की गयी तथा कलाओं से प्राप्त आनन्द को लोकोत्तर तथा विशिष्ट माना। इसका प्रभाव समीक्षकों एवं साहित्यकारों पर भी पड़ा तथा कांट ने कला के सम्बन्ध में निष्प्रयोजन आनन्द की बात की है तथा **ऑस्कर वाईल्ड** ने कहा है कि समस्त कला निरुपयोगी होती है। **ब्रेडले** ने **'काव्य काव्य के लिए'** माना। इसके पश्चात् **मैथ्यू आर्नल्ड** ने मूल्यों के विघटन पर चिन्ता व्यक्त करते हुए यह स्थापना की कि आधुनिक युग में काव्य धर्म का स्थानापन्न हो जायेगा और उसी से जनता को मूल्यों की प्राप्ति होगी। उन्होंने काव्य का लक्ष्य **सांस्कृतिक पूर्णता**–'कल्चरल परफैक्शन' माना मगर उन्होंने इस सांस्कृतिक पूर्णता की व्याख्या नहीं की।

उपर्युक्त विवेचन के आधार पर यह कहा जा सकता है कि काव्य के प्रयोजन या उसकी उपयोगिता की समस्या आरम्भ से ही भारतीय तथा पाश्चात्य चिन्तकों का ध्यान आकर्षित करती रही। साथ ही यह स्पष्ट है कि यह सवाल जितना पुराना है, उतना ही नया और आधुनिक भी। आधुनिक काल में भी कला और लोकमंगल पर विचार हुआ है–पश्चिम में **मैथ्यू आर्नल्ड** ने इस सवाल पर विस्तार से विचार किया है तथा भारत में आचार्य रामचन्द्र शुक्ल आदि आलोचकों ने इसकी गम्भीर व्याख्या की है। उधर कलावाद के समर्थक भी हैं और उसके विरोधी भी। लेकिन सार रूप में कहा जा सकता है कि काव्य के प्रयोजन को लेकर काव्य और उससे प्राप्त आनन्द के महत्त्व तथा काव्य और नैतिकता के घनिष्ठ सम्बन्ध को मानने वाली दो विचारधाराएँ हमारे सामने आती हैं। मगर यहाँ दोनों मतों की गम्भीर समीक्षा की अपेक्षा प्रतीत होती है।

**काव्य और आनन्द**–अनेक भारतीय तथा पाश्चात्य समीक्षकों ने आनन्द को ही काव्य का प्रधान प्रयोजन माना है। यद्यपि ये आलोचक इस मत का निषेध नहीं करते कि काव्य से लोकमंगल होता है मगर वे लोकमंगल को आनन्द की अपेक्षा गौण मानते हैं। उदाहरण के लिए मम्मट ने कान्तासम्मित उपदेश को काव्य प्रयोजन मानते हुए भी आनन्द–रस को ही सभी काव्य प्रयोजनों का मूलभूत प्रयोजन माना है। इसी प्रकार अंग्रेज़ी के आलोचक ब्रैडले जिन्होंने 'कविता के लिए कविता' सिद्धान्त की स्थापना की, यह मानते हैं कि काव्य से सामाजिक शिक्षा प्राप्त हो सकती है और होती है मगर यह सामाजिक शिक्षा का तत्त्व किसी भी काव्य के

मूल्यांकन की कसौटी नहीं बन सकता, क्योंकि काव्य का मूल प्रयोजन तो आनन्द प्रदान करना ही है।

काव्य से प्राप्त **आनन्द के स्वरूप** के बारे में भी गम्भीरता से विचार किया है तथा इस विषय में भी पर्याप्त मतभेद दिखाई देता है। एक ओर काव्य में नैतिकता को केन्द्रीय प्रयोजन मानने वाले दार्शनिक प्लेटो ने काव्य से प्राप्त आनन्द को निम्नकोटि का ऐन्द्रिय तथा वासनात्मक आनन्द माना है और उसे अस्वीकार किया है। दूसरी ओर पश्चिम की आधुनिक समीक्षा में काव्य के आनन्द को लोकोत्तर तथा विशिष्ट माना है तथा सौन्दर्यशास्त्र में तो उसका भोग करने के लिए मनुष्य की छठी इन्द्रिय—सौन्दर्यबोध इन्द्रिय, 'ईस्थैटिक सैन्स' की परिकल्पना की गयी है जिसे मनोवैज्ञानिकों ने निराधार मानकर अस्वीकार कर दिया है। शिक्षा या नैतिकता से आनन्द का वैशिष्ट्य दिखाने के लिए उसे निष्प्रयोजन आनन्द या अनुपयोगी आनन्द कहा गया है। यह एक ऐसा आनन्दमय अनुभव है जो केवल काव्य से ही प्राप्त किया जा सकता है।

अनेक भारतीय आचार्यों ने आनन्द को काव्य का मूल प्रयोजन माना है तथा इसलिए सद्यः परनिर्वृत्ति (मम्मट), प्रीति, अन्तश्चमत्कार, रमणीयता आदि कहा है। ईसा की दसवीं शती में रस-सिद्धान्त की प्रमुखता की स्थापना के साथ ही भारतीय समीक्षा में आनन्द और रस पर्याय हो गये। यद्यपि रस के स्वरूप की विस्तृत व्याख्या आगे की जायेगी, यहाँ इतना कहना आवश्यक प्रतीत होता है कि रस की परिकल्पना में नैतिकता उसके अन्तरंग लक्षण के रूप में प्रतिष्ठित है। आचार्य विश्वनाथ ने रस के स्वरूप की व्याख्या करते हुए 'सत्त्वोद्रक' उसका पहला लक्षण माना है। इसलिए सामान्यतः भारतीय आचार्यों ने काव्य से प्राप्त होने वाले आनन्द—रस—को सात्त्विक या नैतिक ही माना है। मगर यहाँ यह भी कहना आवश्यक प्रतीत होता है कि रसाभास (जिससे रसादि में सम्मिलित माना जाता है) के प्रसंग में उसकी नैतिकता या अनौचित्य की बात कही गयी है। राम जब रावण पर क्रोध करते हैं तो वह रौद्र रस है, मगर जब राम पर रावण के क्रोध का चित्रण किया जाता है वह अनैतिकता के कारण रौद्र रस नहीं रौद्र रसाभास है। इसलिए भारतीय समीक्षकों के मतानुसार काव्य का प्रयोजन आनन्द अनिवार्यतः नैतिक ही होता है, यहाँ आनन्द और नैतिकता का विरोध नहीं है। मगर यह भी स्पष्ट है कि काव्य का महत्त्व उससे प्राप्त रस या आनन्द के कारण है जो लोकोत्तर है।

रस की लोकोत्तरता की धारणा आधुनिक पाश्चात्य सौन्दर्यशास्त्रियों के मत के समान है जो काव्य के आनन्द को विशिष्ट एवं लोकोत्तर मानते हैं—काव्य से प्राप्त होने वाला आनन्द किसी अन्य साधन से प्राप्त नहीं हो सकता। स्पष्ट है कि भारतीय आचार्यों ने दसवीं शती में ही काव्य के आनन्द को लोकोत्तर मान लिया था तथा पाश्चात्य सौन्दर्यशास्त्र में यह चर्चा आधुनिक काल में ही लक्षित होती है।

**काव्य और नैतिकता**–नैतिकता को काव्य प्रयोजन के रूप में प्राचीनकाल से ही भारत तथा पश्चिम में स्वीकृति मिली। भरत ने लोकोपदेश की बात की है तथा प्लेटो ने काव्य द्वारा सत्य एवं सदाचार के प्रचार की बात की है। नैतिकता की बात नव्याभिजात्यवाद के काव्य न्याय तथा मैथ्यू आर्नल्ड के सांस्कृतिक पूर्णता–कल्चरल परफैक्शन–के सिद्धान्तों में मिलती है और इधर भारत में महावीर प्रसाद द्विवेदी तथा आचार्य शुक्ल आदि ने काव्य की सामाजिक उपयोगिता या लोकमंगल की बात की है। मगर इस सन्दर्भ में पाश्चात्य तथा भारतीय आचार्यों में एक अन्तर भी है। आचार्य रामचन्द्र शुक्ल रस या आनन्द को भी स्वीकार करते हैं मगर पाश्चात्य कलावादी समीक्षक आनन्द की बात नहीं करते–कला की बात करते हैं। यह भी सत्य है कि बराबर प्रयास करने के बावजूद आचार्य शुक्ल रस तथा लोकमंगल को समन्वित नहीं कर पाये। वैसे तो गोस्वामी तुलसीदास ने यह कहा है कि उन्होंने रामचरितमानस की रचना स्वान्तः सुखाय की है मगर साथ ही यह भी कहा है कि काव्य की सार्थकता लोक-कल्याण की भावना में है। इधर भारत में पश्चिम की अनेक विचारधाराओं से प्रभावित समीक्षकों ने काव्य को मात्र सामाजिक शिक्षा से जोड़कर उसे प्रचार का एक साधन तक बनाने का प्रयास किया।

मेरा मत है कि काव्य अनिवार्यतः व्यक्ति का एक सामाजिक कर्म है जो विशिष्ट रूप में सम्पन्न होता है।[1] इसलिए कवि चाहे या न चाहे, उसके व्यक्तित्व का सामाजिक अंश उसके काव्य में व्यक्त होता ही है। कारण यह है कि कोई भी कवि अपने समाज की, समाज में विद्यमान समस्याओं और शक्तियों की पूर्ण उपेक्षा नहीं कर सकता। प्रतिभा के स्वरूप के विवेचन के अन्तर्गत इस पक्ष की ओर संकेत किया जा चुका है। कवि, कविता, सामाजिक और समाज का सम्बन्ध दोनों तरफ अटूट और स्वाभाविक है तथा इनमें परस्पर निरन्तर आदान-प्रदान होता रहता है। यह आदान-प्रदान की प्रक्रिया अनिवार्य, स्वाभाविक और बहुपक्षीय है। इसे निम्नांकित चित्र के रूप में समझा जा सकता है।

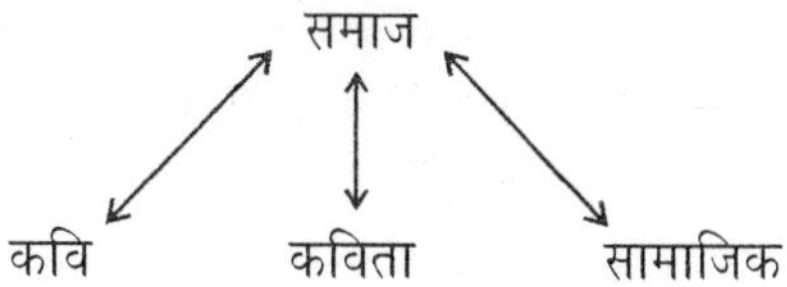


## परम्परा और आधुनिकता

कवि समाज से प्रभावित होता है–कवि के लिए समाज का अर्थ यह वर्तमान भी है जिससे वह प्रभावित होता है और परम्परा का वह अंश भी है जो उसकी चेतना

1. देखिए डॉ. तारक नाथ बाली : आलोचना : प्रकृति और परिवेश

को आकर्षित करता है। इसलिए कवि जो कविता रचता है, उसमें कवि का निजी वर्तमान और निजी परम्परा दोनों का योग रहता है (**कामायनी, राम की शक्ति पूजा, अन्धायुग** आदि रचनाओं में यह देखा जा सकता है)। कविता कवि के वर्तमान तथा परम्परा के निजी बोध की अभिव्यक्ति है। उधर सामाजिक के समाज के भी ये ही दो रूप हैं, उसका वर्तमान का निजी बोध तथा परम्परा का निजी बोध। अपने बोध के अनुरूप ही सामाजिक कविता से प्रभावित होता है। कवि अपने युग के और परम्परागत काव्यों से भी प्रभावित होता है। उधर कविता भी निरन्तर समाज से (कवि के माध्यम से) प्रभावित होती रहती है तथा समाज को सामाजिक के माध्यम से प्रभावित करती रहती है। इसके अतिरिक्त सामाजिक बोध—पाठक वर्ग की संवेदना भी कवि तथा कविता दोनों को प्रभावित करता है। इस प्रकार ये तीनों सत्ताएँ निरन्तर परस्परता की स्थिति में रहती हैं जिसका स्वरूप बड़ा जटिल तथा अनेकपक्षीय है। इसीलिए मैं मानता हूँ कि समाज निरपेक्ष कवि कर्म एक शब्दजाल भर है—कविता हमेशा समाज सापेक्ष ही नहीं, सामाजिक धरोहर भी होती है।

## काव्य और चतुर्वर्ग

भारतीय काव्य चिन्तकों ने चतुर्वर्ग को काव्य का लक्ष्य माना है। यह मान्यता भामह से लेकर आचार्य विश्वनाथ (जो रसवादी थे) तक दिखाई देती है। मगर हिन्दी में काव्यप्रयोजन पर विचार करते हुए इस धारा की उपेक्षा हुई, बावजूद इस सत्य के कि रसवादी विश्वनाथ ने भी इसे ही काव्य प्रयोजन माना है। कवि को अर्थ की प्राप्ति होती है तथा सामाजिक को धर्म, काम (आनन्द-रस) और मोक्ष की। इस दृष्टि से देखा जाये तो सिवाय मोक्ष के शेष सभी प्रयोजनों का उल्लेख मम्मट आदि अन्य आचार्यों ने भी किया है।

काव्य से मोक्ष की प्राप्ति पर सन्देह किया जाता है क्योंकि मोक्ष की प्राप्ति तो एक दीर्घ अनुशासित साधना से ही प्राप्त होती है जो कि काव्य की रचना या श्रवण से सम्भव नहीं है। मगर साथ ही इस मान्यता को अतिशयोक्ति भी माना जा सकता है क्योंकि सभी रसवादी आचार्यों ने रस को लोकोत्तर तथा ब्रह्मास्वादसहोदर माना है। इस सन्दर्भ में हिन्दी के कुछ आलोचकों ने उपनिषद् के इस कथन—ब्रह्म रस ही है—(रसो वै सः) का भी उल्लेख किया है। उधर भरत ने यह कहा है कि नाट्यशास्त्र की रचना में अथर्ववेद से रस को ग्रहण किया है (यद्यपि इस मान्यता की संगति अभी तक सिद्ध नहीं हो पायी)। मतलब यह कि रस को जिसे सद्यः परनिर्वृत्ति (मम्मट) भी कहा, मोक्ष से प्राप्त होने वाले आनन्द के समकक्ष रखने का प्रयास किया गया है जो जगन्नाथ में भी दिखाई देता है। मगर फिर भी मोक्ष को काव्य का प्रयोजन नहीं माना जा सकता।

इस सन्दर्भ में यह भी ध्यान रखना चाहिए कि भारत में शुद्ध साहित्य के

साथ-साथ स्तोत्र काव्य भी रचा गया और स्तोत्र काव्य का उद्देश्य मोक्ष माना गया है तथा आस्थावान व्यक्ति आज भी इस स्थापना पर विश्वास करते हैं। हिन्दी में 'रामचरितमानस' जैसे ग्रन्थों में स्तोत्र काव्य और शुद्ध काव्य का समन्वय दिखाई देता है। मगर शुद्ध काव्य के प्रयोजन के रूप में मोक्ष को स्वीकार नहीं किया जा सकता।

लेकिन चतुर्वर्ग को काव्य का प्रयोजन मानने वाली धारा की बुनियादी धारणा अत्यन्त महत्त्वपूर्ण है और आज भी एक महत्त्वपूर्ण सन्दर्भ में प्रासंगिक है। चतुर्वर्ग को काव्य से सम्बद्ध करने के प्रयास के मूल में धारणा यह है कि काव्य सम्पूर्ण सामाजिकता का वाहक है तथा उससे अन्तरंग रूप से सम्पृक्त है। इस प्रकार काव्य लोकहित या लोकमंगल का साधन है। यह धारणा आधुनिक काव्य-चिन्तकों ने भी व्यक्त की है। यह तो कहा जा चुका है कि मैथ्यू आर्नल्ड ने सांस्कृतिक पूर्णता—कल्चरल परफैक्शन को काव्य का लक्ष्य माना है तथा यह स्थापना की है कि आधुनिक युग में काव्य धर्म का स्थानापन्न हो जायेगा। इसके अतिरिक्त लोकमंगल को काव्य का लक्ष्य मानने वाली पूरी एक धारा है तथा चतुर्वर्ग वाली भारतीय स्थापना इस धारा से गहरी समानता रखती है। मगर इस गहरी समानता के साथ-साथ उसका एक वैशिष्ट्य भी है जो पाश्चात्य काव्य-चिन्तन में दिखाई नहीं देता। भारतीय आचार्यों ने काव्य से प्राप्त होने वाले आनन्द या रस (यहाँ काम) को भी लोकमंगल के साथ-साथ स्वीकार किया है तथा मम्मट जैसे प्रतिभाशाली आचार्यों ने आनन्द को ही सभी प्रयोजनों का मूल माना है। इस रूप में रसवादी धारा आज की कलावादी धारा से भी समानता रखती है। यही कारण है कि आचार्य शुक्ल ने रसवादी होने के साथ-साथ लोकमंगल के सिद्धान्त की भी स्थापना की। मगर उनके समग्र काव्य-विवेचन में रस और लोकमंगल या उपदेश के बीच द्वन्द्व बना रहा जबकि मम्मट ने स्पष्ट स्थापना की कि आनन्द कान्तासम्मित उपदेश से—रस लोकमंगल से अधिक महत्त्वपूर्ण है। इस रूप में यदि देखा जाये तो काव्य की उपयोगिता के सम्बन्ध में आनन्द और नैतिकता के द्वन्द्व की परम्परा भारतीय तथा पाश्चात्य काव्य-चिन्तन में आरम्भ से ही दिखाई देती है।

यदि थोड़ा और गहराई में जाकर देखा जाये तो काव्य के सन्दर्भ में उपर्युक्त द्वन्द्व का मूल काव्यवस्तु—जीवन में ही है। जीवन में भी आनन्दवादी और उपयोगितावादी दो धाराएँ या मूल्यव्यवस्थाएँ हैं और दोनों में आज तक निरन्तर द्वन्द्व दिखाई देता है। इस रूप में आनन्द और नैतिकता का द्वन्द्व एक सनातन चुनौती रही है और रहेगी—सन्दर्भ चाहे जीवन का हो या काव्य का।

## अध्याय-5

# रस-सिद्धान्त

भारतीय काव्य-चिन्तन का सबसे पुराना उपलब्ध ग्रन्थ भरतमुनि कृत नाट्यशास्त्र है। यद्यपि भरतमुनि ने लिखा है कि ब्रह्मा ने नाट्यवेद का निर्माण करने के लिए ऋग्वेद से पाठ्य लिया, सामवेद से गीत लिया, यजुर्वेद से अभिनय लिया तथा रसों को अथर्ववेद से लिया और इस प्रकार एक पाँचवें वेद नाट्यशास्त्र का निर्माण किया। इस कथन से तीन बातें स्पष्ट होती हैं :

पहली, यह मान्यता कि पहले लक्ष्यग्रन्थ बने और फिर लक्षणग्रन्थों का निर्माण हुआ, पूरी तरह सही नहीं है क्योंकि नाट्यशास्त्र का निर्माण नाटकों के आधार पर नहीं हुआ वरन् चारों वेदों के आधार पर यानी जीवन की समग्र उपलब्धि के आधार पर हुआ। लौकिक दृष्टि से देखा जाये तो पाठ्य, गीत, अभिनय एवं रस का अपना स्वतन्त्र अस्तित्व है—लोक परम्परा में भी और शुद्ध साहित्य की परम्परा में भी। तथा अभिनय तो वैसे ही नाटक या किसी अन्य शाब्दिक संरचना का अंग न होकर उनसे सर्वथा स्वतन्त्र ही है। वैसे भी नाटक तो अनेक कलाओं की संगीत, नृत्य, वास्तुकला, मूर्तिकला, चित्रकला (ये तीनों कलाएँ मंचसज्जा का आधार हैं) सम्पृक्ति ही है। इस प्रकार नाटक के इस जटिल एवं संश्लिष्ट संरचना की प्रतीकात्मक अभिव्यक्ति उपर्युक्त मान्यता में व्यंजित होती है।

दूसरा सवाल जो सभी विद्वानों के लिए चुनौती बना रहा है, वह यह है, कि अथर्ववेद से रस का क्या सम्बन्ध है। कुछ विद्वान यह मानते हैं कि सम्भवतः अथर्ववेद के किसी भाग में रस का वर्णन किया गया होगा जो आज उपलब्ध न हो। मगर मुझे लगता है कि अथर्ववेद और नाट्यशास्त्र दोनों में रूप एवं प्रयोजन की समानता है। अथर्ववेद में तन्त्र-मन्त्र आदि विशेष प्रकार के विधि-विधान द्वारा

उद्देश्य–(जिसे पाकर सन्तुष्टि या आनन्द की प्राप्ति होती है और ध्यान देने की बात है कि रस-सिद्धान्त के सभी व्याख्याकारों ने रस के लिए **चमत्कार** का प्रयोग किया है) की प्राप्ति होती है। तन्त्र-मन्त्र तथा विधि-विधान, मन्त्र आदि नाटक का रूप पक्ष हैं जिसमें पाठ, अभिनय, गीत (मन्त्रों का जाप आदि) आते हैं तथा अथर्ववेद में जो सिद्धि है यही नाटक में रस है। सम्भवतः इसीलिए भरत ने आरम्भ में ही कहा है कि "रस के बिना नाटक से कोई अर्थ प्रवर्त्तित नहीं होता" यानी बिना रस के नाटक निरर्थक हो जाता है। बिना सिद्धि के तन्त्र-मन्त्र, विधि-विधान भी निरर्थक ही हैं। इस प्रकार नाट्यशास्त्र एवं अथर्ववेद में रूप एवं सिद्धि (रस) की समानता देखी जा सकती है और दोनों की सफलता या सार्थकता सिद्धि (रस) द्वारा ही सम्भव है। साथ ही साधन-साध्य के सम्बन्ध की एक आन्तरिक समानता भी है। विभावादि होंगे, वहाँ रस की निष्पत्ति होगी ही और जहाँ तन्त्र-मन्त्र तथा अनुष्ठान आदि होंगे, वहाँ सिद्धि होगी ही। नाट्यशास्त्र और अथर्ववेद की इस समानता की ओर विद्वानों का ध्यान नहीं गया।

तीसरी बात यह है कि भारत तथा प्राचीन यूनान में समीक्षाशास्त्र तथा पाश्चात्य समीक्षाशास्त्र में सबसे पुराना उपलब्ध ग्रन्थ नाटक पर ही है–यहाँ भरत का नाट्यशास्त्र और पश्चिम में अरस्तू का काव्यशास्त्र जिसमें नाटक का विवेचन ही प्रधान है। ऐसा क्यों हुआ? यह कोई संयोग नहीं।

नाटक जीवन की अनुकृति है। भरतमुनि ने कहा है कि नाटक तीनों लोकों के भावों का अनुकीर्त्तन (अनुकरण) है–और आगे भरत ने नाटक की रचना को लोकवृत्त के अनुसार माना है। अरस्तू ने कला (काव्य, संगीत एवं चित्र) को प्रकृति का अनुकरण कहा है। भारतीय काव्य-चिन्तकों ने भरत द्वारा स्थापित नाटक में अनुकरण के महत्त्व की ओर कम ध्यान दिया है। यद्यपि आगे चलकर नाटक को रूपक भी कहा गया है और उसकी व्याख्या यह की गयी है कि रूप के आरोप के कारण ही उसे रूपक कहते हैं। 'लोक का अनुकरण' या 'रूप का आरोप' दोनों एक ही सत्य की व्याख्या के दो रूप हैं। श्री शंकुक ने तो रस के सम्बन्ध में भी यही माना है कि अनुकरण रूप होने के कारण ही स्थायी भाव को रस कहते हैं यानी रंगमंच पर नट द्वारा प्रदर्शित रस मूल पात्र के भाव का अनुकरण ही है। दुष्यन्त एवं शकुन्तला ने जीवन में एक-दूसरे के प्रति रति का अनुभव किया था, उसी को जब दुष्यन्त आदि बने नट-नटी रंगमंच पर अभिनीत करते हैं तो वह श्रृंगार रस कहलाती है–यानी श्रृंगार रस रंगमंच पर प्रस्तुत की जाने वाली रति (स्थायी भाव) की अनुकृति ही है। अरस्तू के नाटक के विवेचन में अनुकरण मूल तत्त्व है जबकि भरत के नाट्यशास्त्र के अनुसार नाटक का मूल तत्त्व रस ही है। इसलिए पाश्चात्य समीक्षा में आधुनिक काल तक अरस्तू के अनुकरण सिद्धान्त की ही विविध व्याख्याएँ की जाती रहीं जबकि श्री शंकुक के बाद भारतीय काव्यशास्त्र में (जिसमें

भट्टनायक ने दर्शन को केन्द्रीय स्थान देकर रस के स्वरूप की व्याख्या का नया आरम्भ किया है) सामाजिक को प्राप्त रस या आनन्द ही केन्द्रीय तत्त्व बन गया। यद्यपि विभावादि या नाटक के सन्दर्भ में अनुकरण का उल्लेख होता रहा मगर ब्रह्मास्वादसहोदर रस ही समीक्षा का केन्द्रीय प्रतिमान बन गया। इस पर आगे विस्तार से विचार किया जायेगा।

उपर्युक्त विवेचन का आधार यह स्पष्ट एवं सहज सत्य है कि नाटक का प्रत्यक्ष केन्द्र जीवन ही है, वह जीवन के विविध रूपों, घटनाओं एवं अनुभवों को रंगमंच पर अभिनय द्वारा प्रस्तुत करता है। इस प्रकार नाटक जीवन की ही प्रत्यक्ष कलात्मक पुनः प्रस्तुति अर्थात् अभिनय द्वारा अनुकृति है। जीवन-खण्ड की कलात्मक प्रस्तुति या सर्जनात्मक प्रस्तुति होने में ही नाटक की सार्थकता है। यही कारण है कि इस प्रस्तुति के स्वरूप आदि पर आरम्भ से ही विस्तार से विवेचन किया गया है। भरत ने नाटक की सार्थकता रस में मानी है और अरस्तू ने भी नाटक में भावानुभव—त्रासदी में त्रास और करुणा तथा कामदी में हास्य—को ही केन्द्रीय तत्त्व मानकर उसके चारों ओर नाटक के स्वरूप का—नायक तथा उसके विकास आदि का ताना-बाना बुना है। ध्यान देने की बात है कि यद्यपि अरस्तू ने त्रास-करुणा (त्रासदी) को कामदी (हास्य) से श्रेष्ठ माना है, भरत ने सभी भावों को समान रूप से महत्त्वपूर्ण माना है। भरत के नाट्य विवेचन का परिप्रेक्ष्य अरस्तू की अपेक्षा अधिक व्यापक और गम्भीर है।

## रस-निष्पत्ति

### भरत का मत

भरत ने नाटक के केन्द्रीय तत्त्व रस की निष्पत्ति की व्याख्या करते हुए कहा है कि विभाव, अनुभाव और संचारी भाव के संयोग से रस की निष्पत्ति होती है—विभावानुभावसंचारिसंयोगाद्ररसनिष्पत्तिः। विभाव दो प्रकार के होते हैं—एक, आलम्बन विभाव जो भाव का प्रधान कारण होता है—जैसे राम-रावण युद्ध में राम-रावण पर क्रोध करते हैं तो रावण राम के क्रोध का आलम्बन विभाव है, दो, उद्दीपन विभाव जो उत्पन्न भाव को और अधिक प्रखर बनाते हैं—जैसे रणभूमि का दृश्य राम के क्रोध को और भड़काता है। संचारी भाव मूल भाव को अधिक पुष्ट करके थोड़े समय में छिप जाते हैं (संचरणशील होने के कारण ही उन्हें संचारी भाव कहा जाता है) जैसे राम को जब यह स्मृति आती है कि यह वही रावण है जिसने सीता का हरण किया है, जिसने ऋषि-मुनियों की तपस्या को भंग किया था, तो इससे उनका क्रोध और बढ़ जाता है। इसलिए स्मृति संचारी भाव है। स्मृति करुण

रस का भी संचारी भाव हो सकता है जिसमें मरे हुए सम्बन्धी की बातों की स्मृति से पीड़ा और बढ़ जाती है और जब भाव (क्रोध का भाव) अपनी तीव्र अवस्था में पहुँच जाता है तब राम कुछ चेष्टाएँ करते हैं—वे रावण को कटुवचन कहते हैं, उस पर प्रहार करते हैं या उनका चेहरा तमतमा जाता है, वाणी कठोर हो जाती है, भुजाएँ फड़कने लगती हैं—ये सब अनुभाव हैं। जिन क्रियाओं पर राम का अधिकार है और जिन्हें वे स्वेच्छा से करते हैं—रावण पर प्रहार आदि—वे कायिक अनुभाव कहलाते हैं और जिन पर राम का वश नहीं है—जैसे चेहरा तमतमा जाना—वे सात्त्विक अनुभाव कहलाते हैं। नायिका भेद आदि में अन्य अनेक सात्त्विक अनुभावों का वर्णन भी मिलता है। ऊपर दिये गये उदाहरण से स्पष्ट है कि रस-निष्पत्ति जीवन के अनुभव के सर्जनात्मक अनुकरण से ही होती है—राम-रावण युद्ध में जो घटित हुआ, नाटककार या कवि उसे ही एक **विशिष्ट** संरचना के रूप में रंगमंच पर प्रस्तुत करता है। इसीलिए आगे चलकर मम्मट ने विभावादि की व्याख्या करते हुए कहा है कि जीवन में जो भाव के कारण, सहकारी कारण और कार्य—शारीरिक-मानसिक चेष्टाएँ या विकार होते हैं, उन्हीं को ही काव्य में प्रस्तुत किया जाता है और वे ही क्रमशः विभाव, संचारी भाव एवं अनुभाव कहलाते हैं।

भरत ने रस-निष्पत्ति की व्याख्या करते हुए भात एवं प्रपानक रस के दो उदाहरण दिये हैं। उन्होंने कहा है जिस प्रकार मीठे, नमकीन, कड़वे आदि पदार्थों से प्रपानक रस बनाया जाता है और उसे लोग पीकर प्रसन्न होते हैं, उसी प्रकार विभावादि से रस की **निष्पत्ति** होती है जिसके आस्वाद से "सहृदय हर्षादि की प्राप्ति करते हैं।" यह उदाहरण भरत की रस सम्बन्धी परिकल्पना के समझने के लिए बुनियादी महत्त्व का है। जिस प्रकार प्रपानक रस का बनाना, उसकी स्थिति और उसका आस्वाद—ये तीन पक्ष हैं, उसी प्रकार रस के भी तीन पक्ष हैं—रस की निष्पत्ति जो विभावादि के संयोग से (रंगमंच पर) होती है, उसकी स्थिति (जो अभिनीत होते हुए नाटक में अभिनय की एक निर्मिति है) और उसका सहृदय द्वारा आस्वाद। भरत की दृष्टि एक विशुद्ध लोकवादी काव्यशास्त्री की दृष्टि है जिसमें किसी दर्शन का उपयोग नहीं किया गया है। उसका केन्द्र है नाटक का अभिनय जिसमें रस की निर्मिति होती है। भरत की इस दृष्टि का केन्द्र सामाजिक नहीं है—सामाजिक के सन्दर्भ में तो वे केवल रस के आस्वाद का उल्लेख करते हैं। पहले रंगमंच पर नटादि के अभिनय से रस निर्मित होता है और फिर सहृदय उसका (प्रपानक रस के समान ही) आस्वाद करता है। प्रायः इसी लौकिक काव्यशास्त्रीय दृष्टि का निर्वाह लोल्लट एवं शंकुक में मिलता है। यह भी स्पष्ट है कि जैसे कड़वा रस भी प्रपानक में आस्वाद्य हो जाता है—सुखद बन जाता है, वैसे ही प्रत्येक रस का—करुणादि का—आस्वाद भी हर्षात्मक होता है। और जैसे प्रपानक रस में विविध तत्त्व मिलकर

एक नये पेय—प्रपानक का निर्माण करते हैं जो अपने घटकों से भिन्न होता है, वैसे ही रस भी विभावादि विविध तत्त्वों (अवयवों) से बनने पर भी **अखण्ड** होता है। इस प्रकार भरत के रस विवेचन में समीक्षा दृष्टि की **वस्तुपरकता, रस की सुखात्मकता** और **अखण्डता** के गुण दिखाई देते हैं।

भरत ने स्पष्ट कहा है कि स्थायी भाव ही रसत्व को प्राप्त होते हैं। स्थायी भावों का रसत्व को प्राप्त होना एक सर्जनात्मक व्यापार है जिसका कर्त्ता कवि और फिर नट है। इस प्रकार भरत ने सम्पूर्ण नाट्यशास्त्र में स्थायी भाव को रसत्व तक परिणत करने के नाट्य व्यापार का विस्तृत विवेचन किया है—रस की कैसे सृष्टि की जाये, यही भरतमुनि का मूल प्रश्न है जिसका उत्तर 'नाट्यशास्त्र' है। रस के इस व्यापक सन्दर्भ को पूर्णता में न समझने के कारण हिन्दी के रस विवेचन में समय-समय पर कई भ्रान्तियाँ पैदा होती रही हैं—कुछ रस के समर्थन में भी और उसके विरोध में भी।

भरतमुनि ने रस-निष्पत्ति में अभिनय की केन्द्रीय भूमिका मानी है। इसीलिए उन्होंने सामाजिक के द्वारा रस के आस्वाद की व्याख्या करते हुए कहा है—"वाचिक, आंगिक और सात्त्विक (अनुभावों अर्थात् नट द्वारा इन कारकों से अभिनीत) स्थायी भावों का आस्वादन सुमनस प्रेक्षक करते हैं तथा हर्षादि को प्राप्त होते हैं। प्रेक्षक तो रस का आस्वाद करता है, वैसे ही जैसे व्यक्ति प्रपानक रस आदि का आस्वाद करता है। और यह रस क्या है—"वाचिक, आंगिक और सात्त्विक अनुभावों (अभिनय) से उपेत स्थायी भाव ही रस है।" इस प्रकार रंगमंच ही रस का आश्रय है जिसकी निर्मिति अभिनय (अनुभावों) द्वारा होती है।

## रस सिद्धान्त की आधुनिक प्रासंगिकता

उपर्युक्त विवेचन से यह भी स्पष्ट हो जाता है कि संस्कृत से लेकर आज तक की हिन्दी समीक्षा में क्यों बराबर रस-सिद्धान्त की चर्चा होती रही है।

रस का सम्बन्ध मानव-स्वभाव के चिरन्तन अंश-भाव के साथ है। काव्य जीवन से घनिष्ठ रूप से सम्पृक्त है—जीवन में जो स्थायी तत्त्व है, उसका प्रकाशन तो काव्य में सहज एवं अनिवार्य रूप से होगा ही। बाह्य स्थितियाँ चाहे कितनी ही बदल जायें, मगर रति, क्रोध, उत्साह, शोक आदि भाव नहीं बदले—हाँ, उन भावों के सन्दर्भ और प्रकाशन की रीतियों में परिवर्तन होता रहा है—मगर मूल तत्त्व भाव ही रहा है जो जीवन में भी सत्य है और काव्यानुभव में भी। जटिल से जटिलतर होते हुए काव्यानुभव में भी भाव अनिवार्य एवं अन्तरंग तत्त्व होगा ही। इस भाव को पुरानी सीमाओं स्थायी भाव, संचारी भाव आदि में न भी रखना चाहें, मगर उनकी सत्ता से इनकार नहीं किया जा सकता। आगे यह स्पष्ट किया जायेगा कि हिन्दी के जिन आलोचकों ने रस-सिद्धान्त का विरोध किया है, वे रस-सिद्धान्त के एक

पक्ष—दर्शनाश्रित पक्ष—को ही जानते थे। वस्तुतः रस एक समग्र रचना तन्त्र की ही निष्पत्ति है। उस रचना तन्त्र के बिना तो रस पैदा ही नहीं हो सकता। यही कारण है कि रंगमंच से जुड़े हुए कलाकार आज भी रस के इस सम्पूर्ण रचनातन्त्र को समझने के लिए भरतमुनि के नाट्यशास्त्र का ही सहारा लेते हैं।

## भट्ट लोल्लट का उत्पत्तिवाद

भट्ट लोल्लट, भरतमुनि के रस-सिद्धान्त के प्रथम व्याख्याकार माने जाते हैं। उनका लिखा हुआ ग्रन्थ तो उपलब्ध नहीं होता मगर अभिनवगुप्त, मम्मट आदि परवर्ती आचार्यों ने उनके मत को संक्षेप में उद्धृत किया है और उन्हीं संक्षिप्त उद्धरणों के आधार पर लोल्लट के मत की व्याख्या की जाती रही है।

प्रायः लोल्लट को मीमांसक माना जाता है और यह बराबर कहा जाता रहा है कि उन्होंने मीमांसा दर्शन के आधार पर रस-निष्पत्ति की व्याख्या की है। मगर उनके मत की विस्तृत व्याख्या-समीक्षा करने पर मुझे कहीं भी उन पर मीमांसा दर्शन का प्रभाव नहीं दिखाई दिया।[1] यह तो मात्र एक किंवदन्ती भर है जो बिना किसी आधार के हिन्दी आलोचना में चली आ रही है।

भट्ट लोल्लट की दृष्टि भी भरत के समान ही शुद्ध लौकिक और समीक्षक की रही है। उस पर किसी दर्शन का प्रभाव कतई नहीं है। और वे भी भरत के समान ही नाटक के अभिनय के सन्दर्भ में ही रस-निष्पत्ति की व्याख्या करते हैं। सहृदय यानी रस का आस्वाद उनके विवेचन का केन्द्र नहीं रहा, उन्होंने उसका उल्लेख भर किया है और उन्होंने भरत की रस-निष्पत्ति की व्याख्या को कई दृष्टियों से विकसित किया है।

## नटादि में नायकादि का ज्ञान

उन्होंने एक नयी समस्या उठाई है जो आज के नाट्य समीक्षकों के लिए भी महत्त्वपूर्ण है। नाटक में नटादि मूल पात्र रामादि का अभिनय करते हैं और दर्शक इस तथ्य को भली-भाँति जानते हैं। फिर भी वे नटादि को रामादि समझने लगते हैं क्योंकि यदि ऐसा न हो तो नाटक व्यर्थ ही हो जायेगा। नाटक चाहे कितना ही अच्छा क्यों न हो, यदि उसका अभिनय अच्छा नहीं है, यदि नट दक्ष नहीं है तो उसका प्रदर्शन व्यर्थ ही होगा। इसलिए नाटक की सफलता के लिए पहली शर्त यह है कि दर्शक नटादि को रामादि मान लें। आज का कलाशास्त्री इसकी व्याख्या करते हुए 'अविश्वास के विसर्जन' (सस्पेंशन ऑफ डिस्बिलीफ़) की बात करता है। दर्शक मानसिक रूप से प्रस्तुत होकर नाटक देखने जाता है कि वह जो देखने जा रहा है वह जीवन का सत्य होते हुए भी वास्तविक जीवन—जैसा वह

1. तारक नाथ बाली—रस-सिद्धान्त की दार्शनिक और नैतिक व्याख्या, पृ. 45

घटित होता है—नहीं है। नाटक जीवन की एक सर्जनात्मक संरचना है जिसमें नाटककार की प्रतिभा ही मूल है। कहने का मतलब यह है कि लोल्लट ने रस-निष्पत्ति के सन्दर्भ में एक आधुनिक समस्या को उठाया और उसका उत्तर देने का प्रयास किया। उन्होंने **'अनुसन्धान'** व्यापार द्वारा इस प्रश्न का उत्तर देने का प्रयास किया है।

अनुसन्धान के अर्थ के बारे में विद्वानों में मतभेद है। 'काव्यप्रकाश' की नागेश्वरी टीका में इसके दो अर्थ दिये हैं : 1. राम का वेश आदि धारण करने से नट में रामत्व का आरोप या 2. काव्य पाठक में रामत्व का आरोप। पण्डितराज जगन्नाथ ने भी पहला अर्थ ही माना है—दुष्यन्तादि का अनुकरण करने वाले नट में दुष्यन्त आदि का दर्शन। समानता के कारण ही नटादि में रामत्वादि के आरोप को ही अनुसन्धान कहा गया है। जब हम कोई नाटक देखते हैं तो आरम्भ में तो नटादि और मूल पात्र के अस्तित्वों का अलग-अलग ज्ञान रहता है। मगर जैसे-जैसे नाटक आगे बढ़ता है तो अभिनय की सफलता के कारण नट का ज्ञान लुप्त होने लगता है और केवल मूल पात्र का ज्ञान ही रह जाता है। यदि मूल पात्र कल्पित है तो भी घटनाओं एवं अर्थज्ञान के विकास के कारण नट उस कल्पित पात्र का ही वास्तविक रूप **प्रतीत** होने लगता है। यह प्रतीति वास्तविक न होते हुए भी वास्तविक प्रतीत होती है। यही नाट्यभ्रम है जिस पर नाटक आधारित होता है। इस प्रकार नाटक का ज्ञान एक **भ्रमात्मक यथार्थ ज्ञान** हो जाता है। उसी को आगे चलकर पण्डितराज जगन्नाथ ने अद्वैतवाद के विवर्त के आधार पर या **भावना दोष** के आधार पर भी समझाया है। शंकुक ने इस समस्या का समाधान चित्र तुरग न्याय के आधार पर किया है।

**रस-निष्पत्ति**—भट्ट लोल्लट ने (और बाद के सभी आचार्यों ने भी) भरत के इस सूत्र को ही आधार बनाकर उसकी अपनी दृष्टि से व्याख्या की है। लोल्लट की **पहली देन** यह है कि उन्होंने रस-निष्पत्ति में विभावादि तत्त्वों के अलग-अलग कार्यों की व्याख्या की है। विभाव—आलम्बन एवं उद्दीपन द्वारा रति आदि भावों की **उत्पत्ति** होती है, व्रीड़ा, चपलता, हर्ष आदि संचारी भावों से स्थायी भाव—रति **उपचित** या पुष्ट होता है तथा रोमांच, स्वेद आदि अनुभावों से रति की (सामाजिक) को **प्रतीति** होती है। इस प्रकार विभाव और रस में उत्पादक-उत्पाद्य सम्बन्ध है, संचारी भाव और रस में पोषक-पोष्य सम्बन्ध है तथा अनुभाव एवं रस में प्रतीति कारक, प्रतीति योग्य या प्रतीत्य होने का सम्बन्ध है। इस सम्बन्ध में ध्यान देने की बात है कि ये सभी तत्त्व—विभाव, संचारी और अनुभाव मूल पात्र के तथा उसका अनुकरण करने वाले नट के हैं यानी रंगमंच पर अभिनय होते हुए नाटक के तत्त्व हैं।

भट्ट लोल्लट की स्थायी भाव तथा रस सम्बन्धी मान्यता अन्य सभी आचार्यों से भिन्न है। जो रति आदि भाव अव्यक्त वासना रूप में व्यक्ति में विद्यमान रहते

हैं, वे स्थायी भाव हैं तथा जो विभावादि द्वारा व्यक्त होते हैं, वे रस हैं। वासना रूप से विद्यमान भाव रति स्थायी भाव है तथा विभावादि द्वारा उपचित होने पर वह ही रस कहलाता है। दूसरे शब्दों में इसका अर्थ यह हुआ कि जिसे अन्य आचार्यों ने स्थायी भाव कहा है, उसे ही लोल्लट ने रस कहा है। अन्य आचार्यों के अनुसार भाव की तीन स्थितियाँ हैं :

1. वासना रूप से चेतना में स्थित अव्यक्त स्थायी भाव रति आदि,
2. जीवन में उपयुक्त कारणों से व्यक्त भाव रति आदि,
3. रंगमंच पर विभावादि द्वारा उपेत या अभिव्यक्त रति या शृंगार रस।

लोल्लट ने दो तथा तीन दोनों को ही रस कह दिया है। यानी लोल्लट के अनुसार जीवन की भावानुभूति और रंगमंच पर व्यक्त उसके स्वरूप में कोई भेद नहीं है। यदि लोल्लट के मूल ग्रन्थ या उनके मत की विस्तृत व्याख्या उपलब्ध होती तो यह जानना सम्भव होता कि क्या उन्होंने लोकानुभव और नाट्यानुभव (नाटक में प्रदर्शित अनुभव) को समान माना है या नहीं। हम जानते हैं कि आज की समीक्षा की यह एक ज्वलन्त समस्या है तथा आचार्य रामचन्द्र शुक्ल ने भी स्थायी भाव और रसानुभव में कहीं-कहीं अन्तर नहीं माना है।

ध्यान देने की बात है कि लोल्लट ने रस की व्याख्या करते हुए उसे विभावादि से उपचित माना है। मगर भाव के कारण आदि ही तो काव्य में विभावादि कहलाते हैं। लोल्लट के बाद शंकुक ने भी स्थायी भाव एवं रस में केवल नाम का ही अन्तर माना है। इससे यह अनुमान लगाया जा सकता है कि लोल्लट एवं शंकुक ने स्थायी भाव एवं रस में बुनियादी अन्तर नहीं माना है। मगर कुछ अन्तर का निर्देश भी किया है जिसका सम्बन्ध विभावादि, अभिनय (उपचिति) और अनुकृति से है। इस स्थिति पर विस्तार से विचार करने की आवश्यकता प्रतीत होती है। इस सन्दर्भ में लोल्लट की निम्नलिखित स्थापनाएँ महत्त्वपूर्ण हैं–

1. उन्होंने स्थायी भाव को वासना रूप तथा अव्यक्त माना है तथा विभावादि से उपचित स्थाय भाव को रस कहा है। उनकी स्थायी भाव सम्बन्धी यह मान्यता किसी अन्य आचार्य ने स्वीकार नहीं की और यह आज भी अमान्य ही है।

2. उन्होंने रामादि मूल पात्र को रस का आश्रय माना है और नट विभावादि के सहारे उसे रंगमंच पर प्रस्तुत करता है। इस प्रकार उन्होंने एक ओर तो रस और स्थायी भाव में अन्तर नहीं माना और दूसरी ओर रस के अभिनय पर आश्रित होने के कारण उसके वैशिष्ट्य की ओर भी संकेत किया है।

3. एक महत्त्वपूर्ण बात यह है कि उन्होंने रस को अनुभूति (मूल पात्र की) और निर्मिति (विभावादि से उपचिति) दोनों माना है। पहले अर्थ में उन्होंने रस को एक अनुभूति माना है जो जीवन में भी होती है और दूसरे अर्थ में उन्होंने रस को अभिनय द्वारा एक निर्मिति भी माना है। इस प्रकार रस का आश्रय पहले तो

मूल पात्र हैं मगर उसका दूसरा आश्रय रंगमंच पर अभिनय करने वाले नट आदि भी **प्रतीत** होते हैं।

4. उन्होंने माना है कि सामाजिक को अनुभावों द्वारा रस की प्रतीति होती है और यह प्रतीति भ्रमात्मक होती हुई भी उसे चमत्कृत करती है। लोल्लट की दृष्टि का केन्द्र भी सहृदय नहीं है।

5. लोल्लट ने रस-व्याख्या में किसी भी दर्शन का उपयोग नहीं किया है और उनकी व्याख्या का अधिकांश (स्थायी भाव एवं रस के अन्तर को छोड़कर) आज भी रस की व्याख्या करने में समर्थ है।

6. यह सारा विवेचन ऐतिहासिक पात्रों के सन्दर्भ में ही किया गया है, क्योंकि प्राचीनकाल में नाटकों के पात्र प्रायः ऐतिहासिक ही होते थे। लोल्लट ने यह विचार नहीं किया कि यदि नाटक की कथा कल्पित है तो रस का मूल आश्रय कौन होगा। अनुमान लगाया जा सकता है कि यदि वे किसी ऐसे नाटक पर विचार करते तो कल्पित मूल पात्र को ही रस का आश्रय मानते।

7. भट्ट लोल्लट के मत का नाम उत्पत्तिवाद होना चाहिए ना कि प्रतीतिवाद; क्योंकि निष्पत्ति का अर्थ है उत्पत्ति तथा प्रतीति तो उत्पत्ति के बाद की प्रक्रिया है जिसका सम्बन्ध सामाजिक के ज्ञान और चमत्कृत होने से है।

## शंकुक का अनुकृतिवाद

शंकुक के मत के ज्ञान का आधार भी उनके मत की वे संक्षिप्त व्याख्याएँ हैं जो अभिनव या मम्मट आदि ने अपने ग्रन्थों में दी हैं। इसलिए उनके मत के बारे में भी बहुत से सवाल अनुत्तरित ही रह जाते हैं।

प्रायः हिन्दी के आलोचकों ने यह कहा है कि शंकुक की रस-निष्पत्ति सम्बन्धी व्याख्या न्याय-दर्शन पर आधारित है, मगर यह मान्यता भी किंवदन्ती ही प्रतीत होती है क्योंकि शंकुक के रस सम्बन्धी मत पर न्याय या किसी अन्य दर्शन का कोई प्रभाव दिखाई नहीं देता। भरत एवं लोल्लट के समान ही शंकुक की दृष्टि भी लोकवादी और नाट्यकेन्द्रित ही है।

**नटादि में नायकादि का ज्ञान**–शंकुक ने भी लोल्लट के समान ही यह समस्या उठाई है। लोल्लट ने उसका समाधान अनुसन्धान व्यापार द्वारा दिया है तो शंकुक ने उसका समाधान 'चित्र तुरग न्याय' द्वारा दिया है। जिस प्रकार घोड़े के चित्र को देखकर यह कहा जाता है 'यह घोड़ा है' उसी प्रकार जब कोई नट बार-बार राम का वेश धारण कर उन जैसी चेष्टाएँ करता है तो धीरे-धीरे सामाजिक नट को ही राम समझने लगता है। मम्मट ने 'काव्यप्रकाश' में कहा है कि नट में राम का ज्ञान सम्यक्, मिथ्या, संशय एवं सादृश्य ज्ञान से भिन्न प्रकार का ज्ञान है जिसे 'चित्र तुरग न्याय' द्वारा ही समझाया जा सकता है। यह तो हुई ऐतिहासिक पात्रों

की बात। काल्पनिक पात्र के बारे में भी यही प्रक्रिया कार्यशील रहती है तथा दर्शक नट को नाटककार द्वारा निरूपित काल्पनिक पात्र ही समझने लगता है। इस सन्दर्भ में अभिनय की शिक्षा के महत्त्व का वर्णन भी किया गया है। जब तक नट अनुभावों एवं संचारी आदि के अभिनय में कुशल नहीं होगा, तब तक नट में नायकादि का ज्ञान सम्भव ही नहीं होगा।

**रस-निष्पत्ति**–शंकुक ने भरत एवं लोल्लट के विवेचन की दिशा को ही आगे बढ़ाया है। रस-निष्पत्ति को समझाने के लिए शंकुक ने दो व्यापारों का उल्लेख किया है–एक, अनुकृति और दो, अनुमिति। दोनों का आधार विभाव आदि ही हैं। एक ओर तो नट विभावादि की सहायता से मूल पात्र का अनुकरण करता है और इस दृष्टि से विभाव मूल पात्र और नट के बीच सेतु का काम करते हैं। दूसरी ओर विभावादि के द्वारा ही दर्शक को रस का ज्ञान (शंकुक के अनुसार 'अनुमान') होता है। इस प्रकार पात्र एवं नट के सम्बन्ध की दृष्टि से रस अनुकार्य है और विभावादि अनुकरण के साधन तथा नट एवं दर्शक के सम्बन्ध में रस अनुमेय या गम्य है तथा विभावादि अनुमापक या गमक। एक दृष्टि से देखा जाये तो लोल्लट में 'प्रतीति' का जो स्थान है, शंकुक में वही स्थान 'अनुमिति' का है। साथ ही यह भी ध्यान देने की बात है कि जिस प्रकार वह प्रतीति भ्रामक है–नट में रस विद्यमान न होते हुए भी अभिनय के उत्कर्ष के कारण दर्शक को उसमें रस की प्रतीति होती है, उसी प्रकार नट में रस न होते हुए भी दर्शक को नट में रस की अनुमिति होती है–यानी यह अनुमिति भी भ्रमात्मक है। मगर मम्मट ने कहा है कि यह अनुमिति भ्रामक होते हुए भी सौन्दर्य के बल से रसनीय हो जाती है–सौन्दर्य यानी अभिनय, मंच सज्जा आदि। इस प्रकार शंकुक के मतानुसार निष्पत्ति का अर्थ है अनुकृति और इसीलिए शंकुक के मत का सही नाम **अनुकृतिवाद** ही ठहरता है। अनुकृति के बाद ही अनुमिति होती है और यह अनुमिति ही रस के आस्वाद का साधन है। शंकुक ने भी अपने पूर्ववर्ती आचार्यों के समान ही दर्शक की अनुभूति–रस के आस्वाद का उल्लेख भर किया है, उसका विस्तृत विवेचन नहीं किया।

**रस का आश्रय**–शंकुक के अनुसार रस का मूल आश्रय तो मूल पात्र ही है–नट तो उसका अनुकरण करता है। इस प्रकार रस स्थायी भाव की अनुकृति ही है। यहाँ यह सवाल पैदा होता है कि स्थायी भाव और रस में क्या अन्तर है? शंकुक की मान्यता है कि अनुकरणरूप होने के कारण ही स्थायी भाव को एक **अन्य नाम** 'रस' दे दिया गया है यानी स्थायी भाव और रस में केवल नाम का अन्तर है। मगर साथ ही शंकुक रस को अनुभावादि के सफल अभिनय से उत्पन्न मानते हैं–शृंगार रस रति की अनुकृति होने के कारण 'तदात्मक' भी है और उससे उत्पन्न भी। यहाँ भी विवेचन में एक अस्पष्टता और अन्तर्विरोध दिखाई देता है। एक ओर तो शंकुक ने स्थायी भाव और रस में केवल नाम का अन्तर माना है और दूसरी ओर रस को

विभावादि के अभिनय पर आधारित माना है। इस दूसरे कथन पर, जो अत्यन्त महत्त्वपूर्ण है–विचार करने से ज्ञात होता है कि स्थायी भाव जीवन की वास्तविक अनुभूति है जबकि रस उस वास्तविक अनुभूति की अभिनयात्मक (सर्जनात्मक) अनुकृति है जिसका ज्ञान भ्रम और सौन्दर्य पर आधारित है और इस रूप में स्थायी भाव तथा रस में बुनियादी अन्तर है। यह मत एकदम आधुनिक मान्यता से मेल खाता है। यह स्पष्ट है कि शंकुक के मतानुसार रंगमंच पर अभिनीत होने वाला स्थायी भाव ही रस है तथा दर्शक उसका आस्वाद करता है।

सामान्य रूप से भट्ट लोल्लट और शंकुक के मतों पर जो आपत्ति की जाती है–कि उन्होंने सामाजिक द्वारा अनुभूत रस की व्याख्या नहीं की–गलत है, क्योंकि वे दोनों आचार्य सामाजिक की अनुभूति को रस नहीं मानते।

## भट्टनायक का भावितिवाद

भट्टनायक से रस-विवेचन में युगान्तर उपस्थित होता है, क्योंकि अपने पहले के आचार्यों–भरत, लोल्लट और शंकुक से भिन्न उन्होंने दार्शनिक दृष्टि से रस का विवेचन किया है। इसी दार्शनिक दृष्टि को अभिनवगुप्त ने आगे बढ़ाया है और प्रायः आधुनिक काल तक रस-सिद्धान्त का वही स्वरूप मान्य रहा जिसकी स्थापना भट्टनायक और अभिनवगुप्त ने की। आचार्य रामचन्द्र शुक्ल ने रस की परम्परा को अविच्छिन्न रखते हुए भी रस की समाज मनोवैज्ञानिक व्याख्या का प्रयास किया एवं आचार्य शुक्ल अभिनवगुप्त के समान सहृदय की अनुभूति को ही रस मानते हैं तथा काव्य में रस और लोकमंगल के असफल समन्वय का प्रयास भी करते हैं। मगर अज्ञेय जैसे लेखकों ने रस का विरोध करते हुए केवल अभिनवगुप्त कृत रस की दार्शनिक व्याख्या को ही सामने रखा जिससे अनुमान लगाया जा सकता है कि उन्हें भरत से शंकुक तक की रस की लौकिक एवं नाट्यशास्त्रीय व्याख्या की परम्परा का ज्ञान नहीं था।

भट्टनायक के बारे में सामान्यतः यह कहा जाता रहा है कि वे सांख्य दर्शन को मानने वाले थे तथा उन्होंने सांख्य दर्शन के आलोक में रस की व्याख्या की। जिस प्रकार लोल्लट के रस-निष्पत्ति सम्बन्धी मत को मीमांसा दर्शन पर आधारित या शंकुक के मत को न्याय दर्शन पर आधारित मानना निराधार है, वैसे ही भट्टनायक की रस-व्याख्या को सांख्य दर्शन से जोड़ना भी कतई गलत है। लगता है, सांख्य दर्शन में भोग और त्रिगुण के उल्लेख को भट्टनायक की रस-व्याख्या में देखकर ही किसी ने बिना सोचे-समझे यह मत स्थापित किया है। इसमें तो सन्देह नहीं है कि भट्टनायक ने रस की निष्पत्ति और उसके आस्वाद में दर्शन का उपयोग किया है मगर उस दर्शन के बारे में निश्चित रूप से इतना ही कहा जा सकता है कि वह द्वैतवादी है।

भट्टनायक ने रस-सिद्धान्त की सीमाओं का विस्तार किया है। जबकि इनसे पहले के आचार्यों ने रस की व्याख्या को निरन्तर नाटक से–अभिनय आदि से

जोड़ा है, भट्टनायक ने रस को काव्यमात्र के प्रतिमान के रूप में स्थापित किया है जो कि उनकी एक महत्त्वपूर्ण उपलब्धि है। उनके बाद के प्रायः सभी आचार्यों ने रस को ही प्रधान काव्यमूल्य के रूप में मान्यता दी है।

भट्टनायक की एक अत्यन्त महत्त्वपूर्ण उपलब्धि यह भी है कि उन्होंने **काव्यशब्द यानी काव्यभाषा की शक्तियों के विश्लेषण के आलोक में ही रस-निष्पत्ति की विविध अवस्थाओं का निरूपण किया है।** रस की निर्मिति (भट्टनायक के अनुसार 'भावति') और उसके आस्वाद का आधार काव्य शब्द की तीन शक्तियाँ—अभिधायकत्व, भावकत्व और भोगकृत्व ही हैं। इसी सन्दर्भ में भट्टनायक ने भारतीय समीक्षा के इतिहास में एक अत्यन्त महत्त्वपूर्ण सिद्धान्त—**साधारणीकरण** की स्थापना की है जो आज भी विश्व के समीक्षाशास्त्र का अत्यन्त महत्त्वपूर्ण सिद्धान्त माना जा सकता है। डॉ. नगेन्द्र जैसे कुछ लेखकों ने उसे सम्प्रेषण (जिसकी स्थापना बीसवीं शती में आई.ए. रिचर्ड्स ने की) का पर्याय मान लिया जबकि साधारणीकरण तो सम्प्रेषण सिद्धान्त से कहीं अधिक गम्भीर एवं महत्त्वपूर्ण है क्योंकि साधारणीकरण सम्प्रेषण की भी व्याख्या प्रस्तुत करता है।

भट्टनायक ने रस-सिद्धान्त के तीन सिद्धान्तों—प्रतीतिवाद (जिसमें अनुमितिवाद भी शामिल है), उत्पत्तिवाद और अभिव्यक्तिवाद (अभिनवगुप्त) के मतों का खण्डन किया है। उन्होंने कहा है कि रस की प्रतीति या तो **परगत** हो सकती है या **स्वगत**। परगत प्रतीति वह इसलिए नहीं हो सकती क्योंकि उससे सहृदय की गम्भीर रसानुभूति की व्याख्या सम्भव नहीं है—परगत रति या शोक आदि से रस की गम्भीर अनुभूति नहीं हो सकती। और यदि रस की अनुभूति **स्वगत** मानी जाये तो यह दो प्रकार की हो सकती है—1. अनुभव रूप, 2. स्मृति रूप। यदि रस की अनुभूति स्वगत अनुभव रूप है तो करुण आदि रसों में दुख होना चाहिए, आनन्द नहीं। रसानुभूति स्वगत अनुभव इसलिए भी सम्भव नहीं क्योंकि सीता आदि—जिनके प्रति सहृदय में पूज्य भावना है—सामाजिक की रति का आलम्बन नहीं हो सकतीं। और यदि सीता को देखकर सामाजिक को अपनी पत्नी का ध्यान आ जाता है और इस प्रकार रसानुभव स्मृति रूप माना जाये तो यह भी गलत है क्योंकि एक तो ऐसा होता नहीं और दूसरा यह स्वगत अनुभव-लौकिक होगा, रस रूप नहीं। यहाँ ध्यान देने की बात यह है कि वे वही तर्क हैं जो आचार्य शुक्ल ने साधारणीकरण की व्याख्या में प्रायः 800 वर्ष बाद दिये। आचार्य शुक्ल भट्टनायक के इन तर्कों को जानते थे या नहीं, यह नहीं कहा जा सकता, क्योंकि वे अपने ग्रन्थों में दूसरों के मत तो उद्धृत करते ही नहीं हैं—बस एक-दो जगह अन्य आलोचकों का उल्लेख भर मिलता है। लेकिन इन तर्कों की समानता पर यह अनुमान सहज ही लगाया जा सकता है कि इनके स्रोत भट्टनायक के तर्क हो सकते हैं।

उपर्युक्त विवेचन से सिद्ध है कि भट्टनायक के मतानुसार रस न तो परगत

(मूल पात्र में) और न ही स्वगत (सहृदय में) है वरन् वह तो काव्यगत है क्योंकि यहाँ तीसरी सत्ता काव्य की ही रह जाती है।

**रस-निष्पत्ति :** जैसा कि पहले कहा जा चुका है, **भट्टनायक के रस-विवेचन का केन्द्र काव्य-शब्द की समीक्षा है।** उन्होंने माना है कि काव्य-शब्द सामान्य शब्द से भिन्न होता है और भिन्नता का आधार यह है कि काव्य-शब्द के तीन व्यापार हैं (ये परस्पर सम्पृक्त हैं इसीलिए उन्होंने उन तीनों व्यापारों को काव्य शब्द **की त्रयंशता** कहा है।) 1. **अभिधायकत्व** व्यापार का विषय वाच्य यानी पाठ का अर्थ है जिसके द्वारा काव्य के अर्थ का ज्ञान होता है, 2. **भावकत्व** व्यापार जिसका विषय रस है, क्योंकि इससे रचनागत रस साधारणीकृत होकर भावित–आस्वाद के योग्य–हो जाता है तथा 3. **भोगकृत्व** व्यापार जिसका विषय सहृदय है तथा जिस प्रकार मुक्त आत्मा अपने से भिन्न ब्रह्म के आनन्द का आस्वाद करती है (द्वैतवादी सिद्धान्त) उसी प्रकार भोगकृत्व व्यापार द्वारा निज मोह से मुक्त सहृदय काव्यगत रस का आस्वाद करता है।

**1. अभिधायकत्व व्यापार**–इस व्यापार के द्वारा रचना के अर्थ का ज्ञान होता है। भट्टनायक की अपनी रचना प्राप्त नहीं होती और केवल अन्य ग्रन्थों–अभिनवकृत नाट्यशास्त्र की टीका **अभिनव-भारती** या उन्हीं की ध्वन्यालोक की टीका **ध्वन्यालोक लोचन** आदि में ही उनका मत उद्धृत किया गया है और इसलिए जितना मत उद्धृत किया गया है उसके अस्पष्ट अंशों तक पहुँचने के लिए अनुमान का सहारा लेना पड़ता है। मेरा मत है कि भट्टनायक ने काव्य शब्द के अभिधायकत्व व्यापार में अभिधा, लक्षणा और व्यंजना तीनों को ही स्वीकार किया है; क्योंकि इन्हीं तीन शब्द शक्तियों के द्वारा ही पाठक को पूर्ण ज्ञान होता है। इसलिए भट्टनायक के मत की आलोचना करते हुए जो यह कहा जाता है कि अभिधायकत्व आदि तीनों शक्तियों का कार्य अभिधा, लक्षणा और व्यंजना से सम्भव है, सर्वथा असंगत और निराधार है। भट्टनायक ने साधारणीकरण को भावकत्व की आत्मा माना है तो क्या लक्षणा द्वारा विभावादि का साधारणीकरण हो सकता है?

**2. भावकत्व व्यापार :** भट्टनायक ने भावकत्व व्यापार के विषय में ये पाँच बातें कही हैं :

(क) भावकत्व व्यापार अभिधायकत्व व्यापार के बाद दूसरा चरण है;

(ख) काव्य में इसकी विशेषता (लक्षण) है–दोषों का अभाव एवं गुणों तथा अलंकारों की उपस्थिति (भाव) तथा नाटक में उसका अर्थ है अभिनय के ये चार रूप, आंगिक, वाचिक, सात्त्विक और आहार्य; (अभिनय)

(ग) उससे सहृदय के मोह का विनाश होता है यानी वह स्वार्थ के बन्धन से, स्व-पर की भावना से मुक्त हो जाता है;

(घ) वह विभावादि का साधारणीकरण करने वाला है–यह साधारणीकरण ही उसकी आत्मा है; तथा

(ङ) वह रस को भाव्यमान करता है यानी उसे भावना का या आस्वाद का विषय बनाता है। ध्यान देने की बात है कि भावकत्व द्वारा रस आस्वाद के योग्य बन जाता है, उससे रस का आस्वाद होता नहीं है। रस का आस्वाद तो भोगकृत्व व्यापार के द्वारा ही होता है।

**3. भोगकृत्व व्यापार :** यह काव्य शब्द की शक्ति का तीसरा चरण है जिसके द्वारा मोह से मुक्त सहृदय रस का भोग करता है। भट्टनायक का मूल सिद्धान्त यह है कि भावित होने के बाद ही रस का भोग होता है–'भाविते च रसे तस्य भोगः'। इसलिए मेरी मान्यता है कि भट्टनायक के मत में रस की निष्पत्ति का अर्थ है **भाविति** तथा वे रस तथा उसके भोग या आस्वाद में अन्तर मानते हैं। इस प्रकार उनके अनुसार भावित रस की प्रधान विशेषता है साधारणीकरण अर्थात् नाटक देखते हुए एक स्थिति ऐसी आती है जब मूल पात्र, नट आदि के अस्तित्व के वैशिष्ट्य का लोप हो जाता है और नट के अभिनय द्वारा व्यक्त भावों से सभी दर्शक प्रभावित होने लगते हैं या यों कहें वही नट द्वारा प्रदर्शित अनुभव सहृदयों को प्रभावित करने में समर्थ हो जाता है, इस अनुभव में दर्शक मात्र को प्रभावित करने की क्षमता आ जाती है। यही साधारणीकरण की अवस्था है या रस के भावित होने की अवस्था है। सामाजिक को यहाँ रस का ज्ञान मात्र नहीं होता वरन् वह उससे प्रभावित होने लगता है, उसका आस्वाद करने लगता है।

भट्टनायक ने भोगकृत्व व्यापार की व्याख्या में दर्शन का उपयोग किया है और यद्यपि भावकत्व व्यापार तक की व्याख्या का केन्द्र काव्य है और इसीलिए वह आज भी बहुत सीमा तक मान्य है, मगर भोगकृत्व व्यापार के विवेचन का प्रधान केन्द्र दर्शन है। इसीलिए उन्होंने यह उदाहरण दिया है (भरत ने भी प्रपानक रस आदि के उदाहरण द्वारा ही रस के आस्वाद की बात की थी) कि जिस प्रकार मुक्त आत्मा अपने से भिन्न ब्रह्म (द्वैतवादी दर्शनों में आत्मा एवं ब्रह्म दोनों अलग-अलग सत्ताएँ हैं) के आनन्द का भोग करती है, उसी प्रकार (मोह से) मुक्त सामाजिक भोगकृत्व व्यापार द्वारा रस का भोग करता है। इस भोगकृत्व व्यापार की उन्होंने निम्नलिखित विशेषताएँ मानी हैं जो कि उस व्यापार द्वारा रस के भोग में रस के भुक्त रूप में भी आ जाती हैं :

1. यद्यपि इस व्यापार में सत्त्वगुण का उद्रेक होता है मगर उसमें **रजोगुण एवं तमोगुण का अनुवेध** या अंश रहता है। अभिनवगुप्त तथा बाद के आचार्यों ने केवल सत्त्वगुण का उद्रेक माना है तथा उसमें अन्य दोनों गुणों का अभाव माना है, मगर भट्टनायक की व्याख्या आज की मनोवैज्ञानिक दृष्टि से देखने पर अधिक उपयुक्त लगती है, क्योंकि रौद्र आदि रसों के आस्वाद में क्षोभ, त्रास, आवेश, आक्रोश आदि की सत्ता भी रहती है।

2. उसमें सत्त्व का उद्रेक रहता है जिसके कारण रस का भोग प्रकाशमय

एवं आनन्दमय होता है क्योंकि प्रकाश और आनन्द सत्त्वगुण की विशेषताएँ हैं।

3. भोगकृत्व व्यापार में सामाजिक की चेतना अन्य सांसारिक दुविधाओं से मुक्त और शान्त होती है—निजसंविद्विश्रान्ति इस व्यापार की एक अन्य विशेषता है। आधुनिक समीक्षा की दृष्टि से इस विशेषता का यह अभिप्राय है कि काव्यानुभव का आस्वाद करते समय सामाजिक की चेतना में जो तल्लीनता की स्थिति पैदा होती है, उसमें वह लौकिक जीवन की चिन्ताओं से मुक्त होता है। यह **काव्यानुभव के प्रति पूर्ण समर्पण की स्थिति** की ही दार्शनिक व्याख्या कही जा सकती है।

इस प्रकार कहा जा सकता है कि भावित या भाव्यमान रस की स्थिति तभी आती है जब मोह[1] का विनाश हो जाता है और विभावादि का साधारणीकरण हो जाता है तथा भुक्त रस में उपर्युक्त सारी विशेषताएँ—रजोगुण एवं तमोगुण का अनुवेध, सत्त्व के उद्रेक से प्रकाश एवं आनन्द का अनुभव, संविद्विश्रान्ति और ब्रह्मास्वाद की समानता पायी जाती है।

यहाँ ध्यान देने की बात है कि रस भोग की व्याख्या में ब्रह्मास्वाद की समानता का उल्लेख किया जाता है। इस उल्लेख । ब्रह्मास्वाद और रस भोग का अन्तर भी व्यंजित होता है; क्योंकि ब्रह्मास्वाद दीर्घ आध्यात्मिक साधना का स्थायी परिणाम होता है जबकि रस का भोग—काव्यास्वाद—न तो आध्यात्मिक साधना का परिणाम होता है और न ही स्थायी होता है। फिर भी दोनों में समानता यह है कि दोनों लौकिक अनुभवों से—जो सामान्यतः मोह पर आधारित राजसिक या तामसिक होते हैं—से एकदम भिन्न काव्य जगत का अनुभव है जिसमें कुछ देर के लिए ही सही, सामाजिक की चेतना मोह से मुक्त होकर काव्यास्वाद में पूर्णतः समर्पित हो जाती है।

एक महत्त्वपूर्ण बात यह है कि काव्य शब्द के अभिधायकत्व, भावकत्व और भोगकृत्व व्यापार एक ही व्यापार—रस निष्पत्ति और उसके भोग या काव्यास्वाद के व्यापार के ऐसे तीन चरण हैं जो परस्पर सम्पृक्त हैं तथा जिनमें एक निश्चित पूर्वा-पर क्रम है। आज नाटक का कोई भी दर्शक सरलता से इन तीन चरणों वाले व्यापार को समझ सकता है। अभिनय की आरम्भिक अवस्था में उसे नाटक के अर्थ का ज्ञान होता है, (अभिधायकत्व) अर्थ ज्ञान के बाद वह स्थिति आती है जब नाटक में व्यक्त अनुभव उसके आस्वाद की योग्यता प्राप्त कर लेते हैं (भावकत्व) और फिर वह नाट्यानुभव का आस्वाद (भोगकृत्व) करता है। तीनों परस्पर पूरक होकर ही नाटक के आस्वाद तक की समग्र प्रक्रिया की व्याख्या करते हैं।

भावकत्व के अन्तर्गत भट्टनायक ने रस के वस्तुपक्ष का स्पष्ट विवरण प्रस्तुत किया है जिसकी ओर विद्वानों का ध्यान नहीं गया। काव्य में भावकत्व के अन्तर्गत दोषों के अभाव तथा गुणों एवं अलंकारों के प्रयोग का उल्लेख किया गया है तथा

1. इसी विशेषता को शुक्ल जी ने इस रूप में व्यक्त किया है कि कविता हमें स्वार्थ की संकीर्णता से मुक्त कर लोकसामान्य भावभूमि पर प्रतिष्ठित करती है।

नाटक में आंगिक, वाचिक, सात्त्विक और आहार्य चतुर्विध अभिनय का उल्लेख है। ये दोनों प्रकार के तत्त्व वस्तुगत तत्त्व ही हैं। इसके अतिरिक्त भावकत्व द्वारा ही विभावादि का साधारणीकरण होता है। विभाव के अन्तर्गत पात्र, परिस्थितियाँ एवं घटनाएँ आती हैं, संचारी भावों के अन्तर्गत अनुभव व्यापार एवं संघर्ष आदि का समाहार हो जाता है तथा अनुभावों में पात्रों के समस्त कार्य आ जाते हैं। ये सभी भट्टनायक द्वारा वर्णित रस के वस्तुगत तत्त्व ही नहीं, उसके आधार एवं केन्द्र हैं तथा अभिधायकत्व आदि स्वयं काव्य शब्द—जिसकी वस्तुगत सत्ता है अधिक संगत और उपयुक्त सिद्ध होता है। आधुनिक युग में रस-विरोधी आलोचकों ने अभिनव के रस-सम्बन्धी मत का विरोध किया है, उन्होंने या तो रस को उसकी पूर्णता में समझा ही नहीं या उसे अनदेखा किया है।

## मूल्यांकन

भट्टनायक की रस-निष्पत्ति की व्याख्या की मुख्य विशेषताएँ ये हैं :

1. उन्होंने द्वैतवादी दर्शन के आधार पर रस-निष्पत्ति की व्याख्या की है। इस रूप में भट्टनायक से ही रस के इतिहास में युगान्तर उपस्थित होता है।

2. उन्होंने काव्यभाषा की विविध शक्तियों—अभिधायकत्व, भावकत्व और भोगकृत्व के आधार पर रस की व्याख्या की है अर्थात् काव्यभाषा के वैशिष्ट्य के विवेचन को काव्यानुभव के स्रोत के रूप में प्रस्तुत किया है।

3. भावकत्व के अन्तर्गत उन्होंने भारतीय काव्य-चिन्तन के एक महत्त्वपूर्ण सिद्धान्त—साधारणीकरण की स्थापना की है जिसका विश्व के काव्य-सिद्धान्तों में अद्वितीय महत्त्व है। साधारणीकरण की स्थापना भी काव्यभाषा की एक शक्ति के रूप में ही की गयी है।

4. उन्होंने रस के अन्तर्गत दृश्य और श्रव्य काव्य दोनों को ही समेट लिया है; प्रथम को अभिनय के आधार पर और दूसरे को अलंकार, गुण आदि के आधार पर।

5. उन्होंने रस सिद्धान्त की व्याख्या करते हुए उसकी दो अवस्थाएँ मानी हैं—एक, रस का भावित रूप—जब काव्य में व्यक्त रस सामाजिक की भावना का विषय बनने की योग्यता प्राप्त करता है और दूसरा, भुक्त रूप जो रस का आस्वाद है। इस प्रकार रस की निर्मिति और उसका आस्वाद दोनों दो भिन्न सत्ताएँ हैं।

6. रस-भोग की व्याख्या के लिए यह उदाहरण दिया गया है कि जिस प्रकार द्वैतवादी सिद्धान्त (जहाँ आत्मा और ब्रह्म को दो अलग-अलग सत्ताएँ माना जाता है) में मोहमुक्त आत्मा अपने से भिन्न ब्रह्म के आनन्द का भोग करती है, उसी प्रकार भावकत्व के प्रभाव से मोहमुक्त सामाजिक रस का भोग करता है। भुक्त रस में सत्त्व का उद्रेक होता है मगर उसमें रजोगुण और तमोगुण का अंश विद्यमान रहता

है (जैसे करुणा, रौद्र, वीभत्स आदि रसों में स्पष्ट रूप से देखा जा सकता है और इसलिए भट्टनायक की यह व्याख्या आधुनिक दृष्टि के अधिक अनुकूल है), वह प्रकाशस्वरूप एवं आनन्दस्वरूप है तथा उसमें सहृदय की चेतना विश्रान्त (सांसारिक उद्वेगों से मुक्त) होती है।

यद्यपि अभिनवगुप्त भट्टनायक के मत का खण्डन करते नहीं थकते मगर उन्होंने भट्टनायक की सभी महत्त्वपूर्ण स्थापनाओं—साधारणीकरण तथा भुक्त रस (जिसे अभिनव आस्वाद स्वरूप एवं सहृदय में स्थित मानते हैं) की प्रकाशमय आदि सभी विशेषताओं को भी स्वीकार किया है। रस की सत्ता स्वतः सिद्ध है। निज के मोह का विनाश वस्तुतः दर्शक की मनःस्थिति का ही लक्षण है जिसका सामान्य अर्थ है दर्शक का सांसारिक सम्बन्धों—स्व-पर की भावना से ऊपर उठ जाना यानी ऐसी मानसिकता का निर्माण होना जिसका नियन्त्रण लौकिक जगत एवं लौकिक सम्बन्धों द्वारा सम्भव नहीं है, जो नाटक या काव्य के आस्वाद की एक विशिष्ट मानसिक प्रस्तुति है। भट्टनायक ने दर्शन का उपयोग करते हुए भी रस के वस्तुगत एवं विषयीगत पक्ष के महत्त्व को स्वीकार किया है—वस्तुतः उन्होंने तो रस के विषयीगत पक्ष—रस भोग को रस के वस्तुगत पक्ष (अभिधायकत्व और भावकत्व) द्वारा ही नियन्त्रित माना है। इस प्रकार भट्टनायक भरत, लोल्लट और शंकुक की लौकिक नाट्यकेन्द्रित परम्परा और अभिनवगुप्त से आरम्भ होने वाली सहृदय केन्द्रित परम्परा के बीच की कड़ी हैं।

**आक्षेप और समाधान**—भट्टनायक पर **पहला** आक्षेप तो यह किया जाता है कि उन्होंने काव्य शब्द की जो तीन शक्तियाँ—अभिधायकत्व, भावकत्व और भोगकृत्व—मानी हैं, उनका कोई शास्त्रीय आधार नहीं है। यह तर्क तो एकदम बेजान और निरर्थक है। यदि हर चिन्तक पुराने शास्त्र की स्थापनाओं से ही बँधा रहेगा तो चिन्तन का विकास ही अवरुद्ध हो जायेगा। विचार के विकास के लिए तो नयी-नयी अवधारणाओं का आविष्कार नितान्त आवश्यक है ही।

**दूसरा** आक्षेप यह किया जाता है कि अभिधायकत्व, भावकत्व और भोगकृत्व का कार्य तो अभिधा, लक्षणा और व्यंजना द्वारा ही चल सकता है तो फिर तीन नयी शक्तियों की उद्भावना की क्या आवश्यकता है?

यह तर्क भी निराधार एवं असंगत है क्योंकि भट्टनायक के अभिधायकत्व व्यापार में तो इन तीनों शक्तियों का समाहार है; क्योंकि अर्थज्ञान तो इन तीनों शब्दशक्तियों से ही होता है। दूसरी असंगति यह है कि भट्टनायक की सबसे अधिक महत्त्वपूर्ण स्थापना जिसे अभिनवगुप्त सहित बाद के सभी आचार्यों ने स्वीकार किया है, साधारणीकरण है। क्या लक्षणा या व्यंजना से साधारणीकरण सम्भव है? और शास्त्रीयता की दुहाई देने वालों को यह भी सोचना होगा कि क्या भट्टनायक से पहले किसी ने साधारणीकरण सिद्धान्त की विस्तृत व्याख्या की है?

**तीसरा** आक्षेप किया जाता है इस पूर्वाग्रह के कारण कि रस का आश्रय सहृदय है—यानी सहृदय की अनुभूति ही रस है। जैसा कि पहले भी कहा जा चुका है, यह मत भरत से लेकर भट्टनायक तक किसी को मान्य नहीं है। इसलिए 'सहृदय की अनुभूति ही रस है' यह एक स्वतःसिद्ध सत्य न होकर 'सहृदय रस का भोग करता है' इससे भिन्न एक मत है और मेरे विचार में भट्टनायक का मत ही संगत, सही और भरत के मत के अनुकूल है क्योंकि इसमें रस के वस्तुगत पक्ष और उसकी वस्तुगत सत्ता की स्वीकृति है। अद्वैतवादी प्रभाव के कारण ही अभिनवगुप्त तथा बाद के आचार्य सहृदय की अनुभूति को रस मानते हैं जिसे आचार्य शुक्ल जैसे प्रखर आलोचक ने भी स्वीकार कर लिया। संस्कृत का काव्यश ्र रस के वस्तुगत पक्ष—पात्र, घटनाओं, कार्यों आदि के विवेचन से भरा पड़ा है और रस की विषयीगत मान्यता के कारण ही संस्कृत के काव्य-सिद्धान्तों के सन्तुलित और पूर्ण मूल्यांकन में बाधा पड़ी है। यहाँ अभिनवगुप्त की अपेक्षा भट्टनायक का मत ही अधिक संगत और उपयुक्त प्रतीत होता है।

## अभिनवगुप्त का अभिव्यक्तिवाद

अभिनवगुप्त ने प्रत्यभिज्ञादर्शन के आधार पर रस-सिद्धान्त की व्याख्या की है। इस कारण इनका मत भरत आदि पूर्ववर्ती आचार्यों के मतों से बुनियादी रूप से भिन्न और नया है। मगर इन्होंने भी भरत के रस-सूत्र को ही स्वीकार किया है। इसलिए बाद के प्रायः सभी आचार्यों ने तथा हिन्दी के आलोचकों ने इन्हीं के मत को ही प्रमाण माना है जिसके कारण रस-सिद्धान्त की व्यापकता और उसके महत्त्व का सही-सही मूल्यांकन नहीं हो सका। इसीलिए मेरी मान्यता है कि हिन्दी का रस-विवेचन इस अधूरेपन के कारण ही ठीक तरह से नहीं समझा जा सका—न उसके समर्थकों द्वारा और न ही उसके विरोधियों द्वारा।

अभिनव की मूल स्थापना यह है कि रस और उसके आस्वाद में कोई अन्तर नहीं है—रस आस्वाद रूप ही है, चर्वणा के अतिरिक्त रस की कोई सत्ता ही नहीं है। इसीलिए उन्होंने रस को आश्रय से सम्पृक्त कर दिया है और यह स्थापना की कि रस का आश्रय सहृदय ही है—रस की निष्पत्ति सामाजिक में होती है—रस की अवस्था में सहृदय अपनी ही आत्मा (जो ब्रह्म से अभिन्न है) के आनन्द का उपभोग करता है। यह स्थापना अद्वैतवादी दृष्टिकोण पर ही आधारित है जिसके अनुसार मुक्तावस्था में आत्मा और ब्रह्म के अद्वैत के अनुभव के आधार पर ब्रह्मानन्द या आत्मानन्द का अनुभव करती है।

अभिनव के मतानुसार रस-निष्पत्ति की सारी प्रक्रिया सामाजिक की चेतना में ही घटित होती है। रत्यादि स्थायी भाव सभी सहृदयों में अव्यक्त रूप से विद्यमान रहते हैं—वैसे ही जैसे मिट्टी में सोंधी महक अव्यक्त रूप से विद्यमान रहती है।

जिस प्रकार जल के छींटे देने से मिट्टी की वह अव्यक्त महक व्यक्त हो जाती है, उसी प्रकार काव्यगत विभावादि के दर्शन-श्रवण से सहृदय में अव्यक्त रूप से स्थित रत्यादि स्थायी भाव शृंगार आदि रसों के रूप में व्यक्त हो जाते हैं। इस प्रकार विभावादि एक ओर तो काव्यगत नायक में अनुभूति जगाते हैं और दूसरी ओर सहृदय में। साधारणीकरण व्यापार के द्वारा काव्यगत विभावादि में सहृदय मात्र में वही अनुभूति जगाने की क्षमता आ जाती है और सहृदय की यह रसानुभूति ब्रह्मानन्दसहोदर होती है। इसीलिए अभिनव के सिद्धान्त को अभिव्यक्तिवाद कहा जाता है। सहृदय के स्थायी भाव ही विभाव आदि के प्रभाव से सहृदय में रस के रूप में अभिव्यक्त हो जाते हैं। यह अभिव्यक्ति भुक्ति स्वरूप ही होती है। इस दृष्टि से रस की अभिव्यक्ति और उसका आस्वाद दोनों पर्याय बन जाते हैं। रस की इस अभिव्यक्ति से ही एक कदम आगे बढ़कर कहा जा सकता है कि रस व्यंग्य होता है—काव्य के द्वारा रस सहृदय में व्यक्त हो जाता है। इसी आधार पर ध्वनि के तीन भेद किये गये हैं—रस ध्वनि, वस्तु ध्वनि और अलंकार ध्वनि। मगर ध्यान से देखा जाये तो ये तीन भेद समान आधार पर स्थित नहीं हैं क्योंकि वस्तु तथा अलंकार दोनों की सत्ता वस्तुपरक है मगर रस की सत्ता सहृदयगत है। इसके अतिरिक्त यह सवाल भी उठाया जा सकता है कि इन तीनों ध्वनियों में से सर्वश्रेष्ठ कौन-सी है? इसका एक उत्तर होगा—रस ध्वनि। साथ ही ऐसे अनेक उदाहरण मिलते हैं जिनमें ध्वनित वस्तु और ध्वनित अलंकार भी रस-ध्वनि में परिणत हो जाते हैं क्योंकि सहृदय वस्तु ध्वनि और अलंकार ध्वनि का भी तो आस्वाद करता ही है।

अभिनव के अभिव्यक्तिवाद का एक परिणाम यह हुआ कि आचार्यों एवं हिन्दी के आलोचकों का ध्यान भी रस के विषयीगत पक्ष पर ही केन्द्रित होकर रह गया। रस का वस्तुगत पक्ष-विभाव आदि जिसके अन्तर्गत काव्य का सम्पूर्ण कथ्य : पात्र, परिस्थितियाँ, घटनाएँ आदि आ जाते हैं, उपेक्षित हो गये। इस प्रकार अभिनवगुप्त के इस सिद्धान्त पर भी वही आक्षेप किया जा सकता है जो बीसवीं शताब्दी में नये समीक्षकों ने आई.ए. रिचर्ड्स के काव्य-मूल्य के सिद्धान्त पर किया। काव्य-मूल्य तो वह होना चाहिए जिसकी स्थिति काव्य में हो, जो वस्तुगत है (इस सन्दर्भ में विभावादि वस्तुगत तत्त्व हैं), जो सामाजिक के हृदय में स्थित हैं—चाहे वह रस हो या विरोधी आवेगों का समतोल, उसे काव्य-मूल्य कैसे स्वीकारा जा सकता है?

भट्टनायक तथा अभिनवगुप्त के रस-विवेचन में एक बुनियादी अन्तर यह है कि जहाँ भट्टनायक ने रसास्वाद की पूरी प्रक्रिया-अर्थज्ञान से रस के भोग तक का विवेचन काव्यभाषा के विवेचन के माध्यम से किया है, वहाँ अभिनव के विवेचन का केन्द्र रस का आस्वाद या आस्वाद रूप रस ही रहा है। उन्होंने वस्तुगत रीति

से रस-निष्पत्ति की प्रक्रिया पर विचार ही नहीं किया, जबकि सभी पूर्ववर्ती आचार्यों का केन्द्रीय विवेच्य विषय रस-निष्पत्ति की प्रक्रिया का स्पष्टीकरण ही रहा है।

## रस-सिद्धान्त : आधुनिक सन्दर्भ में

उपर्युक्त विवेचन से स्पष्ट है कि रस-सिद्धान्त प्रायः दो हजार वर्षों तक—भरतमुनि से आचार्य शुक्ल तथा कुछ अन्य आधुनिक लेखकों तक—काव्य के प्रतिमान के रूप में चर्चित-स्वीकृत रहा है। विश्वभर के समीक्षाशास्त्र में और कोई ऐसा प्रतिमान नहीं दिखाई देता है जो इतने लम्बे काल तक काव्य के सन्दर्भ में स्वीकृत रहा हो। इसलिए यह सवाल उठना स्वाभाविक ही है कि रस-सिद्धान्त में ऐसी कौन-सी विशेषता है जिसके कारण इतने लम्बे अरसे तक उसका उपयोग होता रहा? इसका उत्तर है—भाव। भाव व्यक्ति का एक सनातन तथा अपरिवर्तनशील अंश है—यहाँ भाव में स्थायी भाव के साथ-साथ संचारी भाव भी शामिल हैं जिन्हें आज का मनोविज्ञान वृत्तियों या आवेगों के रूप में स्वीकार करता है। किसी भी देश या काल के समाज में वात्सल्य, उत्साह, रति आदि भावों का स्वरूप एक जैसा रहता है; हाँ, उनको जन्म देने वाली परिस्थितियाँ आदि बदलती रहती हैं। वैसे भी आज तो मनोविज्ञान स्थायी भाव को एकक न मानकर उसे वृत्तियों तथा आवेगों की संसृष्टि मानता है। जैसे रति भाव में कामेच्छा, प्रजनन की वृत्ति, सुरक्षा आदि के आवेग संयुक्त होकर एक अन्विति या सम्पृक्ति का रूप धारण करते हैं। इस मनोवैज्ञानिक सत्य के आधार पर यह निर्भ्रान्त रूप से कहा जा सकता है कि भाव—स्थायी भाव या संचारी भाव या आधुनिक मनोविज्ञान की शब्दावली में कहें तो आवेग तथा वृत्तियाँ हमेशा से समान रूप से मानव के व्यक्तित्व का अन्तरंग अंश रहे हैं और रहेंगे।

इस सन्दर्भ में यह भी ध्यान देने की बात है कि रसवादियों ने भी अभिनव की रस-सम्बन्धी आनन्दवादी (ब्रह्मास्वादसहोदर) दृष्टि की स्वीकृति के कारण काव्यानुभव के विवेचन में संचारी भावों के महत्त्व की उपेक्षा की है, जबकि आचार्य विश्वनाथ ने यह स्थापना की है कि विभावादि में से कोई एक अंग—संचारी भाव या अनुभावादि—के रहने पर सहृदय अन्य तत्त्वों की कल्पना कर लेता है और विभावादि का एक अंग भी रस या काव्यानुभव निष्पन्न करने में समर्थ हो जाता है।

उदाहरण के लिए **'निर्वेद'** संचारी भाव की व्याख्या में कहा गया है "दारिद्र्य, ईर्ष्या, अपमान, आपत्ति, व्याधि, इष्टवियोग, तत्त्वज्ञान आदि के कारण अपने को कोसने या धिक्कारने का नाम निर्वेद है। इसमें दीनता, चिन्ता, अश्रुपात आदि अनुभाव होते हैं।"[1] **'ग्लानि'** की परिभाषा है "श्रम, मनस्ताप, भूख, प्यास आदि से मन की मुरझाहट, मलिनता, खिन्नता आदि होने को ग्लानि कहते हैं। इसके

1. रामदहिन मिश्र—काव्य दर्पण, पृ. 67

कार्य में अनुत्साह आदि अनुभाव होते हैं।''[1] **'मोह'** का अर्थ है–''भय, वियोग, दुःख, चिन्ता आदि से उत्पन्न चित्त-विक्षेप के कारण यथार्थज्ञान का खो जाना मोह है। ज्ञान लुप्त होना, गिरना, चिन्ता, भ्रम, सामने की वस्तु को भी न देखना आदि इसके कार्य हैं।''[2] इसी प्रकार किसी सुखद या दुखद घटना के कारण से मन का उत्तेजित होना **'आवेग'** कहलाता है, काम्य वस्तु के नाश से उत्पन्न होने वाली वह मानसिक स्थिति जिसमें मनुष्य को कर्तव्य-अकर्तव्य का विवेक नहीं रहता, **'जड़ता'** कहलाती है। असफलता, निराशा आदि के कारण उत्साहहीनता तथा कर्महीनता की स्थिति **'विषाद'** कही जाती है। अपमान, शोषण आदि से उत्पन्न भाव **'उग्रता'** कहलाता है, सन्देह के कारण कोई निर्णय न कर पाने की अवस्था को **'वितर्क'** कहते हैं तथा बाढ़ आदि प्रकृति के ध्वंसक रूप या सशक्त विरोध से उत्पन्न मनःस्थिति **'त्रास'** कहलाती है। इस प्रकार यह स्पष्ट हो जाता है कि नयी कविता के काव्यानुभव के विवेचन के त्रास, संघर्ष (उग्रता), विषाद (कुण्ठा), निर्वेद और जड़ता (जिसकी तुलना आत्मपरायेपन से की जा सकती है) मोह, दिशाहीनता, ग्लानि आदि संचारी भावों में उन मनःस्थितियों का संकेत मिलता है जो आज तक मानव में विद्यमान हैं और इसलिए जो आज के साहित्य में बराबर व्यक्त होती रहती हैं। हाँ, परिस्थितियों के बदलने के कारण, नये शास्त्रों के विकास के साथ भाषा में बदलाव के कारण उनके महत्त्व, चित्रण, स्वरूप, उनके सापेक्षिक महत्त्व में युगानुरूप परिवर्तन आना स्वाभाविक है। यह बात निर्विवाद रूप से कही जा सकती है कि आधुनिक युग के साहित्य में भी यह सभी भाव–स्थायी भाव तथा संचारी भाव ही–काव्यानुभव के घटक हैं।

## रस के स्वरूप का विकास

रस-सिद्धान्त के विकास की अवस्थाओं को हम चार चरणों में बाँट सकते हैं–

1. रस की लोकवादी काव्यगत व्याख्या, जो भरत, लोल्लट, शंकुक तथा एक सीमा तक भट्टनायक (जिन्होंने साधारणीकरण को भाषा का बुनियादी व्यापार मानकर रस-निष्पत्ति की, आज की शब्दावली में कहें तो काव्यानुभव के सम्प्रेषण की प्रक्रिया का विवेचन किया जो आज भी सार्थक है) हमें यह दृष्टि दिखाई देती है जिसमें काव्य सामग्री–विभावादि तथा काव्य-भाषा के स्वरूप का विवेचन किया गया है। रस-सिद्धान्त का यह चरण काव्य-सामग्री तथा काव्यानुभव को समझने के लिए अत्यन्त महत्त्वपूर्ण है, मगर उसकी ओर ध्यान नहीं दिया गया। इसके अन्तर्गत यह स्पष्ट स्थापना की गयी है कि रस के दो अविभाज्य पक्ष हैं–

(क) रस का वस्तु पक्ष; तथा

1. वही, पृ. 68
2. वही, पृ. 71

(ख) रस का विषयीगत पक्ष जिसके अन्तर्गत नाटक में व्यक्त भाव तथा सामाजिक के काव्यानुभव की व्याख्या की गयी है। नाटक के सन्दर्भ में तो भाव की अभिव्यक्ति का साधन अभिनय—वाचिक, आंगिक तथा सात्त्विक—है और भरत के अनुसार इन तीनों प्रकार के अभिनय से उपेत स्थायी भाव ही रस है।

रस के वस्तुपक्ष के अन्तर्गत आलम्बन विभाव, उद्दीपन विभाव, संचारी भाव तथा अनुभाव आते हैं। यदि आधुनिक शब्दावली का उपयोग करें तो कहना होगा कि आलम्बन विभाव के अन्तर्गत सभी पात्र तथा काव्य के प्रधान विषय-प्रकृति आदि—आ जाते हैं, उद्दीपन विभाव में सारी परिस्थितियाँ, घटनाएँ, देशकाल आदि का समाहार हो जाता है, संचारी भावों के अन्तर्गत पात्रों की मनःस्थिति, उनका अन्तर्द्वन्द्व आदि आ जाते हैं तथा अनुभावों में भाषा-शैली, सारा कार्य व्यापार, घटनाएँ तथा नाटक के सन्दर्भ में अभिनय आ जाते हैं। सारांश यह कि विभावादि में काव्य-सामग्री, काव्यभाषा, मनोजगत या बोध पक्ष, कार्य-व्यापार तथा नाटक के सन्दर्भ में अभिनय का समावेश हो जाता है, यानी काव्यानुभव के घटक सारे तत्त्व, **पूर्ण काव्यसामग्री** आ जाती है। रस को पूर्णतः सहृदय सापेक्ष (अभिनवगुप्त) मान लेने के कारण हिन्दी में रस के वस्तुपक्ष की उपेक्षा हुई। यद्यपि संस्कृत तथा हिन्दी के काव्यशास्त्रीय ग्रन्थों में नायक, नायिका आदि के विस्तृत विवेचन के रूप में इनका विकास होता रहा। मगर अचरज की बात है कि हिन्दी की रस सम्बन्धी आलोचना में इस पक्ष का अभाव-सा दिखाई देता है।

(ख) रस के विषयीगत पक्ष से तात्पर्य है सहृदय की अनुभूति, उसका काव्यानुभव। रस-सिद्धान्त के विकास के पहले चरण में सहृदय के अनुभव का उल्लेख 'हर्षादि' (भरत) या 'चमत्कार' (लोल्लट तथा शंकुक) के रूप में किया गया है तथा इस चरण की अन्तिम अवस्था में भट्टनायक ने रस भोग की—भुक्त रस की विस्तृत दर्शनिक व्याख्या की है जिसकी चरम परिणति अभिनवगुप्त तथा पण्डितराज जगन्नाथ में दिखाई देती है।

**2. रस-सिद्धान्त का विषयीगत रूप**—इसका आरम्भ भट्टनायक से होता है तथा यह अभिनवगुप्त में अपनी चरम परिणति को प्राप्त होता है जब रस पूर्णतः सहृदय सापेक्ष बन जाता है। अभिनव के अनुसार सामाजिक ही रस का आश्रय है तथा विभावादि सम्पूर्ण काव्य-सामग्री सहृदय में ही रस की अभिव्यक्ति करती है—रस 'चर्वणा' रूप यानी आस्वाद रूप ही है। मगर सामाजिक के हृदय में व्यक्त रस काव्य-सामग्री से ही सीधे व्यक्त होता है जो ब्रह्मानन्दसहोदर है तथा जिसे आगे चलकर पण्डितराज जगन्नाथ ने 'रत्यादि से अविच्छिन्न ब्रह्मानन्द' कहा है। रस सम्बन्धी यही मान्यता आधुनिक युग के आरम्भिक चरण तक चलती रही और इस बीच सिवाय रामचन्द्र गुणाचन्द्र ने, जिन्होंने रस को सुख-दुखात्मक अनुभव माना (मगर रस को सहृदय सापेक्ष ही माना) रस के स्वरूप के बारे में कोई नयी

सोच नहीं विकसित हुई। मैं समझता हूँ कि रस के इस सहृदयगत आनन्दमय रूप को काव्य का एकमात्र प्रधान प्रतिमान मान लेने से हिन्दी में काव्य-चिन्तन के विकास में बाधा ही पहुँची क्योंकि यह मान लिया गया कि रस से आगे सोचने की कोई आवश्यकता नहीं है—यहाँ तक कि काव्य के अन्य प्रतिमान अलंकार, ध्वनि आदि को भी रस-सिद्धि का ही साधन मान लिया गया। हिन्दी के आलोचकों का इस ओर ध्यान ही नहीं गया कि रीति काल के आचार्य कवियों ने भी नायक-नायिका आदि के भेदों तथा उनके अनुभावों संचारियों के निरूपण में काव्य-सामग्री पर ही विस्तार से विचार किया है जिसमें संस्कृत काव्यशास्त्र की मान्यताओं को ही दोहराया गया है।

**3. रस का समाजमनोवैज्ञानिक रूप**—आधुनिक युग में सामाजिकता की व्यापक स्वीकृति होना एक सहज स्वाभाविक प्रक्रिया थी। मगर साथ ही आधुनिक हिन्दी साहित्य पर मध्यकालीन बोध का भी गहरा असर था तथा भारतेन्दु ने एक ओर तो 'चन्द्रावली नाटिका' की रचना की और दूसरी ओर 'अन्धेर नगरी' नाटक भी लिखा। मध्यकालीन काव्य में व्यक्त भक्ति और दर्शन का आधुनिक हिन्दी साहित्य पर व्यापक प्रभाव पड़ा। मध्यकालीन बोध और आधुनिक बोध के इस द्वन्द्व के बीच ही आचार्य रामचन्द्र शुक्ल जैसे गम्भीर और प्रतिभाशाली आलोचक का उदय हुआ जो एक ओर तुलसी की लोकमंगल की भावना से प्रभावित थे जो आधुनिक बोध की बुनियादी माँग थी तथा दूसरी ओर प्राचीन समीक्षा से भी प्रभावित थे। इसलिए वे रस तथा लोकमंगल दोनों को काव्य-मूल्य के रूप में स्थापित करना चाहते थे। मगर उन्होंने भी रस को सहृदय सापेक्ष ही माना। आचार्य शुक्ल के सामने अंग्रेज़ी की रूमानी कविता और उससे सम्बद्ध आलोचना भी थी जिसका प्रभाव छायावाद पर लक्षित होता है। इसलिए उन्होंने रस के स्वरूप को मनोवैज्ञानिक आधार पर प्रतिष्ठित करते हुए (आई.ए. रिचर्ड्स के प्रभाव के कारण) रस को लोकमंगल से जोड़ने की, लोकसामान्य भावभूमि की भी प्रतिष्ठा की। इस प्रक्रिया में उन पर आई.ए. रिचर्ड्स के अतिरिक्त वर्ड्सवर्थ तथा मैथ्यू आर्नल्ड का भी गहरा असर दिखाई देता है जिसकी ओर हिन्दी आलोचकों का ध्यान नहीं गया। इसका एक कारण यह भी हो सकता है कि आचार्य शुक्ल प्रायः उद्धरण या सन्दर्भ नहीं देते। वर्ड्सवर्थ ने आवेगों को काव्य का ही नहीं मानव स्वभाव का ही मूल तत्त्व माना, प्रकृति चित्रण पर विशेष बल दिया तथा सामान्य जनता के आवेगों की अभिव्यक्ति को केन्द्रीय महत्त्व दिया। ये सब बातें आचार्य शुक्ल में लक्षित होती हैं और उन्होंने इनको रस-सिद्धान्त के अन्तर्गत समाहित करने का प्रयास किया है। उधर मैथ्यू आर्नल्ड ने काव्य में सांस्कृतिक पूर्णता—कल्चरल परफेक्शन—को आदर्श माना तथा प्राचीन आदर्श कथानकों को विशेष महत्त्व दिया। इधर शुक्ल जी के समकालीन कवि भी भारत के प्राचीन आख्यानों तथा दर्शनों को आधार बनाकर

काव्य रचना कर रहे थे। इन सब तत्त्वों ने आचार्य शुक्ल की रस-समीक्षा को प्रभावित किया। यही कारण है कि आचार्य शुक्ल ने विभावन व्यापार आदि की चर्चा में विभावादि के महत्त्व का भी संकेत किया है।

आचार्य शुक्ल के बाद हिन्दी के अनेक विद्वानों ने रस के विविध पक्षों की विस्तृत व्याख्या की जिनमें डॉ. राकेश गुप्त, डॉ. आनन्द प्रकाश दीक्षित, डॉ. प्रेमस्वरूप गुप्त, डॉ. दुर्गा दीक्षित, डॉ. सत्यदेव चौधरी, डॉ. नगेन्द्र, डॉ. मनोहर काले आदि विद्वानों का नाम लिया जा सकता है। मैंने भी रस-सिद्धान्त के दार्शनिक और नैतिक पक्ष का विस्तृत विवेचन किया है।

**4. रस का समग्र रूप :** मैंने अपनी पुस्तक 'रस-सिद्धान्त की दार्शनिक और नैतिक व्याख्या' में रस के वस्तुपक्ष पर विशेष बल दिया है। रस विभावादि से—काव्य-सामग्री से या जीवन की एक सम्पूर्ण स्थिति से निष्पन्न होता है इसलिए न तो रस को ब्रह्मानन्द से जोड़ा जा सकता है (जैसा कि आचार्य शुक्ल भी मानते हैं) और न ही रस को विचार से अलग, उससे शून्य माना जा सकता है क्योंकि जीवन की कोई भी स्थिति, जिसे संस्कृत के आचार्यों ने विभावादि के द्वारा व्यक्त किया है, विचार से शून्य नहीं होती और आधुनिक बोध जीवन की विचारात्मक या विचारधारात्मक व्याख्याओं के कारण—जो सभी जीवन के किसी सत्य को व्यक्त करती हैं—विचार से रहित नहीं हो सकता। आधुनिक बोध में विचार एवं भाव—आवेग, वृत्ति—आदि दोनों सम्पृक्त रूप से केन्द्रीय तत्त्व हैं—जीवन में भी और जीवन को व्यक्त करने वाले काव्य में भी। इसलिए रस के वस्तुपक्ष में जीवन या प्रकृति की स्थिति में विचार तथा भाव दोनों अन्तरंग रूप से सम्बद्ध होते हैं—वह स्थिति उन दोनों से सार्थक तथा विशिष्ट बनती है। इस प्रकार रस-सिद्धान्त का वस्तुपक्ष—चाहे उसे विभावादि कहें या काव्य सामग्री कहें—तथा रस का विषयीगत सहृदयगत पक्ष जिसे काव्यानुभव कहा जाता है, दोनों का ही रस में समाहार होता है और रस को इस समग्रता में ही ग्रहण करना उपयुक्त ही नहीं, अनिवार्य भी है। रस-सिद्धान्त को उसकी इस सम्पूर्णता में ग्रहण करना ही उसकी **आधुनिक प्रासंगिकता** को रेखांकित करता है।

## रस-सिद्धान्त और आधुनिक समीक्षा

उपर्युक्त विवेचन से रस-सिद्धान्त के बारे में चार निष्कर्ष निकलते हैं—

1. रस का प्राणतत्त्व भाव—स्थायी भाव तथा संचारी भाव हैं। भरतमुनि ने कहा है कि स्थायी भाव ही रसत्व को प्राप्त होते हैं। आगे चलकर आचार्य विश्वनाथ ने कहा है कि विभावादि में से किसी एक तत्त्व—नायक, पात्र, प्रकृति आदि (आलम्बन विभाव), पात्रों की चेष्टाएँ, परिस्थितियाँ, देशकाल आदि जो विचार से भी सम्पृक्त होती हैं (उद्दीपन विभाव), वाणी, अभिनय, वेशभूषा, मानसिक भाव;

अन्तर्द्वन्द्व आदि (अनुभाव) तथा दिशाहीनता (मोह), आक्रोश (आवेग), कुण्ठा, विषादादि (संचारी भाव) के काव्य में व्यक्त होने से भी रस की अभिव्यक्ति हो जाती है। इस प्रकार किसी प्रकार की भी काव्यसामग्री रस को व्यंजित करने में समर्थ होती है।

2. रस के दो पक्ष हैं—वस्तुपक्ष—काव्यसामग्री या विभावादि तथा विषयीगत पक्ष—सहृदय का आस्वाद—जिसे भरत आदि ने रस का आस्वाद कहा है और जिसे अभिनव तथा परवर्ती आचार्यों ने रस माना है। यद्यपि भारतीय काव्यशास्त्र में रस के दोनों पक्षों का विस्तृत विवेचन है, मगर आचार्य शुक्ल जैसे उत्कृष्ट आलोचक का हिन्दी आलोचना पर ऐसा प्रभाव पड़ा कि न सिर्फ रस का वस्तुपक्ष पूर्णतः उपेक्षित हो गया वरन् सहृदय की अनुभूति को ही रस मानकर रस-सिद्धान्त की अपूर्ण स्वीकृति ही हुई और इसीलिये अज्ञेय, जगदीश गुप्त आदि ने रस का विरोध किया। इस विरोध का मूल कारण यही था कि ये लेखक भी रस के वस्तुपक्ष से अनभिज्ञ ही रहे।

3. रस के अनुभव को सुख-दुखात्मक दोनों प्रकार का माना गया (रामचन्द्र गुणचन्द्र) तथा भरत आदि ने तो उसे एक लौकिक निष्पत्ति ही माना। मगर अभिनव आदि के प्रभाव से रस के ब्रह्मानन्दसहोदर वाले रूप में ही हिन्दी की आलोचना उलझ गयी और आधुनिक समीक्षा के प्रतिमानों के सन्दर्भ में रस का सही सन्तुलित मूल्यांकन नहीं हो पाया।

4. संचारी भावों के महत्त्व के अज्ञान के कारण हिन्दी के आलोचकों ने—रस समर्थकों तथा रस-विरोधी दोनों प्रकार के लेखकों ने रस को और भी सीमित रूप में ही समझा तथा उसे विचार के विरोध में एक अप्रासंगिक प्रतिमान के रूप में सिद्ध करने की चेष्टा की। रस की निष्पत्ति परिस्थिति की समग्रता—विभावादि—से ही होती है यह बुनियादी सत्य पूर्णतः उपेक्षित हो गया।

इस सन्दर्भ में ही आधुनिक समीक्षा में रस की—यानी जीवन की एक समग्र स्थिति से उत्पन्न सम्पृक्त की (जो काव्यानुभव का प्रेरक है) की बात की जा सकती है, समझी जा सकती है।

पश्चिम में सबसे पहले एक दार्शनिक प्लेटो ने काव्य पर विचार किया तथा उसे निम्न भावनाओं का पोषक होने के कारण अस्वीकार किया। इस अस्वीकृति में काव्य में अभिव्यक्त भावों के अमोघ प्रभाव की ही स्वीकृति मिलती है और यहीं से काव्य के सन्दर्भ में दो प्रकार के भावों की बात भी आरम्भ होती है—मानव को उदात्त बनाने वाले भाव तथा मानव को सत्य से विमुख करने वाले क्षुद्र भाव—वासना, ईर्ष्या (जो संचारी भाव हैं) आदि।

अरस्तू ने पहली बार एक काव्यशास्त्री के रूप में नाटक के—विशेषकर त्रासदी के स्वरूप पर विस्तार से विचार किया था। वहाँ भी त्रास तथा करुणा को ही त्रासदी

के विवेचन का आधार बनाया—यानी भाव ही अरस्तू के 'काव्यशास्त्र' का केन्द्रीय तत्त्व है और उन्होंने यह विस्तृत व्याख्या करने का प्रयास किया कि कोई नाटककार किस प्रकार इन भावों को व्यक्त करने में समर्थ हो सकता है—इन भावों की अभिव्यक्ति के लिए कैसा नायक (आलम्बन विभाव), कैसी परिस्थितियाँ (उद्दीपन विभाव), कैसी शैली (वाचिक अनुभाव) आदि होने चाहिए। अब आज के हिन्दी के लेखकों-आलोचकों को विभावादि के नाम भर से नाक-भौं सिकोड़ना छोड़ देना चाहिए।

लोंजाइनस ने उदात्त के विवेचन में भाव को औदात्य के अन्तरंग तत्त्व के रूप में स्वीकार किया, मगर साथ ही प्लेटो के प्रभाव के कारण भयादि को औदात्य का विरोधी भाव मानकर अपनी भाव सम्बन्धी अवधारणा को सीमित ही नहीं किया बल्कि आधुनिक युग में अपने सिद्धान्त की प्रासंगिकता को भी सीमित कर दिया।

इसके बाद होरेस आदि ने तो अरस्तू का अनुसरण किया तथा एक हजार वर्ष के बाद जो यूरोप में फिर से यूनान आदि के प्राचीन काव्यों तथा शास्त्रों की ओर ध्यान गया तो फिर से अरस्तू को ही आधार बनाया गया जिसमें त्रास, करुणा आदि भावों के साथ-साथ संरचना—नायक, कथावस्तु, भाषादि पर विशेष बल दिया गया।

नव्य आभिजात्यवाद के बाद तो रोमांटिक आन्दोलन में उन्मुक्त एवं प्रबल रूप से जीवन का काव्य में भाव की महत्ता को रेखांकित किया गया, आवेग, मनोवेग, वृत्तियों (इम्पलसिस, फीलिंग्स, इंस्टिंक्ट्स आदि) को काव्य का केन्द्रीय तत्त्व माना गया। आई.ए. रिचर्ड्स ने तो मनोविज्ञान के आधार पर काव्यमूल्य को अभिनवादि के समान पूर्णतः सहृदय सापेक्ष मान लिया, मगर दोनों में यह बुनियादी अन्तर है कि अभिनव के अनुसार काव्यानुभूति दार्शनिक व्याख्या से लिप्त है तथा रिचर्ड्स ने काव्यानुभूति की मनोवैज्ञानिक व्याख्या की है, मगर उसे सहृदय सापेक्ष मानने के कारण ही जॉन-क्रो रैन्सम जैसे आलोचकों ने रिचर्ड्स की कड़ी आलोचना की है तथा यहाँ तक कहा है कि यदि रिचर्ड्स की बात मान ली जाये तो आलोचना कर्म की सत्ता ही मिट जाती है क्योंकि समीक्षा तो काव्यगत मूल्यों की व्याख्या कर सकती है; सहृदयगत मूल्यों की नहीं। आचार्य शुक्ल ने आई.ए. रिचर्ड्स का उल्लेख किया है इसलिए हिन्दी के लेखकों ने आचार्य शुक्ल पर रिचर्ड्स के प्रभाव की या उनसे समानता की बात की है, मगर मेरा निश्चित मत है कि आचार्य शुक्ल पर वर्ड्सवर्थ की 'लिरिकल बैल्ड्स' की भूमिका का गहरा तथा व्यापक प्रभाव है तथा उन्होंने वर्ड्सवर्थ की स्थापनाओं को रस-सिद्धान्त की अपनी व्याख्या में सम्मिलित करने का प्रयास किया है तथा अपने लोकमंगल सिद्धान्त की व्याख्या में वे मैथ्यू आर्नल्ड से भी प्रभावित प्रतीत होते हैं। जो भी हो, आचार्य शुक्ल ने रस-सिद्धान्त की आधुनिक प्रासंगिकता पर कुछ अच्छे संकेत

दिये थे जिन्हें बाद के हिन्दी के रस विषयक समीक्षक अपनी सीमाओं के कारण विकसित नहीं कर पाये।

रिचर्ड्स ने काव्यभाषा के विवेचन के अन्तर्गत सम्प्रेषण का विवेचन किया है जैसा कि भट्टनायक ने काव्यभाषा के विवेचन के अन्तर्गत साधारणीकरण (भावकत्व व्यापार की आत्मा) का विवेचन किया है और ये दोनों ही सिद्धान्त इस बुनियादी प्रश्न का उत्तर देने का प्रयास करते हैं कि कविता में व्यक्त वैयक्तिक अनुभूति कैसे लोकानुभूति बन जाती है। मगर साधारणीकरण सिद्धान्त सम्प्रेषण सिद्धान्त से अधिक गम्भीर और पूर्ण है तथा इसकी व्याख्या आगे साधारणीकरण सिद्धान्त के निरूपण में की जायेगी।

नयी समीक्षा में यद्यपि काव्यभाषा पर विशेष बल है—यद्यपि काव्य-वस्तु भी उपेक्षित नहीं है—मगर टी.एस. इलियट के वस्तुपरक प्रतिमान—ऑब्जेक्टिव कोरिलेटिव—सिद्धान्त पर रस-सिद्धान्त के वस्तुपक्ष—विभावादि—का प्रत्यक्ष प्रभाव दिखाई देता है जिसका उल्लेख पहले किया जा चुका है।

उपर्युक्त विवेचन से स्पष्ट है कि रस का प्रतिमान काव्य के सनातन प्रतिमानों में से एक माना जाता रहा है और माना जाता रहेगा। आज की समीक्षा में काव्यानुभव की चर्चा की जाती है जो एक जटिल अनुभूति है और काव्य में व्यक्त परिस्थितियों आदि तथा भाषा विशेष—जिसे भारत के प्राचीन काव्यशास्त्रियों ने विभावादि कहा है—से प्रेरित तथा निर्धारित होती है। यह काव्यानुभव विचार तथा भाव—स्थायी भावों तथा संचारी भावों का संश्लिष्ट, एकीकृत रूप ही है। इसलिए काव्यानुभव में भावादि—जिसे प्राचीन भारतीय समीक्षाशास्त्र में रसादि के अन्तर्गत स्वीकृति मिली है—अविच्छिन्न रूप से विद्यमान रहते हैं। यही रस-सिद्धान्त की आधुनिक प्रासंगिकता एवं सार्थकता है। जब तक मानव एवं प्रकृति काव्य का विषय रहेंगे—और वे रहेंगे ही—तब तक मानव एवं प्रकृति से प्रेरित भाव भी काव्यानुभव के महत्त्वपूर्ण घटक के रूप में स्वीकृत किये जाते रहेंगे।

## साधारणीकरण

उपलब्ध सामग्री के आधार पर साधारणीकरण की स्पष्ट एवं गम्भीर व्याख्या सबसे पहले भट्टनायक द्वारा प्रतिपादित भावकत्व व्यापार के अन्तर्गत लक्षित होती है। साथ ही ये संकेत भी मिलते हैं कि भट्टनायक से पहले भी किसी आचार्य ने साधारणीकरण की चर्चा की होगी, मगर इसका कोई ठोस प्रमाण नहीं मिलता। भट्टनायक के बाद आधुनिक भारतीय आलोचना के साधारणीकरण की बराबर चर्चा होती रही है और वह एक सार्वभौम काव्य-सिद्धान्त के रूप में प्रतिष्ठित हो चुका है।

यहाँ यह सवाल पैदा होना स्वाभाविक है कि साधारणीकरण के इस निरन्तर महत्त्व का कारण क्या है? इसका कारण यह है कि साधारणीकरण काव्य के एक

बुनियादी सवाल का स्पष्ट एवं गम्भीर उत्तर है जो विश्व के काव्य-चिन्तकों के लिए चुनौती बना रहा है। सवाल यह है कि काव्य एक व्यक्ति की रचना है तथा उसमें किसी व्यक्ति विशेष के भाव या उसका अनुभव ही व्यक्त किया जाता है—चाहे वह व्यक्ति विशेष स्वयं कवि हो, कोई ऐतिहासिक पात्र हो या कोई कल्पित पात्र हो जिसे कवि अपनी प्रतिभा के बल पर यथार्थ पात्र के रूप में प्रस्तुत करता है। मगर काव्य—सर्वत्र काव्य से काव्य के उत्कृष्ट रूप या उसकी सभी विधाओं से अभिप्राय है—का भाव या अनुभव वैयक्तिक होते हुए भी मानव मात्र को प्रभावित करता है, उनमें समान काव्यानुभव पैदा करता है जो देश और काल की सीमाओं का अतिक्रमण कर जाता है। आज भी वाल्मीकि रामायण या होमर कृत इलियॅड आदि सभी पाठकों को समान रूप से प्रभावित करते हैं, उनमें समान काव्यानुभव जगाते हैं। इस काव्यानुभव की सैद्धान्तिक व्याख्याओं में अन्तर हो सकता है मगर सभी व्यक्तियों के अनुभव के रूप में समान है। तो सवाल यह पैदा होता है कि काव्य में व्यक्त व्यक्ति विशेष का अनुभव मानव मात्र का अनुभव कैसे बन जाता है? वैयक्तिक अनुभव के वैशिष्ट्य का लोप होकर वह सार्वभौम और साधारण कैसे हो जाता है? विशिष्ट भाव का साधारणीकरण कैसे हो जाता है? इसी बुनियादी सवाल का उत्तर भट्टनायक ने साधारणीकरण सिद्धान्त द्वारा दिया तथा उनसे प्रायः एक हजार वर्ष बाद इसी सवाल का उत्तर आई.ए. रिचर्ड्स ने सम्प्रेषण व्यापार द्वारा दिया। आगे चलकर साधारणीकरण तथा सम्प्रेषण सिद्धान्त की तुलना भी की जायेगी जिससे यह स्पष्ट हो जायेगा कि साधारणीकरण का अर्थ सम्प्रेषण नहीं है बल्कि वह तो सम्प्रेषण की व्याख्या करने वाला और उससे कहीं अधिक गम्भीर सिद्धान्त है।

यद्यपि सभी प्राचीन आचार्यों ने यह माना है कि साधारणीकरण विभावादि का होता है मगर आचार्य रामचन्द्र शुक्ल ने अपने निबन्ध 'साधारणीकरण और व्यक्ति-वैचित्र्यवाद' (चिन्तामणि भाग-1) में साधारणीकरण की व्याख्या करते हुए तीन अन्य मतों की स्थापना की है। इस प्रकार कुल मिलाकर यह कहा जा सकता है कि साधारणीकरण के सम्बन्ध में चार मत दिखाई देते हैं जिन पर निम्नलिखित विवेचन में विचार किया जायेगा।

**साधारणीकरण का अर्थ :** सबसे पहले इन सवालों पर विचार करना आवश्यक है कि साधारणीकरण का अर्थ क्या है तथा साधारणीकरण का साधन क्या है। जहाँ तक अर्थ का सवाल है, ऊपर कहा जा चुका है कि साधारणीकरण का अर्थ है, व्यक्ति विशेष के भाव या अनुभव को साधारण या सार्वभौम कर देना। जहाँ तक साधारणीकरण के साधन का सवाल है, यह भी स्पष्ट किया जा चुका है कि साधारणीकरण का साधन है काव्यभाषा (भट्टनायकादि)। भाषा विशेष के उपयोग के द्वारा ही काव्य में व्यक्त वैयक्तिक अनुभव साधारण हो जाता है, उसके वैशिष्ट्य का लोप होकर वह सर्वसाधारण का अनुभव बन जाता है। अर्थात् साधारणीकरण

का अर्थ हुआ **विभावादि के वैशिष्ट्य का लोप और उसका साधन है काव्यभाषा का वैशिष्ट्य।** इस वैशिष्ट्य की व्याख्या भट्टनायक ने भावकत्व व्यापार तथा उसकी आत्मा साधारणीकरण के द्वारा की है और इसे सभी परवर्ती आचार्यों ने स्वीकार किया है तथा आनन्दवर्द्धन आदि ने इस वैशिष्ट्य के लिए भाषा की व्यंजना शक्ति का प्रयोग किया है जिसके द्वारा रस काव्य द्वारा सामाजिक के हृदय में व्यक्त होता है। इस प्रकार के काव्य की भाषा में ही रस-ध्वनि मानी गयी है। मगर यहाँ यह स्पष्ट करना आवश्यक है कि काव्यभाषा की ध्वनि शक्ति द्वारा रस की निष्पत्ति नहीं होती, सिर्फ रस की अभिव्यक्ति होती है। रस की निष्पत्ति तो विभावादि के संयोग से ही होती है।

**साधारणीकरण किसका होता है**–यह एक बुनियादी प्रश्न है जिस पर हिन्दी में काफी विचार हुआ है। इस सम्बन्ध में हमारे सामने चार मत आते हैं :

**1. विभावादि का साधारणीकरण**–इस सम्बन्ध में सभी संस्कृत आचार्यों का मत यही है कि साधारणीकरण विभावादि का यानी विभाव, अनुभाव और संचारी भाव का होता है। कवि अपनी प्रतिभा के द्वारा विभावादि या काव्य-वस्तु को इस रूप में तथा ऐसी भाषा में प्रस्तुत करता है कि विभावादि व्यक्तिगत न रहकर साधारण, सार्वभौम हो जाते हैं, उनकी वैयक्तिकता नष्ट हो जाती है। उदाहरण के लिए राम व्यक्ति विशेष न रहकर एक मर्यादा पुरुषोत्तम आदर्श मनुष्य का रूप धारण कर लेते हैं, शकुन्तला एक ऋषि-कन्या मात्र न रहकर एक रमणीय नायिका या प्रेमिका का रूप धारण कर लेती है। इस रूप में राम या शकुन्तला व्यक्ति विशेष न रहकर सामान्य हो जाते हैं। इस प्रकार विभावादि के साधारणीकरण का अर्थ होता है काव्यगत विशिष्ट स्थिति का साधारण या सामान्य हो जाना।

यहाँ यह भी समझ लेना चाहिए कि किसी पात्र, स्थिति आदि के वैशिष्ट्य का अर्थ होता है उसका विशेष नाम, समय या काल तथा स्थान या देश। जब विभावादि साधारण हो जाते हैं तो वे नाम, देश और काल से मुक्त हो जाते हैं और इसीलिए किसी भी देश और काल में रचे साहित्य के पात्रादि–जिन्हें काव्य-समीक्षा में विभावादि कहा गया है, सामान्य हो जाते हैं, तभी वे हर देश एवं काल के मानव को प्रभावित करने में सक्षम हो जाते हैं। पात्रों आदि के द्वारा इस क्षमता या योग्यता को प्राप्त करने की स्थिति ही साधारणीकरण की अवस्था है।

साधारणीकरण सहृदय का भी होता है। इस बात को भट्टनायक ने स्पष्ट रूप से कहा है कि भावकत्व व्यापार निज मोह का विनाश कर देता है यानी सहृदय मोह से मुक्त हो जाता है। मोह का सामान्य अर्थ है ममता, वैयक्तिकता या व्यक्तिगत सम्बन्ध। इस स्थिति की बड़ी स्पष्ट और सरल व्याख्या आचार्य मम्मट ने 'काव्यप्रकाश' में की है। उन्होंने कहा है कि व्यक्ति के सम्बन्ध तीन प्रकार के हो सकते हैं–(1) मित्रता का सम्बन्ध, (2) शत्रुता का सम्बन्ध तथा (3) तटस्थता

का सम्बन्ध—यानी न मित्रता है न शत्रुता। साधारणीकरण की अवस्था में सहृदय इन सम्बन्धों से मुक्त होता है। मम्मट के शब्दों में कहा जाये तो इस स्थिति का अर्थ यह है 'यह मेरा मित्र है', 'यह मेरा मित्र नहीं है', 'यह मेरा शत्रु है', 'यह मेरा शत्रु नहीं है', 'यह मेरा तटस्थ है', 'यह मेरा तटस्थ नहीं है'। इन सभी प्रकार के सम्बन्धों से सहृदय मुक्त हो जाता है। इसी बात को आचार्य शुक्ल ने इस रूप में व्यक्त किया है कि कविता हमें 'स्वार्थ के संकुचित' घेरे से मुक्त कर देती है और इसके परिणामस्वरूप सहृदय 'लोकसामान्य भावभूमि' पर प्रतिष्ठित होता है। इस प्रकार साधारणीकरण रसास्वाद—काव्यानुभव की प्राप्ति का पहला अनिवार्य चरण है जो काव्यभाषा के वैशिष्ट्य से प्राप्त होता है। इस प्रकार प्राचीन आचार्यों के मतानुसार साधारणीकरण विभावादि का तो होता ही है मगर इसके साथ-साथ सहृदय का भी साधारणीकरण हो जाता है, वह भी अपनी वैयक्तिक सीमित अस्मिता से मुक्त हो जाता है।

जैसे कि पहले कहा जा चुका है, शेष तीनों मतों का उल्लेख आचार्य शुक्ल ने किया है।

**2. आलम्बन का साधारणीकरण**—इस मत को स्पष्ट करते हुए आचार्य शुक्ल ने कहा है :

"जब तक किसी भाव का कोई विषय इस रूप में नहीं लाया जाता कि वह सामान्यतः सबके उसी भाव का आलम्बन हो सके, तब तक उसमें रसोद्‌बोधन की पूर्ण शक्ति नहीं आती। इसी रूप में लाया जाना हमारे यहाँ 'साधारणीकरण' कहलाता है।"

तात्पर्य यह है कि आलम्बन रूप में प्रतिष्ठित व्यक्ति समान प्रभाव वाले कुछ धर्मों की प्रतिष्ठा के कारण सबके भावों का आलम्बन हो जाता है।[1]

इस स्थापना में कुछ बुनियादी दोष हैं जिनमें से कुछेक पर शुक्ल जी का ध्यान गया था। उदाहरण के लिए जब राम (काव्यगत आश्रय) रावण (आलम्बन) पर क्रोध करते हैं तो रावण (आलम्बन) का साधारणीकरण हो जाता है—रावण के प्रति सहृदय मात्र में क्रोध पैदा हो जाता है। मगर जब रावण (आश्रय) राम (आलम्बन) पर क्रोध करता है तो यहाँ राम (आलम्बन) का साधारणीकरण नहीं होता, बल्कि यहाँ भी रावण (आश्रय) ही सहृदय के क्रोध का आलम्बन बना रहता है। संस्कृत के आचार्यों ने इसे ही रसाभास कहा है और इसीलिए साधारणीकरण का वह अर्थ नहीं किया जो शुक्ल जी ने किया है क्योंकि वह असंगत है।

इस असंगति को शुक्ल जी ने एक दूसरे प्रसंग में पहचाना। जब जनकवाटिका

1. आचार्य रामचन्द्र शुक्ल, चिन्तामणि भाग-1, पृ. 227, 230

में राम के हृदय में सीता (आलम्बन) के प्रति रतिभाव पैदा होता है तो यदि शुक्ल जी का मत माना जाये तो यहाँ आलम्बन के साधारणीकरण की अवस्था में सहृदय का राम (आश्रय) से तादात्म्य स्थापित हो जाना चाहिए। मगर ऐसा नहीं होता क्योंकि सीता माता का रूप हैं और उनके प्रति हमेशा सहृदय के मन में श्रद्धा तथा पूज्य भावना ही रहेगी। इसलिए यह उदाहरण देकर शुक्ल जी ने स्वयं यह सवाल उठाया है कि यदि आलम्बन का साधारणीकरण नहीं होता तो किसका साधारणीकरण होता है और इस उलझन का उत्तर देते हुए उन्होंने **आलम्बनत्व धर्म** के साधारणीकरण की बात की है।

मगर इस मत पर विचार करने से पहले इस प्रसंग में एक अन्य बुनियादी सवाल भी पैदा होता है। सहृदयों में तो पुरुष भी हैं और स्त्रियाँ भी। इसलिए जब शकुन्तला दुष्यन्त की रति का आलम्बन है तो पुरुष पात्रों के लिए तो शकुन्तला का साधारणीकरण हो सकता है; वह पुरुष मात्र के लिए आलम्बन हो जायेगी (शुक्ल जी के मत के अनुसार) मगर नारी दर्शकों के लिए तो शकुन्तला रति का आलम्बन नहीं हो सकती और न ही उनका दुष्यन्त से तादात्म्य हो सकता है। इसलिए यहाँ भी आचार्य शुक्ल की आलम्वन के साधारणीकरण वाली व्याख्या असंगत सिद्ध होती है।

**3. आलम्बनत्व धर्म का साधारणीकरण**–जब आलम्बन के साधारणीकरण और आश्रय के साथ सामाजिक के तादात्म्य में आचार्य शुक्ल ने उपर्युक्त कठिनाइयाँ तथा असंगतियाँ देखीं तो उन्होंने अपने उक्त मत में परिवर्तन किया। यह मानते हुए भी कि अधिकांश प्रसंगों में आलम्बन का साधारणीकरण होता है और सामाजिक का आश्रय से तादात्म्य होता है, उन्होंने यह भी माना कि विशेष परिस्थितियों में आलम्बनत्व धर्म का साधारणीकरण होता है। उदाहरण के लिए जब काव्य में सीता राम की रति के आलम्बन के रूप में चित्रित की जाती हैं, तो न तो सीताजी का–आलम्बन का साधारणीकरण हो पाता है और न ही सामाजिक का आश्रय राम से तादात्म्य होता है। मगर ऐसे प्रसंगों में चित्रण तो रति का ही है और सामाजिक को भी रति का–शृंगार रस का ही अनुभव होना चाहिए तो यह कैसे सम्भव हो सकता है? इस प्रश्न का उत्तर देते हुए आचार्य शुक्ल ने कहा कि सामाजिक की अनुभूति तो शृंगार रस की ही होगी मगर उसका आलम्बन काव्यगत आलम्बन न होकर उसका निजी वास्तविक या काल्पनिक आलम्बन–उसकी वास्तविक या कल्पित प्रेमिका का बिम्ब उभरेगा जो उसमें रति भाव जगा सके। ऐसी स्थिति का वर्णन करते हुए उन्होंने कहा है :

"कल्पना में मूर्ति तो विशेष की होगी, पर वह मूर्ति ऐसी होगी जो प्रस्तुत भाव का आलम्बन हो सके, उसी भाव को पाठक या श्रोता के मन में जगाये जिसकी व्यंजना आश्रय अथवा कवि करता है। इससे सिद्ध हुआ कि साधारणीकरण आलम्बनत्व धर्म का होता है।"[1]

1. आचार्य रामचन्द्र शुक्ल, चिंतामणि भाग-1, पृ. 230

मगर इस मत में भी कई असंगतियाँ हैं :

(क) जैसा कि साधारणीकरण के अर्थ में कहा जा चुका है साधारणीकरण तो विशेष का ही होता है। मगर आलम्बनत्व धर्म (यहाँ धर्म का अर्थ है गुण) तो साधारण या सामान्य होता है। धर्मी या गुणी विशेष होता है—जैसे कमल—मगर उसका गुण या विशेषण (धर्म) जैसे सुगन्धि या कोमलता तो साधारण होते हैं। इसलिए जो पहले से ही साधारण है, उसका साधारणीकरण या निर्विशेषीकरण कैसे हो सकता है?

(ख) यदि ऐसे प्रसंगों में सामाजिक का निजी या कल्पित आलम्बन उसकी चेतना में उपस्थित हो जाता है तो यह स्थिति तो जीवन में आ सकती है। जीवन में भी व्यक्ति अपनी प्रेमिका के प्रति रति भाव की अभिव्यक्ति करता है या किसी कल्पित नायिका के प्रति रति भाव का अनुभव करता है। ऐसी स्थिति में काव्य में व्यक्त रति तथा निजी जीवन की वास्तविक या कल्पित रति के आस्वाद में कोई अन्तर ही नहीं हो सकता। इस प्रकार स्थायी भाव तथा रस में कोई अन्तर ही नहीं रहेगा—जीवन में अनुभूत प्रत्येक वास्तविक या कल्पनाजन्य भाव को ही रस मानना पड़ेगा जो एकदम असंगत होगा। काव्य में व्यक्त भाव के अनुभव या आस्वाद में तो काव्य के चमत्कार, बिम्ब, छन्द, लय, अभिनय आदि का भी योगदान रहता है जो अत्यन्त महत्त्वपूर्ण और रस-सिद्धान्त का आधार है। काव्यभाषा तथा अभिनयादि द्वारा ही साधारणीकरण होता है तभी स्थायी भाव रसत्व को प्राप्त करता है जो कि जीवन में सम्भव ही नहीं है।

(ग) आलम्बनत्व धर्म के साधारणीकरण की मान्यता क्या आलम्बन के साधारणीकरण का निषेध करती है? क्या आचार्य शुक्ल अपने पहले मत—आलम्बन के साधारणीकरण का खण्डन कर इस मत की स्थापना कर रहे हैं या वे दोनों मतों को (तीनों मतों को क्योंकि आगे वे कवि की अनुभूति के साधारणीकरण की बात करते हैं जिसका विवेचन नीचे किया जा रहा है) ठीक मानते हुए साधारणीकरण की तीन अलग-अलग व्याख्याएँ करते हैं? इस प्रश्न पर आचार्य शुक्ल ने विचार ही नहीं किया।

**4. कवि की अनुभूति का साधारणीकरण**—उपर्युक्त दोनों प्रसंगों में सहृदय के लिए काव्यगत आलम्बन के प्रति वे भाव पैदा नहीं होते जो वह काव्यगत आश्रय में जगाता है। जब रावण (आश्रय) राम (आलम्बन) पर क्रोध करता है तब सामाजिक के लिए रावण (जो काव्यगत आश्रय है) क्रोध का आलम्बन बना रहता है तथा दूसरे प्रसंग में जहाँ राम (आश्रय) के मन में सीताजी (आलम्बन) के प्रति रति भाव का अनुभव करते हैं, वहाँ भी सहृदय के मन में सीताजी (आलम्बन) के प्रति पूज्य भाव ही रहता है। दूसरी स्थिति का उत्तर जो शुक्ल जी ने आलम्बनत्व धर्म के साधारणीकरण के मत द्वारा दिया, मगर पहला प्रसंग अनुत्तरित ही रह जाता है।

प्राचीन समीक्षा सिद्धान्तों के अनुसार तो यह स्थिति रसाभास की स्थिति है। मगर आचार्य शुक्ल को रसाभास की स्थिति का ज्ञान नहीं था। यदि कोई क्रोधी और क्रूर पात्र किसी दीन-दुर्बल असहाय व्यक्ति पर क्रोध करता है तो वहाँ सामाजिक की अनुभूति का स्वरूप क्या होगा? इस प्रश्न पर विचार करते हुए शुक्ल जी ने चिन्तामणि भाग-1 में यहाँ तक कह डाला कि "पर रस की एक नीची अवस्था और है जिसका हमारे यहाँ के साहित्य ग्रन्थों में विवेचन नहीं हुआ (पृ. 231)। मगर इस अवस्था का विवेचन हुआ है और उसे पुराने आचार्यों ने रसाभास कहा है जिससे आचार्य शुक्ल अनभिज्ञ थे। उन्होंने यह माना है कि ऐसी स्थिति में "श्रोता या पाठक उक्त पात्र के शील-द्रष्टा या प्रकृति द्रष्टा के रूप में प्रभाव ग्रहण करेगा और यह प्रभाव भी रसात्मक ही होगा। पर इस रसात्मकता को हम मध्यम कोटि का ही मानेंगे।"[1] यहाँ सामाजिक के भाव की व्याख्या करते हुए उन्होंने कहा है :

"इस दशा में भी एक प्रकार का तादात्म्य और साधारणीकरण होता है। तादात्म्य कवि के उस अव्यक्त भाव के साथ होता है जिसके अनुरूप वह पात्र का स्वरूप संघटित करता है।"[2]

भारतीय काव्यशास्त्र में इन स्थितियों का स्पष्ट विवेचन हुआ है। शुक्ल जी का यह कथन उस प्रसंग पर भी लागू होता है जहाँ रावण राम पर क्रोध करता है। मगर इसकी ओर शुक्ल जी का ध्यान नहीं गया। यहाँ भी कवि गोस्वामी जी ने रावण की कल्पना एक व्यभिचारी-दुराचारी व्यक्ति के रूप में की है, इसलिए जहाँ भी रावण का चित्रण होता है और जिस रूप में भी—आश्रय या आलम्बन के रूप में होता है—वहाँ सामाजिक के मन में रावण के प्रति क्रोध और घृणा के भाव ही पैदा होते हैं और ये वही भाव हैं जिनके अनुरूप गोस्वामी जी ने रावण के चरित्र की संकल्पना की है और आचार्यों ने प्रसंगानुकूल इन स्थितियों में वीर रसाभास, रौद्र रसाभास या शृंगार रसाभास आदि माना है। शुक्ल जी के इस मत का अनुसरण करते हुए—हिन्दी में डॉ. नगेन्द्र आदि अन्य आलोचकों ने भी कवि की अनुभूति के साधारणीकरण की बात की, मगर उन्होंने शुक्ल जी का सन्दर्भ न देकर इस मत को अपने मौलिक मत के रूप में स्थापित किया है जो उचित और संगत नहीं है।

शुक्ल जी के इस मत में निम्नलिखित असंगतियाँ हैं :

(क) शुक्ल जी द्वारा उद्धृत स्थितियों का विवेचन प्राचीन समीक्षा में रसाभास के अन्तर्गत हुआ है जिसे शुक्ल जी अपनी सीमाओं के कारण नहीं समझ सके।

(ख) कवि की अनुभूति का साधारणीकरण पश्चिम के सम्प्रेषण सिद्धान्त का ही हिन्दी पर्याय है। साधारणीकरण तथा सम्प्रेषण सिद्धान्त की तुलना करते हुए

1. वही, पृ. 231
2. वही, पृ. 231, 32

स्पष्ट होता है कि सम्प्रेषण तो एक व्यावहारिक सत्य है–सामाजिक तथा कवि की अनुभूति का कविता के माध्यम से सम्प्रेषण होता है और इस सम्प्रेषण के लिए कवि भाषा का विशेष प्रयोग–जिसे आई.ए. रिचर्ड्स ने भाषा का भावोद्बोधक रूप (इमोटिव यूज़ ऑफ़ लैंग्वेज) कहा है। **मगर साधारणीकरण सिद्धान्त सम्प्रेषण की गम्भीर और स्पष्ट व्याख्या करता** हुआ यह स्पष्ट करता है कि कवि की अनुभूति का सम्प्रेषण तभी सम्भव होता है जब विभावादि–काव्य सामग्री–साधारणीकरण के प्रभाव से वैशिष्ट्य से मुक्त होकर साधारण प्रतीत होते हैं तथा इसी व्यापार के प्रभाव से सहृदय भी मोह-स्वार्थ भावना से मुक्त होकर एक सार्वभौम संवेदना में तल्लीन हो जाता है। **कवि की अनुभूति का साधारणीकरण नहीं होता बल्कि साधारणीकरण व्यापार के द्वारा विभावादि का साधारणीकरण होता है जिसके कारण कवि या पात्र की अनुभूति पाठक तक पहुँचने में समर्थ हो जाती है; काव्यानुभव में सम्प्रेषणीयता की क्षमता आ जाती है।**

## साधारणीकरण और आधुनिक समीक्षा

जब हम आधुनिक समीक्षा की बात करते हैं तो इससे एक तो हमारा एक सीमित अभिप्राय आधुनिक हिन्दी समीक्षा से होता है और दूसरी ओर विश्व भर के आधुनिक समीक्षा सिद्धान्तों से भी होता है। वस्तुतः आधुनिक हिन्दी समीक्षा और विश्व की काव्य-समीक्षा में गहरा और अन्तरंग सम्बन्ध है, क्योंकि आधुनिक सार्वभौम शिक्षा, जनसंचार के माध्यमों तथा इण्टरनेट आदि के विकास से जो एक विश्व गाँव–ग्लोबल विलेज़ का रूप उभर रहा है उसमें भाषागत या राष्ट्रीय सीमाओं के होते हुए भी शैक्षणिक–अकादमिक आदि स्तर पर उनका अतिक्रमण होना स्वाभाविक ही नहीं अनिवार्य भी है। इसी सन्दर्भ में भारतीय समीक्षा सिद्धान्तों की आधुनिक प्रासंगिकता पर विचार होना चाहिए जिस कार्य को करने के लिए भारतीय समीक्षा सिद्धान्तों तथा आधुनिक समीक्षा सिद्धान्तों के गम्भीर ज्ञान की अपेक्षा होती है। हिन्दी में इस तरह की स्थिति बहुत सीमित रूप में ही दिखाई देती है। भारत में प्राचीन भारतीय समीक्षा सिद्धान्तों के पारंगत विद्वानों की कमी नहीं है और हिन्दी में ऐसे लेखक-आलोचक भी हैं जिन्हें पाश्चात्य समीक्षा सिद्धान्तों का ज्ञान है और वे हिन्दी साहित्य को समझने-समझाने में उसका उपयोग करते हैं। मगर दोनों क्षेत्रों के विद्वान कम ही दिखाई देते हैं।

जैसा कि कहा जा चुका है, साधारणीकरण सिद्धान्त काव्य की एक बुनियादी समस्या के समाधान का गम्भीर प्रयास है। समस्या यह है कि काव्य में वैयक्तिक अनुभव की अभिव्यक्ति होती है मगर वह देशकाल की सीमाओं का अतिक्रमण कर सार्वभौम अनुभव बनने में सक्षम होता है। सवाल यह है कि काव्यानुभव में वैयक्तिकता या वैशिष्ट्य का अतिक्रमण करने की यह क्षमता कैसे आती है?

भारतीय समीक्षा में इस सवाल का जवाब भट्टनायक ने दसवीं शताब्दी में साधारणीकरण सिद्धान्त के द्वारा दिया—विभावादि का साधारणीकरण काव्यानुभव को सार्वभौम बनने में समर्थ बनाता है। पुरानी पाश्चात्य समीक्षा में अरस्तू आदि आचार्यों ने वैयक्तिक काव्यानुभव को सामाजिक से जोड़ने के संकेत तो दिये हैं मगर इस समस्या का कोई गम्भीर तर्कसंगत विवेचन नहीं किया। इस समस्या की ओर पश्चिम में सबसे पहले रोमांटिक कवियों का ध्यान गया और वर्ड्सवर्थ ने कहा है कि मनोवेग मानव स्वभाव के बुनियादी सिद्धान्तों को व्यक्त करते हैं। काव्य कवि—व्यक्ति—के शक्तिशाली मनोवेगों का सहज उच्छलन है और कविता के माध्यम से वे मनोवेग मानव मात्र के मनोवेग बन जाते हैं। उधर कांट जैसे दार्शनिकों तथा रोजर्स फ्राई जैसे सौन्दर्यशास्त्रियों ने यह स्थापना की कि सामाजिक को कलाओं से निष्प्रयोजन आनन्द की प्राप्ति होती है। मगर यह कैसे सम्भव हो पाता है? इसका उत्तर आई.ए. रिचर्ड्स ने मनोवैज्ञानिक आधार पर स्थित सम्प्रेषण सिद्धान्त द्वारा दिया। उनके अनुसार मनुष्य के मस्तिष्क में सम्प्रेषण करने एवं ग्रहण करने की एक अत्यन्त विकसित और स्वाभाविक अन्तरंग शक्ति होती है और यह सम्प्रेषण केवल भाषा द्वारा ही नहीं होता वरन् संकेतों एवं चिह्नों द्वारा भी होता है—चौराहे पर लालबत्ती से रुकने का संकेत सम्प्रेषित होता है तथा हरी बत्ती से चलने का। इसी प्रकार विज्ञान एवं गणित आदि जटिल विषयों में भी सम्प्रेषण के लिए भाषा के स्थान पर संकेतों आदि का उपयोग होता है।

काव्य एक अत्यन्त जटिल एवं उत्कृष्ट सृजन है जिसका स्वरूप भाषिक होता है। रिचर्ड्स ने माना कि भाषा के दो प्रकार के उपयोग होते हैं—एक सूचनात्मक, जिसका उपयोग विज्ञान एवं शास्त्र में होता है और दूसरा भावोद्बोधक जिसका उपयोग कविता में होता है। कविता की भाषा को भावोद्बोधक बनाने के लिए कवि अपनी प्रतिभा द्वारा रूपक प्रतीक आदि का प्रयोग करता है जिसमें अनेकार्थता होती है। मगर यह तो एक तथ्य है कि कवि भाषा के विशिष्ट प्रयोग के द्वारा वैयक्तिक अनुभव का सम्प्रेषण करता है मगर इस सम्प्रेषण की प्रक्रिया क्या है? इस 'विशिष्ट प्रयोग' से क्या तात्पर्य है? इन प्रश्नों का उत्तर रिचर्ड्स ने नहीं दिया। मगर आधुनिक समीक्षा में सम्प्रेषण सिद्धान्त प्रतिष्ठित होगा। जैसा कि कहा जा चुका है कि साधारणीकरण सम्प्रेषण के तथ्य की गम्भीर व्याख्या करता है जिसकी प्रतिष्ठा तो आरम्भ में दार्शनिक आधार पर हुई मगर उसे मनोवैज्ञानिक आधार पर भी समझा जा सकता है। मगर इस मनोवैज्ञानिक आधार की स्पष्ट व्याख्या सम्भव नहीं है क्योंकि अभी तक मनोविज्ञान सृजन प्रक्रिया को पूरी तरह समझा नहीं पाया है। इस सत्य को रिचर्ड्स ने भी स्वीकार किया है।

पाश्चात्य समीक्षा में काव्यानुभव के सम्प्रेषण और वैशिष्ट्य की व्याख्या करने के लिए सौन्दर्यशास्त्र में एक अन्य सिद्धान्त का उपयोग भी किया जाता है जिसे

मानसिक अन्तराल—साईकिकल डिस्टेंस—कहा जाता है। मूलतः मानसिक अन्तराल का सिद्धान्त काव्यानुभव के वैशिष्ट्य के स्वरूप की व्याख्या करता है और यह स्पष्ट करता है कि वह लोकानुभव से कैसे भिन्न हो जाता है। लोकानुभव और काव्यानुभव के बीच काव्य है—यानी कवि की प्रतिभा है तथा नाटक के सन्दर्भ में नटों का अभिनय, मंच-सज्जा आदि हैं। कवि अपनी प्रतिभा द्वारा भाषा के विशिष्ट प्रयोग की सहायता से काव्यानुभव को लोकानुभव से **एक भिन्न स्तर पर प्रतिष्ठित करता है।** यह जानते हुए भी कि काव्य के पात्र ऐतिहासिक, कविनिबद्ध और कल्पित हैं, सामाजिक उन्हें थोड़ी देर के लिए यथार्थ और वास्तविक मान लेता है। वह अपने अविश्वास का विसर्जन करता है क्योंकि वह नाटक देखने के लिए जाते समय इस बोध के साथ जाता है कि वह एक कला-जगत या काल्पनिक संसार में प्रवेश कर रहा है जिसे कवि तथा नट आदि अपनी प्रतिभा द्वारा वास्तविक रूप प्रदान करने में समर्थ होते हैं और सामाजिक उन्हें वास्तविक मान लेता है। नाटक चाहे कितना ही उत्कृष्ट क्यों न हो, जब तक अभिनय आदि उत्कृष्ट नहीं होते, उसका मंचन सफल नहीं होता क्योंकि सामाजिक के लिए वह नाटक यथार्थ नहीं बन पाता। और जब वह यथार्थ बन जाता है तो नाटक में व्यक्त मूल लोकानुभव और नाट्यानुभव में एक गुणात्मक अन्तर आ जाता है। दोनों प्रकार के अनुभवों में सामाजिक की दृष्टि से मानसिक अन्तराल पैदा हो जाता है—लोकानुभूति और काव्यानुभूति के स्तर भिन्न हो जाते हैं।

सामाजिक के काव्यानुभव की इस प्रक्रिया को भारतीय आचार्यों ने सदियों पहले साधारणीकरण सिद्धान्त द्वारा स्पष्ट किया। मम्मट ने इसकी बहुत सरल एवं सटीक व्याख्या की जब उन्होंने यह कहा कि सामाजिक और काव्य के पात्रों, स्थितियों—विभावादि, के साथ उसका अनुभव लौकिक अनुभव से बुनियादी तौर पर भिन्न होता है। लौकिक अनुभव में मित्रता, शत्रुता, तटस्थता के होने या न होने की स्थितियाँ बनी रहती हैं, मगर साधारणीकरण व्यापार के प्रभाव से सामाजिक इन छहों प्रकार के सम्बन्धों से मुक्त हो जाता है और काव्यानुभव लोकानुभव की तुलना में एक उच्चतर एकदम भिन्न स्तर पर प्रतिष्ठित होता है। इस रूप में भारतीय समीक्षा में सदियों पहले प्रतिष्ठित साधारणीकरण सिद्धान्त आज भी इस सन्दर्भ में संसार के अन्य सिद्धान्तों—सम्प्रेषण सिद्धान्त तथा मानसिक अन्तराल का सिद्धान्त—से कहीं अधिक सार्थक एवं गम्भीर है।

पश्चिम में क्रोचे ने काव्य को आत्मा का व्यापार मानते हुए उसे अभिव्यंजना माना है। यहाँ अभिव्यंजना का अर्थ है, कवि के मन में रूपों, बिम्बों आदि का उदय। इतना ही नहीं, क्रोचे के लिए अभिव्यंजना और कला का सृजन पर्याय हैं। इस प्रकार क्रोचे ने काव्य तथा कला के सृजन को कलाकार सापेक्ष माना है तथा उसने सामाजिक की यानी सम्प्रेषण की उपेक्षा की है। इस प्रकार पश्चिम में काव्य

के सन्दर्भ में अभिव्यंजना और सम्प्रेषण दोनों विरोधी गुण माने गये हैं तथा कलावादी अभिव्यंजना को केन्द्रीय व्यापार मानते हैं तथा लोकहितवादी सम्प्रेषण को काव्य का मूल व्यापार मानते हैं। मगर साधारणीकरण सिद्धान्त के अन्तर्गत अभिव्यंजना और सम्प्रेषण दोनों विरोधी व्यापार नहीं हैं। काव्य अभिव्यंजना भी है, काव्यवस्तु–विभावादि का संयोग भी है जो कवि की प्रतिभा से व्यक्त होता है तथा काव्य सम्प्रेषण भी है जो साधारणीकरण द्वारा सम्भव होता है। इस प्रकार भारतीय समीक्षा सिद्धान्तों में काव्य के सन्दर्भ में अभिव्यक्त काव्यवस्तु–विभावादि–के साधारणीकरण द्वारा ही काव्यानुभव सामाजिक तक सम्प्रेषित होता है। इस दृष्टि से स्पष्ट है कि भारतीय काव्य-चिन्तन काव्य को उसकी पूर्णता में देखता है तथा साधारणीकरण और उसके परिणामस्वरूप होने वाले सम्प्रेषण को अभिव्यंजना का अनिवार्य गुण मानता है। इस रूप में विभावादि का साधारणीकरण आज तक के काव्य-चिन्तन का एक महत्त्वपूर्ण सिद्धान्त है।

## रस का स्वरूप

जैसा कि पहले कहा जा चुका है, भरत से आचार्य शुक्ल तक प्रायः दो हजार वर्षों तक रस, काव्य का एक प्रतिमान रहा है–चाहे उसे अलंकार माना गया हो, चाहे उसे सहृदय की अनुभूति माना गया हो। साथ ही यहाँ तीन महत्त्वपूर्ण बातें स्पष्ट करना अनिवार्य है–एक, भरत ने रस-सिद्धान्त की स्थापना नाटक या दृश्य काव्य के सन्दर्भ में की थी और दो, इसलिए (श्रव्य) काव्यशास्त्रियों भामहादि ने रस को अलंकार में समाविष्ट किया तथा तीन, प्रायः दसवीं शती के आस-पास अभिनवगुप्त ने रस-सिद्धान्त की दार्शनिक व्याख्या करते हुए उसे काव्यमात्र–दृश्य एवं श्रव्य दोनों के लिए केन्द्रीय तत्त्व मान लिया। इसका परिणाम यह हुआ कि अभिनवगुप्त के बाद से रस को सहृदय की अनुभूति मानते हुए उसे काव्य का केन्द्रीय प्रतिमान या साध्य मान लिया गया तथा अलंकार, रीति आदि अन्य प्रतिमानों को रस का साधन माना गया। मेरे विचार से यह मान्यता भारतीय काव्य-चिन्तन के विकास में बाधक सिद्ध हुई क्योंकि इस मत को एकाध अपवाद के सिवाय सभी स्वीकार करते गये–रस ही काव्य की आत्मा या प्रधान प्रतिमान मान लिया गया। इस मान्यता का कारण यह है कि अभिनवगुप्त ने रसानुभूति को ब्रह्मास्वाद का सहोदर माना और इस मान्यता के साथ ही रस काव्य का एकमात्र प्रतिमान या परम साध्य मान लिया गया–वैसे ही जैसे जीवन में ब्रह्मानुभूति को ही परम साध्य माना जाता है। परिणाम यह हुआ कि अभिनव का रस विषयक मत–रस सहृदय की अनुभूति है तथा वह ब्रह्मास्वादसहोदर है, सर्वमान्य हो गया और आज तक रस के स्वरूप के बारे में यही मत पढ़ा-पढ़ाया जाता है। रस की सभी विशेषताओं को विश्वनाथ

ने 'साहित्य दर्पण' में दो कारिकाओं में प्रस्तुत कर दिया है और इन्हीं के आधार पर सहृदय की अनुभूति रूप रस की व्याख्या की जा रही है।

**1. सत्त्वोद्रेक**–रस को एक सात्त्विक अनुभूति माना गया है। सांख्य दर्शन के अनुसार प्रकृति के तीन गुण हैं : सतोगुण, जो ज्ञान और प्रकाश का प्रतीक है, रजो गुण, जो कर्म और दुख का प्रतीक है तथा तमोगुण, जो मोह और अन्धकार का प्रतीक है। रस की अनुभूति एक सात्त्विक अनुभूति होती है क्योंकि साधारणीकरण के परिणामस्वरूप ही रस की अनुभूति होती है तथा साधारणीकरण की स्थिति में सहृदय सभी प्रकार के लौकिक सम्बन्धों का–मित्र भाव, शत्रु भाव या तटस्थ भाव का अतिक्रमण कर जाता है। सांख्य दर्शन के अनुसार यह माना जाता है कि जब इन तीन गुणों में से किसी एक का उद्रेक होता है तो शेष दोनों गुण दब जाते हैं। इससे यह भी स्पष्ट होता है कि यद्यपि रस ही काव्य की आत्मा है, मगर रस या रस का आनन्द अनिवार्यतः सात्त्विक या नैतिक होता है। इस मान्यता को स्वीकार करने के बाद आनन्द और नैतिकता के द्वन्द्व की जो बात काव्य के उद्देश्य के सम्बन्ध में की जाती है, वह सवाल रस-सिद्धान्त के सम्बन्ध में पैदा ही नहीं होता।

यद्यपि सतही तौर पर उपर्युक्त स्थापना सही प्रतीत होती है मगर गम्भीर विश्लेषण करने पर इसमें कई सवाल पैदा होते हैं। उदाहरण के लिए सामान्यतः रस के अन्तर्गत रस, रसाभास, भाव और भावाभास को स्वीकार किया जाता है। इसलिए यह सवाल पैदा होता है कि उपर्युक्त स्थापना क्या सिर्फ रस पर ही खरी उतरती है या रसाभासादि पर भी? स्पष्ट है कि उक्त मान्यता रस पर ही खरी उतरती है रसाभासादि पर नहीं। उदाहरण के लिए जब रावण राम पर क्रोध करता है तो वह रौद्र रसाभास है और न तो वह सात्त्विक ही है और न ही आनन्दमय। इसलिए आचार्य विश्वनाथ ने अपने काव्य लक्षण 'वाक्यं रसात्मकम् काव्यम्', में रस के अन्तर्गत रसाभासादि को भी जो समाहित किया है, वह उचित नहीं है तथा सत्त्वोद्रक केवल रस में ही माना जा सकता है, रसाभासादि में नहीं। तथा 'रसाभासादि' को भी रस के अन्तर्गत समाविष्ट करने से आचार्य विश्वनाथ की रस सम्बन्धी मान्यता में अन्तर्विरोध पैदा हो जाता है।

इसके अतिरिक्त भट्टनायक ने यह माना है कि सहृदय की रसानुभूति में प्रधानता तो सत्त्वगुण की होती है मगर उसमें रजोगुण तथा तमोगुण का अनुवेध रहता है। यह मत अधिक समीचीन प्रतीत होता है क्योंकि वीभत्स, रौद्रादि रसों में तथा भाव, भावाभास एवं रसाभास की स्थितियों में पीड़ा, क्षोभ, उद्वेग आदि का अनुभव थोड़ा बहुत रहता ही है।

**2. अखण्ड**–रसानुभूति को एक अखण्ड अनुभूति माना गया है। कारण यह है कि रस-निष्पत्ति तो तीन अवयवों से होती है : विभाव, अनुभाव और संचारी

भाव। इसलिए यहाँ यह सवाल पैदा होना स्वाभाविक है कि जब सामाजिक को रसानुभूति होती है तो क्या उसे विभावादि का पृथक् रूप से बोध रहता है या विभावादि का बोध रसानुभूति में परिणत हो जाता है तथा रसास्वाद एक अखण्ड अनुभव बन जाता है। यहाँ भरत द्वारा दिये गये उदाहरण से यह स्थिति स्पष्ट की जा सकती है। प्रपानक रस में नमकीन, मीठे, तिक्त, कड़वे आदि अनेक तत्त्वों का सम्मिश्रण होता है मगर प्रपानक रस में ये सभी तत्त्व घुल-मिल कर एक हो जाते हैं तथा प्रपानक रस का आस्वाद इन सबका मिश्रित आस्वाद होते हुए भी अखण्ड होता है—इन सब द्रव्यों से निर्मित होने पर भी प्रपानक रस में इन द्रव्यों का अलग-अलग आस्वाद नहीं होता वरन् उन सबके एकमेक हो जाने से एक नये रस का आस्वाद होता है जो अखण्ड होता है। नाटक के सन्दर्भ में विचार किया जाये तो वहाँ अनेक पात्र (आलम्बन विभाव), परिवेश (उद्दीपन विभाव), स्मृति, कम्प, स्वेद आदि संचारी भाव तथा कायिक, वाचिक आदि अनुभावों का प्रस्तुतीकरण होता है। ध्यान देने की बात है कि नाटक के मंचन के सन्दर्भ में अनुभाव तथा संचारी भाव अभिनय के ही पर्याय हैं—इन्हीं के द्वारा अभिनेता अपने अगोचर भावों एवं अनुभूतियों को व्यक्त करते हैं, उन्हें सामाजिक के लिए गोचर बनाते हैं। भरतमुनि के रस सूत्र से—जिसे सभी आचार्यों ने स्वीकार किया है—स्पष्ट होता है कि विभावादि सभी अवयवों की सम्पृक्ति ही रसास्वाद में परिणत हो जाती है—रसास्वाद की स्थिति में उनका स्वतन्त्र रूप से बोध नहीं रहता। बुनियादी बात यह है कि नाटक के मंचन की स्थिति में विभावादि तथा मंच-सज्जा का अनेकनामरूपात्मक बोध अखण्ड रसानुभूति में परिणत हो जाता है। रसानुभूति या काव्यानुभूति की यह अखण्डता आई.ए. रिचर्ड्स के काव्य मूल्य-विरोधी आवेगों के समतोल में सम्भव नहीं है। इस पर आगे विस्तार से विचार किया जायेगा।

**3. स्वप्रकाश**—संसार के सभी पदार्थों को दो वर्गों में रखा जा सकता है—एक, सूर्य, दीपादि जो स्वप्रकाश हैं तथा घटपटादि जो दूसरों के प्रकाश से प्रकाशित होते हैं। रस स्वप्रकाश है अर्थात् 'सामाजिक को रसानुभूति हो रही है', इस स्थिति के ज्ञान के लिए उसे किसी अन्य ज्ञान के साधन की अपेक्षा नहीं होती है। रसानुभूति बोध स्वरूप ही होती है।

**4. आनन्दमय : करुण रस का आस्वाद**—रसानुभूति आनन्दमय मानी जाती है। यद्यपि अधिकांश आचार्य इस मत को मानते हैं, मगर ऐसे आचार्य भी हुए हैं जिन्होंने रस को सुख-दुखात्मक माना है। जैसे—रामचन्द्र गुणचन्द्र और आचार्य शुक्ल। रस की आनन्दमयता को सिद्ध करने के लिए आचार्य विश्वनाथ ने यह तर्क दिया है कि यदि शोकादि दुखद भावों की अभिव्यक्ति करने वाले काव्यों की अनुभूति सामाजिकों के लिए दुखात्मक ही होती तो वे उसके **दर्शन, श्रवण** या अध्ययन में प्रवृत्त ही क्यों होते? उल्टे यह भी देखा जाता है कि अनेक सामाजिक

कामदी की अपेक्षा त्रासदी को श्रेष्ठ मानते हैं। इस दृष्टि से पाश्चात्य काव्यशास्त्री अरस्तू का मत तो स्पष्ट ही है—वे कामदी की अपेक्षा त्रासदी को—जिसके मूल भाव त्रास और करुणा हैं—श्रेष्ठ मानते हैं। आचार्य विश्वनाथ ने यह भी कहा है कि करुणादि दृश्यों में कई सामाजिक रोने लगते हैं। इन अश्रुओं को विश्वनाथ ने आनन्दातिरेक के आँसू माना है। मगर आचार्य शुक्ल ने इस मत को अस्वीकार किया है और उसका उपहास उड़ाया है। आचार्य विश्वनाथ के उपर्युक्त तर्क को **लौकिक तर्क** कहा जा सकता है।

**कलात्मक तर्क**—लौकिक तर्क की अपेक्षा कलात्मक तर्क अधिक गम्भीर और महत्त्वपूर्ण है। आचार्य विश्वनाथ ने तो एक तथ्य का वर्णन भर कर दिया है कि सामाजिक करुणादि रस प्रधान काव्यों की ओर आकर्षित होते हैं, इसलिए इन काव्यों का आस्वाद आनन्दमय होता ही होगा, अन्यथा कौन दुखद स्थितियों या प्रसंगों को स्वीकृति प्रदान करता है। मगर इससे मूल प्रश्न का समाधान नहीं होता, जिसे प्रायः करुण रस के आस्वाद की समस्या के रूप में रखा जाता है। करुण रस प्रधान काव्य—वाल्मीकि कृत 'रामायण' या भवभूति कृत 'उत्तररामचरितम्', भारतेन्दुकृत 'भारत दुर्दशा', प्रेमचन्द कृत 'गोदान' या 'रंगभूमि' आदि दुख-प्रधान होते हुए भी क्यों सामाजिकों द्वारा पढ़े या देखे जाते हैं? क्यों ये रचनाएँ जो दुखात्मक भावों का विस्तृत निरूपण करती हैं, इतनी महत्त्वपूर्ण मानी जाती हैं?

मेरे मत में इसका प्रधान कारण है, कलात्मकता। काव्य कृतियाँ जीवन को व्यक्त करती हैं मगर वे जीवनवत् नहीं हैं। काव्य संसार और लौकिक संसार **गुणात्मक रूप से दो भिन्न संसार हैं** तथा इसीलिए दोनों के नियम, उनकी संरचना और प्रभावों में बुनियादी अन्तर होता है। इसलिए साधारणीकरण सिद्धान्त के द्वारा ही काव्य के दुखात्मक भाव आनन्दमय हो जाते हैं। इसकी बड़ी स्पष्ट व्याख्या **मम्मट** ने 'काव्य प्रकाश' में की है जिसमें यथार्थ सृष्टि तथा कलात्मक सृष्टि का अन्तर स्पष्ट हो जाता है।

**मम्मट** के अनुसार लोक में व्यक्ति के तीन प्रकार के सम्बन्ध हो सकते हैं—मित्र का, शत्रु का और तटस्थ का, जो न मित्र है और न शत्रु। इसीलिए जीवन में जब हमारे मित्र के साथ कोई सुखद या दुखद घटना होती है तो हमें भी सुख या दुख होता है, जब शत्रु के साथ कोई सुखद या दुखद घटना होती है तो हमें शत्रुता और ईर्ष्या के कारण दुख या सुख के विपरीत अनुभव होता है और जब किसी तटस्थ और अनजान व्यक्ति के साथ कोई सुखद या दुखद घटना होती है तो हम उससे उदासीन रहते हैं या संवेदनशील व्यक्ति को हल्के सुख या दुख का अनुभव होता है। यह तो स्थिति है यथार्थ सृष्टि की। मगर काव्य सृष्टि में साधारणीकरण के व्यापार के प्रभाव से शत्रुता आदि के सारे बोध विलीन हो जाते हैं। ये बोध छह तरह के हो सकते हैं—(1) यह मेरा शत्रु है, (2) यह मेरा शत्रु

नहीं है, (3) यह मेरा मित्र है, (4) यह मेरा मित्र नहीं है, (5) यह मेरा तटस्थ है, तथा (6) यह मेरा तटस्थ नहीं है। इस प्रकार काव्य के पात्रों से सामाजिक के सम्बन्ध लौकिक सम्बन्धों से बुनियादी रूप से भिन्न होते हैं। उदाहरण के लिए दुष्यन्त, होरी या सूरदास से हमारा सम्बन्ध लौकिक सम्बन्ध से भिन्न है, वह शुद्ध भावात्मक सम्बन्ध है जिसका कारण साधारणीकरण है। दुष्यन्त, सूरदास या होरी से सामाजिक का जो सम्बन्ध स्थापित होता है, वह लौकिक यथार्थ सम्बन्ध से बिल्कुल भिन्न कल्पनामूलक, रागात्मक, कलात्मक सम्बन्ध है इसलिए वह लौकिक सम्बन्धों के प्रभावों से गुणात्मक रूप से भिन्न प्रभावों को जन्म देता है जो हमारे लौकिक बोध एवं सम्बन्धों को परिष्कृत, उदात्त और अधिक दृढ़ बनाते हैं। इसीलिए भारतीय काव्य-चिन्तन में लौकिक सृष्टि और काव्यसृष्टि को भिन्न माना गया है और काव्य को लोकोत्तर कहा गया है, अलौकिक नहीं। तात्पर्य यह है कि काव्यसृष्टि लौकिक नियमों को अस्वीकार करती है। इसका यह अर्थ नहीं है कि काव्य को लोक से कोई सम्बन्ध नहीं है। वस्तुतः काव्य का लोक से बहुत गहरा सम्बन्ध है, इसलिए निपुणता या व्युत्पत्ति—जो लोक, काव्य और शास्त्र के अवेक्षण से प्राप्त होती है, काव्य का हेतु या काव्य के लिए अनिवार्य मानी गयी है।

स्पष्ट है कि साधारणीकरण पर आधारित यह कलात्मक तर्क आधुनिक काव्य-चिन्तन के ही अनुरूप है। काव्य व्यक्ति का सामाजिक कर्म होते हुए भी इसी सिद्धान्त के कारण लौकिक बोध को समृद्ध करते हुए लौकिक मानसिकता का अतिक्रमण कर जाता है, सामाजिक नियमों से आबद्ध न होते हुए भी व्यक्ति की सामाजिक भावना को परिष्कृत करता है, उसे समृद्ध करता है।

**दार्शनिक तर्क**—पहले कहा जा चुका है कि भामह आदि ने मोक्ष को भी एक काव्य प्रयोजन माना है। अभिनवगुप्त ने दर्शन का सहारा लेते हुए काव्यानन्द या रस को संविद्विश्रान्ति से जोड़ा है—रसानुभूति की स्थिति में ब्रह्मस्वरूप आत्मा सभी कुंचकों से या मोह से मुक्त हो जाती है, निर्विघ्न हो जाती है और ब्रह्मानन्द का ही रति आदि के माध्यम से रस रूप में अनुभव करती है। इस स्थिति का बड़ा सम्बद्ध एवं सरल वर्णन पण्डितराज जगन्नाथ ने 'रसगंगाधर' में किया है। उन्होंने दीपक के प्रकाश के उदाहरण द्वारा यह स्पष्ट किया है—यदि दीपक को किसी मोटे आवरण से ढँक दिया जाये तो उसका प्रकाश अवरुद्ध हो जाता है। अगर दीपक को किसी नीले या लालादि झीने कपड़े से ढँका जाये तो वही दीपक या प्रकाश नीला या लालादि हो जायेगा। इसी प्रकार ब्रह्मस्वरूप आत्मा नित्य आनन्दमय है। मगर लौकिक स्थिति में आत्मा पर मोह या अज्ञान के कई आवरण पड़े रहते हैं जिसके कारण व्यक्ति आनन्द का अनुभव नहीं कर सकता, मोह के आवरणों में आत्मा का आनन्द छिप जाता है। काव्य के श्रवणादि से आत्मा पर पड़े आवरण भग्न हो जाते हैं, केवल रति आदि स्थायी भावों के झीने आवरण रह जाते हैं जिनसे

होकर व्यक्त होने वाले आनन्द का सामाजिक शृंगार रसादि के रूप में भोग करता है। चेतना का यह आनन्द ही रस है जिसके अन्य सारे आवरण भग्न हो जाते हैं मगर केवल रति आदि स्थायी भावों के आवरण रह जाते हैं जिनके माध्यम से आत्मा का आनन्द व्यक्त होता है और रस कहलाता है। इस तर्क की सीमा यह है कि इसे वही स्वीकार कर सकता है जो आध्यात्मिकता या वेदान्तादि पर विश्वास करता हो। इसलिए यह तर्क पूर्णतः मान्य नहीं है।

लेकिन ऐसे आचार्य भी हैं जो रस को सुख-दुःखात्मक मानते हैं। रामचन्द्र गुणचन्द्र ने 'नाट्य दर्पण' में कहा है कि "सुखदुःखात्मको रसः"। आचार्य शुक्ल भी रस को सुख-दुःखात्मक मानते हैं। मगर जिस प्रकार काव्य से प्राप्त होने वाला सुख लौकिक सुख से भिन्न होता है, उसी प्रकार काव्य में व्यक्त करुण रसादि भी शोक आदि लौकिक अनुभवों से भिन्न होते हैं। कारण स्पष्टतः साधारणीकरण ही है। काव्य के सुख-दुःखात्मक भाव लौकिक स्वार्थपरक सम्बन्धों से निर्धारित नहीं होते, शुद्ध रागात्मक सम्बन्धों से निर्धारित होते हैं।

रामचन्द्र गुणचन्द्र ने इसका दूसरा कारण भी दिया है जो आज भी प्रासंगिक है। सामाजिक रंगमंच एवं विभावादि तथा अभिनय आदि की सम्पृक्ति से व्यक्त भाव या रस का आस्वाद करता है। श्रव्यकाव्य में भाषा, छन्द, अलंकारादि सौन्दर्य विधायक तत्त्वों द्वारा व्यक्त भावों का आस्वादन करता है। इस प्रकार सहृदय का काव्यास्वाद काव्य की समग्रता का, भाषा, कार्यव्यापार, परिवेश, उद्देश्यादि की सम्पृक्ति का आस्वाद है, इसलिए वह आकर्षित करता है। उदाहरण के लिए निराला कृत 'राम की शक्ति-पूजा' में व्यक्त राम की आरम्भिक पराजय और अमानिशा का अन्धकार कविता के शब्द प्रयोग के वैशिष्ट्य और संरचनागत कौशल के कारण आस्वाद्य हो जाता है।

वस्तुतः रस के स्वरूप के बारे में बहुत-से विवाद एवं भ्रान्तियाँ इसलिए पैदा हुई हैं कि रस को अपने आप में एक समग्रता या पूर्णता के रूप में मान कर उसे उन सब घटक उपकरणों से विलग कर दिया है जिनके संयोग से उसकी निष्पत्ति होती है। उदाहरण के लिए दो स्थितियाँ लीजिए—एक, जब राम रावण पर क्रोध करते हैं तथा दो, जब रावण राम पर क्रोध करता है। दोनों ही स्थितियों के विभावादि सतही तौर पर तो रौद्र रस के ही हैं मगर वास्तविकता यह है कि राम तथा रावण के चरित्र, कर्मों एवं लक्ष्यों में प्रकाश और अन्धकार-सा विरोध है। इसलिए दोनों स्थितियों में सामाजिक के मन में जो अनुभूति (रसानुभूति) पैदा होती है, वह एकदम विरोधी है। कारण स्पष्ट है। रावण के चरित्रादि के अनुरूप ही उसकी अनुभूतियों की प्रतिक्रिया सामाजिक में होगी तथा सामाजिक का रावण से और उसकी अनुभूतियों से कभी भी तादात्म्य सम्भव नहीं है। अपने अनैतिक तथा समाज विरोधी चरित्र के कारण रावण का व्यक्तित्व सामाजिक को कभी भी मान्य या स्वीकार्य

नहीं होगा तथा इसीलिए रावण की अनुभूति भी सामाजिक को स्वीकार्य नहीं होगी। जब राम रावण पर क्रोध करते हैं तो सामाजिक का राम से पूर्णतः तादात्म्य होता है और उसके मन में भी रावण के प्रति क्रोध या रौद्र आदि की अनुभूतियाँ पैदा होती हैं। मगर जब रावण पर क्रोध करता है जो सामाजिक के मन में रावण के प्रति आक्रोश, क्रोध या रौद्र की अनुभूति ही पैदा होगी। इसलिए रसानुभूति को उसकी समग्रता में देखना अनिवार्य है, रस को विभाव, अनुभाव और संचारी भाव से संयुक्त करके ही समझना आवश्यक है तथा सहृदय का रसास्वाद विभावादि के पूर्ण स्वरूप के अनुरूप ही होगा। इसीलिए राम का रावण पर क्रोध रस में परिणत होता है मगर रावण का राम पर क्रोध रस में परिणत नहीं होता, इसलिए वहाँ **रसाभास** माना जाता है। रसाभास की ओर अधिक ध्यान देने की अपेक्षा अभी तक बनी हुई है और उस पर आगे विचार किया जायेगा। मूल बात यह है कि रस निष्णात विभावादि, आलम्बन-पात्रादि, उद्दीपन परिवेश, अनुभाव—भाषा, घटनाएँ, कर्म, संघर्ष आदि तथा संचारी भाव—पात्रों के चरित्र की गतिशीलता और स्वरूपादि के संयोग की निष्पत्ति हैं और यह निष्पत्ति पात्रादि के स्वरूप के अनुसार ही होगी। इसी के अनुरूप ही सामाजिक की अनुभूति भी होगी। एक आधुनिक उदाहरण से भी यह बात समझी जा सकती है। पाठक की अनुभूति का तादात्म्य सूरदास के साथ ही सम्भव है, जॉन के साथ नहीं। पाठक का तादात्म्य होरी से होता है, मातादीन से नहीं।

रस के स्वरूप की अन्य विशेषताएँ रस की आनन्दमयता के उपर्युक्त आध्यात्मिक विवेचन से ही सम्बद्ध हैं और एक तरह से उक्त आध्यात्मिक रसानुभूति के ही गुण हैं।

**5. चिन्मय**—संसार दो मूल तत्त्वों से निर्मित है—एक, जड़ पदार्थ और दूसरे, चेतन या चिन्मय। इस वर्गीकरण के सन्दर्भ में रस एक चेतन अनुभूति है, इसीलिए उसे चिन्मय कहा गया है। वैसे तो भाव की अनुभूति भी चिन्मय ही है क्योंकि भाव की परिभाषा ही यह है कि शान्त चेतना की कोई भी विक्रिया भाव कहलाती है। चेतना आत्मा या मन की ही अनुभूति होने के कारण रस को चिन्मय माना जाता है।

**6. वेद्यान्तरस्पर्शशून्य**—रसानुभूति में तल्लीन व्यक्ति को सिवाय उस अनुभूति के और किसी विषय का ज्ञान नहीं होता, इसीलिए यह कहा गया है कि रस में किसी भी अन्य वेद्य या ज्ञेय सत्ता का स्पर्श नहीं होता—वैसे ही ब्रह्मानन्द में सिवाय ब्रह्मानन्द के अन्य कोई भी ज्ञान या संवेदना नहीं होती। यह तो रस की आध्यात्मिक व्याख्या की बात हुई। मगर मनोवैज्ञानिक (रस शास्त्रीय) दृष्टि से देखा जाये तो रस-निष्पत्ति विभावादि के संयोग से होती है और इस संयोग से उत्पन्न अनुभूति में विभावादि का ज्ञान चाहे प्रत्यक्ष रूप से न हो मगर वह अन्तश्चेतना में बराबर

विद्यमान रहता है, विद्यमान ही नहीं, सहृदय की रसानुभूति को निर्धारित एवं नियन्त्रित भी करता है। यही कारण है कि राम रावण पर क्रोध करते हैं तथा जब रावण राम पर क्रोध करता है तो दोनों स्थितियों में काव्यशास्त्रीय दृष्टि से विभावादि के रहते हुए भी दोनों स्थितियों की सामाजिक की अनुभूतियों में अन्तर और विरोध होता है क्योंकि स्थूल रूप से विभावादि का ज्ञान न रहने पर भी रसानुभूति की स्थिति उनके स्वरूप के ज्ञान द्वारा ही निर्धारित होती है।

**7. ब्रह्मास्वादसहोदर**–रसानुभूति को ब्रह्मास्वादसहोदर कहा गया है। मेरा मत है कि व्युत्पत्ति की दृष्टि से 'उदर' का अर्थ है 'पेट' अर्थात् स्रोत। इसलिए मेरे विचार से इसका अर्थ यह है कि ब्रह्मास्वाद तथा रसास्वाद का स्रोत एक ही है–यानी आत्मा ही है। इस सत्य को पण्डितराज जगन्नाथ द्वारा दिये गये उपर्युक्त उदाहरण से सहज ही समझा जा सकता है–ब्रह्मास्वाद तथा रसास्वाद दोनों का स्रोत आत्मा है। अन्तर यह है कि ब्रह्मास्वाद निरावृत आत्मानन्द या ब्रह्मानन्द है तथा रसानुभूति रति आदि स्थायी भावों के आवरण से व्यक्त ब्रह्मास्वाद है–स्रोत दोनों का ही आत्मा है।

**8. लोकोत्तरचमत्कारप्राण**–उपर्युक्त विवेचन को ही आगे बढ़ाते हुए कहा जा सकता है कि ब्रह्मास्वाद तो अलौकिक है–इस लोक के सभी अनुभवों से **विलक्षण तथा परात्पर**–मगर रसानुभूति लोकोत्तर है–लौकिक अनुभूतियों से **भिन्न** है। इस बात को इस रूप में व्यक्त किया गया है कि ब्रह्म की प्राप्ति के साधक के लिए काव्य एवं संगीत वर्जित हैं क्योंकि दोनों का मूल वासना या इच्छा है मगर ब्रह्मास्वाद वासना के दमन के उपरान्त ही सिद्ध होता है। मगर काव्य का आनन्द तो सहृदय या सुमनस सामाजिक को ही प्राप्त हो सकता है। जिस सामाजिक में वासना नहीं है, उसे रसानुभूति प्राप्त नहीं हो सकती तथा उसे काठ या पत्थर के समान माना गया है। इसीलिए यह भी माना जाता है कि वेदाभ्यासजड़मुनि–जिसने सारी कामनाओं को जीत लिया है–को काव्यानुभूति नहीं हो सकती।

आधुनिक दृष्टि से रसानुभूति की लोकोत्तरता वाली विशेषता महत्त्वपूर्ण है क्योंकि प्लेटो से लेकर पाश्चात्य आधुनिक सौन्दर्यशास्त्र तथा काव्य-चिन्तन में काव्यानुभूति को लोकानुभूति से विलक्षण यानी लोकोत्तर ही माना गया है। इस पक्ष का आगे विस्तार से विवेचन किया जायेगा।

**9. स्वाकार से अभिन्न**–इसका तात्पर्य है कि रसानुभूति के समय सहृदय पूरी तरह से रस के प्रति समर्पित होता है। तल्लीनता की इस स्थिति में उसे अपने पृथक् अस्तित्व का भान तक नहीं होता। यद्यपि रस की निष्पत्ति सामाजिक से इतर तत्त्वों विभावादि से होती है मगर जब वह उसकी अनुभूति करता है तो अपने-पराये का यह भेद मिट जाता है। इसे ही आचार्य शुक्ल ने लोकसामान्यभावभूमि कहा है–जहाँ व्यक्ति अपने-पराये का भेद भूल जाता है तथा वह स्वार्थमय सम्बन्धों

का अतिक्रमण कर हृदय की मुक्तावस्था या रस दशा का अनुभव करता है।

उपर्युक्त विवेचन में रस के उस स्वरूप की व्याख्या की गयी है जिसका निरूपण अभिनवगुप्त ने किया है तथा जो इसी रूप में पढ़ाया जा रहा है। मगर क्या भरतमुनि का रस से यही अभिप्राय था? क्या वे रस को ब्रह्मानन्दसहोदर आनन्द के रूप में निरूपित करते हैं? क्या वे सहृदय को ही रस का आश्रय मानते हैं? मूल प्रश्न तो यही है। अगर सहृदय की अनुभूति रस है तो अभिनवगुप्त द्वारा की गयी इसकी आध्यात्मिक व्याख्या को एक व्याख्या के रूप में माना जा सकता है। मगर भरतमुनि, लोल्लट, शंकुक तथा भट्टनायक ने सामाजिक की अनुभूति को रस नहीं माना है—सामाजिक को रस का आश्रय नहीं माना है। यह बात रस-निष्पत्ति तथा साधारणीकरण के विवेचन के प्रसंग में कही जा चुकी है। यहाँ इन आचार्यों के रस के स्वरूप सम्बन्धी मतों पर अलग-अलग विचार किया जा रहा है जो आज भी रस को प्रासंगिक बनाता है। रस की अभिनवगुप्त वाली आध्यात्मिक व्याख्या को ही रस का स्वरूप मान लेने से रस को बहुत सीमित कर दिया गया है तथा इसीलिए आधुनिक काल में उसका इतना विरोध भी हुआ है। इसलिए रस के स्वरूप सम्बन्धी अन्य मतों पर भी विचार करना अत्यन्त आवश्यक है।

## रस-सिद्धान्त की आधुनिक प्रासंगिकता

**भरत के अनुसार रस का स्वरूप**—रस या काव्यानुभूति के तीन ही आश्रय हो सकते हैं—एक, रामादि मूल पात्र, दो, नटादि जो रामादि का अभिनय करते हैं तथा तीन, दर्शक जो नाटक देखता है, नटों द्वारा रामादि का अभिनय देखते हुए उन्हें रामादि समझता है। यहाँ यह भी प्रसंग उठना आवश्यक है कि जहाँ कथानक- विभावादि काल्पनिक या उत्पाद्य हैं वहाँ रस का आश्रय कौन होगा? और क्या यह आवश्यक है कि रस का आश्रय ही रस का भोक्ता हो सकता है? या क्या यह सम्भव है कि रस की निष्पत्ति तो रंगमंच पर अभिनीत होते हुए नाटक में होती है और दर्शक उसका आस्वाद करता है? दूसरे शब्दों में रस तथा रस के आस्वाद में अन्तर है तथा रस आस्वाद स्वरूप नहीं है। रस सूत्र की व्याख्या में भट्ट लोल्लट आदि ने ये सवाल उठाये हैं मगर उनके ग्रन्थ उपलब्ध नहीं होते तथा उनके मतों का आंशिक विवरण अन्य आचार्यों ने बहुत संक्षेप में दिया है। फिर भी उन संक्षिप्त विवरणों में भी कई महत्त्वपूर्ण स्थापनाएँ व्यक्त हुई हैं जो आधुनिक मतों के समकक्ष रखी जा सकती हैं।

भरतमुनि ने रस की और उसके आस्वाद की व्याख्या करते हुए रस सूत्र के स्पष्टीकरण में दो उदाहरण दिये हैं—एक, प्रपानक रस का और दूसरा, भात का। उन्होंने कहा है कि जिस प्रकार मीठे, कड़वे, तिक्त, नमकीन आदि पदार्थों के संयोग से प्रपानक रस बनता है और व्यक्ति उसका आस्वाद करता है, उसी प्रकार नाटक

में विभाव, अनुभाव और संचारी भाव के संयोग से रस-निष्पत्ति होती है और दर्शक उसका आस्वाद करता है। इस उदाहरण से दो महत्त्वपूर्ण बातें स्पष्ट होती हैं :

1. रस आस्वाद स्वरूप नहीं है वरन् रस एक 'पदार्थ' है जो 'आस्वाद्य' होता है; तथा

2. रस की निष्पत्ति विभावादि के संयोग से रंगमंच पर नाटक के अभिनय के अन्तर्गत होती है।

दूसरी बात की पुष्टि भरत के इस कथन से भी होती है कि "सुमनस प्रेक्षक वाचिक, आंगिक और सात्त्विक (अनुभावों) से उपेत स्थायी भावों का आस्वाद करते हैं तथा हर्षादि को प्राप्त करते हैं।" ध्यान देने की बात है कि अनुभाव वस्तुतः नाटक के सन्दर्भ में अभिनेता का अभिनय ही हैं—उसके संवाद, मुद्राएँ, चेष्टाएँ आदि ही हैं तथा नटों द्वारा स्थायी भावों की अभिव्यक्ति वाचिक आदि अनुभावों (जो अभिनय ही है) द्वारा होती है। इसलिए भरत के अनुसार रस का अर्थ हुआ "वाचिक, कायिक एवं सात्त्विक अनुभावों (अभिनय) द्वारा स्थायी भावों का उपेत होना" जो नट द्वारा सम्भव होता है तथा नट द्वारा स्थायी भावों की इस कलात्मक अभिव्यक्ति रूप रस का आस्वाद 'सुमनस प्रेक्षक' करते हैं तथा 'हर्षादि को प्राप्त होते हैं।" तात्पर्य यह है कि रस-निष्पत्ति तथा उसकी अभिव्यक्ति रंगमंच पर अभिनेताओं द्वारा होती है तथा दर्शक उसका भोग करते हैं, उससे चमत्कृत होते हैं। इसलिए भरत के अनुसार रस तथा उसके आस्वाद में अन्तर है, रस आस्वाद स्वरूप नहीं है।

ध्यान से देखा जाये तो नाटक के सन्दर्भ में भरत का यह मत आज भी इसी रूप में मान्य है और यही कारण है कि आज भी नाट्य कार्यशालाओं में भरतमुनि के नाट्यशास्त्र का महत्त्व कम नहीं हुआ।

यहाँ हम अनुमान से यह कह सकते हैं कि प्रपानक रस के समान नाट्य रस भी अनेक तत्त्वों से निष्पन्न होने के बावजूद भी अखण्ड है तथा जैसे प्रपानक रस में तिक्त और कटु घटक भी आस्वाद्य हो जाते हैं, वैसे ही रस के आस्वाद में शोकादि दुखद भाव भी आस्वाद्य हो जाते हैं।

मगर यहाँ यह स्पष्ट करना भी आवश्यक प्रतीत होता है कि प्रपानक रस का स्वाद तो एक जैसा ही होता है मगर विभिन्न रसों के आस्वादों में अन्तर होता है : शृंगार रस के आस्वाद तथा करुण रस के आस्वाद में अन्तर है मगर इस अन्तर की व्याख्या कहीं नहीं की गयी है। सभी रसों के समान गुणों, सत्वोद्रेकादि का ही उल्लेख किया गया है। इस अन्तर का आभास पण्डितराज जगन्नाथ के रस सम्बन्धी मत में दिखाई देता है जो सन्तोषजनक नहीं है। क्योंकि उन्होंने जो अलग-अलग रंगों के आवरण से दीपक के प्रकाश में अन्तर का संकेत किया है, वह विविध रसों के आस्वाद के स्वरूप के अन्तर को पूरी तरह स्पष्ट नहीं करता,

केवल यह व्यंजित करता है कि विभिन्न रसों के आस्वाद में अन्तर है। सत्त्वोद्रेक द्वारा तो उनकी समानता की विस्तृत रूप से व्याख्या की गयी है। हाँ, दुखात्मक भावों के रसास्वाद पर अलग से विचार तो किया गया है मगर जहाँ तक उनके स्वरूप का सवाल है वह सत्त्वोद्रेकादि सामान्य विशेषताओं द्वारा ही स्पष्ट किया गया है।

## भट्ट लोल्लट का मत

भट्ट लोल्लट ने रस की स्थिति रामादि मूल पात्रों में मानी है जो मान्य नहीं है। यदि मूल पात्रों के अनुभव ही रस हैं तो लौकिक अनुभव और काव्यानुभव में अन्तर क्या होगा? यद्यपि लोल्लट ने इसका अन्तर यह किया है कि जो अव्यक्त है, वह स्थायी भाव है तथा जो व्यक्त हो जाता है, वह रस है। मगर यह स्थापना बाद में अस्वीकार कर दी गयी, क्योंकि जो अनुभव व्यक्त हैं वे ही स्थायी भाव कहलाते हैं।

मगर भट्ट लोल्लट ने रस के स्वरूप के बारे में एक अन्य महत्त्वपूर्ण बात कही है। अभिनेता में रस की स्थिति होती नहीं, वह केवल रस का **अभिनय भर** करता है तथा दर्शक को अभिनेता में रस की प्रतीति होती है जो उसे चमत्कृत करती है। स्पष्टतः यह प्रतीति भ्रमात्मक है : वस्तुतः अभिनेता रस का आश्रय है नहीं, मगर अनुभावों (वाचिक, सात्त्विक, कायिक, आहार्य जो समष्टि रूप में अभिनय के ही पर्याय हैं) के कारण दर्शक को यह **भ्रमात्मक प्रतीति** होती है कि अभिनेता रस का अनुभव कर रहा है। इस मत की आधुनिक प्रासंगिकता स्पष्ट है क्योंकि आज यह तर्क दिया जाता है कि नाटक का संसार लोक से भिन्न है तथा इस भिन्नता को मानकर ही दर्शक नाटक के अनुभव का आस्वाद कर सकता है। कहा यह जाता है कि दर्शक अविश्वास का विसर्जन (सस्पेंशन ऑफ डिस्बिलीफ़) की मानसिकता के साथ ही नाटक के अनुभव का आस्वाद कर सकता है।

## श्री शंकुक का मत

श्री शंकुक ने रस को स्थायी भाव की अनुकृति माना है और यह कहा है कि अनुकरणरूप होने के कारण ही नाट्यगत स्थायी भाव को एक भिन्न नाम 'रस' दिया गया है। जहाँ लोल्लट ने यह कहा है कि प्रेक्षक को अभिनेता में रस की प्रतीति होती है, वहाँ शंकुक ने यह कहा है कि प्रेक्षक को अभिनेता के अनुभावों (जो अभिनय का ही पर्याय हैं) द्वारा रस की मिथ्या अनुमिति होती है क्योंकि अभिनेता को रसानुभव नहीं होता, वह केवल रस का प्रदर्शन भर करता है। चित्र तुरग न्याय (जैसे घोड़े के चित्र को ही घोड़ा कहा जाता है, या रामादि आराध्य की मूर्ति या चित्र को ही आराध्य माना जाता है) के कारण अभिनेता को मूल पात्रादि माना जाता है और इसीलिए अभिनेता के विभावादि द्वारा मूल पात्रों के भावों की

मिथ्या अनुमिति होती है क्योंकि अभिनेता उन भावों का आश्रय नहीं होता। मिथ्या अनुमिति से प्रेक्षक को आनन्द की प्राप्ति कैसे होती है? इस प्रश्न का उत्तर देते हुए शंकुक ने कहा है कि (रंगमंच एवं अभिनय आदि) के सौन्दर्य के बल से यह मिथ्या अनुमिति भी प्रेक्षक के चमत्कार का कारण बनती है।

शंकुक का मत भी आधुनिक दृष्टि से लोल्लट के मत के समान ही प्रासंगिक है, केवल शब्दों के प्रयोग का अन्तर है। लोल्लट ने नटादि में रस की (मिथ्या) प्रतीति मानी है तथा शंकुक ने नटादि में मिथ्या अनुमिति मानी है। दोनों मतों में नाट्यानुभव लोकानुभव से गुणात्मक रूप से भिन्न माना गया है। मेरा मत है कि इस भिन्नता की ही व्याख्या के प्रचार के परिणामस्वरूप भट्टनायक तथा परवर्ती आचार्यों ने साधारणीकरण की नयी अवधारणा की प्रतिष्ठा की है।

जहाँ तक **भट्टनायक** और **अभिनवगुप्त** तथा परवर्ती आचार्यों की रस के स्वरूप सम्बन्धी मान्यता का सवाल है, उसकी विस्तृत व्याख्या की जा चुकी है मगर उसे स्वीकार करने के लिए अध्यात्मवाद की स्वीकृति अनिवार्य है। इधर के नये आलोचकों ने जिस रस का विरोध किया है, वह रस का यह दार्शनिक रूप है। भरत, लोल्लट तथा शंकुक ने रस सम्बन्धी काव्यशास्त्रीय रूप को उन्होंने समझने और परखने का प्रयास ही नहीं किया।

## रामचन्द्र गुणचन्द्र तथा आचार्य शुक्ल का मत

जैसे कि पहले कहा जा चुका है कि रामचन्द्र गुणचन्द्र ने तथा आचार्य रामचन्द्र शुक्ल ने रसानुभूति को सुख-दुःखात्मक माना है। आचार्य शुक्ल तथा आधुनिक मनोविज्ञान का विकास हो चुका था तथा उसके सिद्धान्तों के आधार पर आई.ए. रिचर्ड्स ने काव्यमूल्य के रूप में विरोधी आवेगों के समतोल का सिद्धान्त स्थापित किया था। अभिनव से लेकर आचार्य शुक्ल के सिद्धान्त तथा आई.ए. रिचर्ड्स के सिद्धान्त में एक ही बुनियादी समानता थी, दोनों ही सामाजिक को काव्य मूल्य–रस या विरोधी आवेगों के समतोल या सामंजस्य–का आश्रय मानते थे। वैसे दोनों में बुनियादी अन्तर यह था कि रस को एक अखण्ड अनुभव माना जाता था जबकि रिचर्ड्स के अनुसार काव्यमूल्य विरोधी आवेगों का समतोल है, कोई अखण्ड अनुभव नहीं। रिचर्ड्स इस प्रश्न की व्याख्या भी नहीं कर पाये कि कृति विशेष के प्रभाव स्वरूप किन-किन विरोधी आवेगों का समतोल होता है तथा इस समतोल का स्वरूप क्या है? इस प्रश्न के उत्तर में उन्होंने सिर्फ इतना ही कहा कि यह समतोल बड़ा जटिल तथा सूक्ष्म है इसलिए उसकी स्पष्ट व्याख्या सम्भव नहीं है। 'नये समीक्षकों ने रिचर्ड्स के काव्यमूल्य के सिद्धान्त पर एक बुनियादी आक्षेप यह किया है कि यदि काव्यमूल्य की स्थिति सामाजिक के हृदय में होती है तो समीक्षा की अस्मिता ही निरर्थक हो जाती है क्योंकि समीक्षा का मूल उद्देश्य

तो काव्य में वस्तुपरक रूप से स्थित गुणों-अवगुणों का विवेचन है, वह सहृदय की मानसिक स्थिति का विश्लेषण कैसे करेगी और इस विश्लेषण से काव्य के स्वरूप को समझने में कोई सहायता भी नहीं मिलेगी। इसलिए रिचर्ड्स का काव्यमूल्य केवल ऐतिहासिक महत्त्व का प्रतिमान बनकर रह गया। इसके बरअक्स उनका काव्यभाषा का विवेचन अधिक महत्त्वपूर्ण और सार्थक सिद्ध हुआ तथा वही नयी समीक्षा का आधार बना।

यहाँ यह सवाल किया जा सकता है कि क्या नये समीक्षकों की रिचर्ड्स के काव्यमूल्य सम्बन्धी आलोचना रसानुभूति पर भी लागू होती है?

सतही दृष्टि से देखने पर प्रतीत होता है कि यह आक्षेप रसानुभूति पर भी किया जा सकता है। सम्भवतः शुक्ल जी, जो सर्वत्र गुह्य और रहस्य के विरोधी रहे हैं, वे आश्रय में स्थित रसानुभूति से कहीं असन्तुष्ट रहे होंगे। इसीलिए उन्होंने रस की समाजमनोवैज्ञानिक व्याख्या का प्रयास किया है और माना है कि रस जिसे वह "भावयोग कहते हैं और कर्मयोग और ज्ञानयोग का समकक्ष मानते हैं।"[1] भावयोग या रसानुभूति को कर्मयोग और ज्ञानयोग के समकक्ष मानना न तो तर्कसंगत है और न ही शुक्ल जी को ही मान्य है। यदि वे भावयोग को ज्ञानयोग के समकक्ष मानते तो कबीरादि ज्ञानमार्गी सन्तों का इतना विरोध क्यों करते? यह अन्तर्विरोध शुक्ल जी में बराबर मिलता है। एक ओर तो वे रसानुभूति के सिद्धान्त को पूरी तरह स्वीकार करते हैं तथा दूसरी ओर "काव्य में लोकमंगल की साधनावस्था" को भी विशेष महत्त्व देते हैं। इसीलिए सम्भवतः वे कविता की परिभाषा करते हुए रस को 'भावयोग' कहते हैं और उसे 'कर्मयोग और ज्ञानयोग' का समकक्ष मानते हैं मगर वे अपनी इस परिभाषा की संगति कहीं भी सिद्ध नहीं करते। क्या रसानुभूति मनुष्य को कर्म में प्रवृत्त करती है? नहीं। इस बात को न तो शुक्ल मानते हैं और न ही रिचर्ड्स मानते हैं। दोनों के मत में आश्रय की अनुभूति ही कविता का लक्ष्य है।

मगर आचार्य शुक्ल पर तुलसीदास के 'रामराज्य' का गहरा असर है तथा वे कर्म सौन्दर्य के भी उपासक हैं। यहाँ ध्यान देने की बात यह है कि आचार्य शुक्ल आधुनिक काल में सन्धिकाल के आलोचक हैं। परम्परा (रसानुभूति) उन्हें अपनी ओर खींचती है तथा आधुनिकता लोकमंगल पर बल देने की माँग करती है। यह वही द्वन्द्व है जिससे शुक्ल जी के समकालीन प्रेमचन्द और छायावादी कवि भी संघर्ष कर रहे थे तथा दोनों में समन्वय का प्रयास कर रहे थे। शुक्ल जी लोकमंगल की बात करते हैं, प्रसाद 'सामरस्य' की बात करते हैं तथा प्रेमचन्द 'रंगभूमि' (जो गीता के कृष्ण का स्मरण दिलाती है) की बात करते हैं। यह द्वन्द्व ही इन सर्जकों एवं चिन्तकों को महान बनाता है और इस सारे चिन्तन पर महात्मा गाँधी

1. आचार्य रामचन्द्र शुक्ल, चिन्तामणि भाग-1, पृ. 141

के 'सर्वोदय' का प्रभाव है। महात्मा गाँधी भी अपने ढंग से रामराज्य की बात करते हुए निरपेक्ष सत्य की स्थापना पर सर्वोदय को लक्ष्य बनाते हैं। सर्वोदय के ही साहित्यिक रूप हैं 'सामरस्य' और 'लोकमंगल'।

शुक्ल जी ने रसानुभूति की व्याख्या करते हुए लोकमंगल से उसके सम्बन्ध के संकेत भी दिये हैं। वे स्पष्ट अन्तर्विरोधों के बावजूद भी एक गम्भीर चिन्तक भी हैं और हिन्दी आलोचना को केवल उन्होंने ही विश्वस्तर तक सफलतापूर्वक प्रतिष्ठित किया है। बाद के हिन्दी के आलोचक तो लघु आलोचक हैं—किसी एक देशी-विदेशी सिद्धान्त से आक्रान्त होकर समीक्षा करते प्रतीत होते हैं। समीक्षा ही नहीं, कवि तो रचना भी ऐसे ही करते हैं। शुक्ल जी ने माना है कि कविता मनुष्य को स्वार्थ के संकीर्ण बन्धनों से मुक्त करती है। उसे लोकसामान्य भावभूमि पर प्रतिष्ठित करती है, कविता के द्वारा शेष सृष्टि के साथ मनुष्य के रागात्मक सम्बन्धों की रक्षा और निर्वाह होता है आदि। जिस प्रकार रिचर्ड्स अपनी विषयीगत काव्यमूल्य की सीमाओं के प्रति सचेत थे और सम्भवतः इसीलिए उन्होंने काव्यभाषा—काव्य के वस्तुगत रूप के विश्लेषण का सूत्रपात किया—भाषा के भावोद्बोधक (इमोटिव) तथा सांकेतिक (रैफ्रैंशल़) रूप की बात की तथा अनेकार्थता (ऐम्बिग्युटी), अवधारणा की दृष्टि से मुझे इसे ध्वनि कहना अधिक समीचीन लगता है—की बात की और यही स्थापनाएँ नयी समीक्षा का स्रोत बनीं क्योंकि इनमें विकास की काफी सम्भावनाएँ थीं। उपयुक्त प्रसंगों में यह स्पष्ट किया गया है कि काव्यभाषा का जैसा सूक्ष्म, स्पष्ट एवं विस्तृत विवेचन भारतीय साहित्य-सिद्धान्तों के अन्तर्गत हुआ, वैसा और कहीं उपलब्ध नहीं होता। अलंकार, रीति, वक्रोक्ति और ध्वनि तो मूलतः काव्यभाषा के वस्तुगत विवेचन में केन्द्रित हैं। ध्वनि-सिद्धान्त के अन्तर्गत रस का विवेचन भी भाषानिष्ठ ही है, रस ध्वनि ध्वनि का ही एक भेद है। उधर रस-सिद्धान्त में भट्टनायक ने तो रस-निष्पत्ति की सम्पूर्ण प्रक्रिया का विवेचन काव्यभाषा की तीन शक्तियों—अभिधायकत्व, भावकत्व और भोगकृत्व के द्वारा किया ही है और वैसे अनुभाव के अन्तर्गत वाचिक अनुभाव साहित्य की भाषा-शैली ही है जो रस की अभिव्यक्ति का प्रधान उपकरण है।

आचार्य शुक्ल का चिन्तन पाण्डित्य की अपेक्षा प्रबुद्ध गम्भीर और मौलिक है। यही कारण है कि भारतीय काव्य-सिद्धान्तों के कई महत्त्वपूर्ण एवं प्रासंगिक प्रतिमानों की ओर उनका ध्यान नहीं गया।

जैसा कि पहले कहा जा चुका है रस-सिद्धान्त के दो पक्ष हैं : एक, विभाव, अनुभाव और संचारी भाव; दो, अनुभूति। विभाव के अन्तर्गत आलम्बन यानी सभी पात्र, उद्दीपन अर्थात् सम्पूर्ण परिवेश, अनुभाव के अन्तर्गत वाचिक या भाषा-शैली, कायिक या सभी कर्म घटनाएँ और संघर्ष, सात्त्विक या मानसिक अनुभूतियाँ, द्वन्द्व आदि तथा संचारी भाव के अन्तर्गत जीवन के अन्य सभी भाव आ जाते हैं। दूसरे

शब्दों में कहा जाये तो विभावादि के अन्तर्गत सम्पूर्ण काव्य सामग्री आ जाती है चाहे काव्य रूप कोई भी हो। शुक्ल जी का ध्यान रस-सिद्धान्त के इस वस्तु पक्ष या काव्य-सामग्री की ओर नहीं गया क्योंकि वे अभिनव वाली रस की विषयीगत या सामाजिक की अनुभूति वाली परम्परा को ही अपने विवेचन का एकमात्र आधार बनाकर चलते हैं। सम्भवतः उन्होंने भरत, लोल्लट और शंकुक और एक सीमा तक भट्टनायक के द्वारा प्रतिपादित रस-सिद्धान्त के काव्यगत पक्ष की ओर— काव्य-वस्तु तथा काव्यभाषा की ओर देखा ही नहीं। इसका परिणाम यह हुआ कि हिन्दी के किसी आलोचक ने रस के वस्तुगत या काव्यगत पक्ष, विभावादि के महत्त्व को और उसकी आधुनिक प्रासंगिकता की ओर ध्यान ही नहीं दिया। मध्ययुग में बँधी-बँधाई पद्धति पर नायक, नायिका, दूती, उनके हाव-भाव, अनुभावों आदि के विवेचन की एक रीति का पालन किया जाना स्वाभाविक ही था और इसके अनुरूप ही उस युग की काव्य-सामग्री भी इन्हीं सीमाओं तक ही बन्द रही। मुझे आश्चर्य इस अभाव को देखकर होता है कि वाल्मीकि, कालिदास, भवभूति, माघ, शूद्रक आदि के साहित्य की विपुल सामग्री के बावजूद भी काव्यशास्त्रियों का विवेचन एक सीमित पद्धति पर ही चलता रहा। मैं मानता हूँ कि एक बार जब सामाजिक में स्थित रसानुभूति ब्रह्मास्वादसहोदर आदि के रूप में सर्वस्वीकृत हो गयी तो काव्य के किसी अन्य सिद्धान्त की ओर ध्यान ही नहीं गया। संस्कृत के विपुल उत्कृष्ट काव्य की परम्परा को मुक्त एवं तटस्थ दृष्टि से देखने की कोई परम्परा ही विकसित नहीं हो पायी और सारे सिद्धान्त रसानुभूति के लक्ष्य की सिद्धि के साधन भर रह गये। यहाँ तक कि शुक्ल जी ने घनानन्द आदि तथा छायावादी कवियों को अपेक्षित महत्त्व न देते हुए भी उनकी काव्यभाषा की बड़ी प्रशंसा की है। मगर सिद्धान्त की दृष्टि से उनका ध्यान भारतीय काव्य-चिन्तन में उपलब्ध काव्यभाषा की समीक्षा की विस्तृत तथा अनेक-रूप परम्परा की ओर नहीं गया। रस को काव्य का साध्य मान लेने के बाद भारत में काव्य-सम्बन्धी समीक्षा का विकास अवरुद्ध हो गया। इतना ही नहीं, वक्रोक्ति एवं ध्वनि जैसे महत्त्वपूर्ण सिद्धान्तों की चर्चा भी नहीं के बराबर हुई।

आज काव्य में रस की चर्चा करना काव्य समीक्षा सम्बन्धी अज्ञान और अविवेक का प्रमाण माना जाता है। मगर काव्य में अनुभूति के महत्त्व को आज भी बराबर रेखांकित किया जाता है। यह 'काव्यानुभूति' क्या है? क्या इसमें भावादि का योग नहीं होता? अगर होता है तो काव्यानुभूति में भाव का क्या महत्त्व है? ये ऐसे सवाल हैं जिन पर विचार नहीं किया जाता। जिस प्रकार रसास्वाद काव्यगत विविध घटकों पात्र (आलम्बन विभाव), परिवेश (उद्दीपन विभाव), भाषा-शैली, कर्म, घटनाएँ, मनोविकार तथा मानसिक द्वन्द्व (अनुभाव जो नाटक के सन्दर्भ में वस्तुतः अभिनय का पर्याय ही हैं) तथा जीवन की अन्य सभी मनःस्थितियाँ (संचारी भाव)

की सम्पृक्ति से निष्पन्न होता है, उसी प्रकार काव्यानुभूति भी इन्हीं सब घटकों की सम्पृक्ति से ही सम्पन्न होती है। रस की ब्रह्मास्वादसहोदर वाली दार्शनिक व्याख्या भी है तथा प्रपानक रस के समान (भरत) या उत्पत्ति (लोल्लट), अनुकृति (शंकुक) तथा भाविति (भट्टनायक) वाली लौकिक तथा नाट्यगत और काव्यगत व्याख्याएँ भी हैं जो काव्य के **सभी घटकों की सम्पृक्ति** से निष्पन्न होती हैं। आधुनिक दृष्टि से यह पूर्व परम्परा ही प्रासंगिक तथा महत्त्वपूर्ण है जहाँ सामाजिक का **आस्वाद (चमत्कृति) काव्यानुभूति** ही है।

पश्चिम में काव्यानुभूति के महत्त्व की स्वीकृति अंग्रेज़ी के रोमानी आन्दोलन में स्पष्ट दिखाई देती है जहाँ आवेग, वृत्तियों, मनोवेगों, आवेगों आदि को केन्द्रीय तत्त्व माना गया है। मगर पाश्चात्य सौन्दर्यशास्त्र की परम्परा में सौन्दर्यानुभूति (काव्य समेत अन्य सभी ललित कलाओं की सामाजिकगत अनुभूति) का विवेचन प्लेटो से आज तक बराबर दिखाई देता है। प्लेटो ने काव्यानुभूति को वासनाजन्य मानते हुए उसे सत्य का विरोधी बताया है तथा इसी आधार पर काव्य का विरोध किया है। उनके अनुसार काव्य से उत्पन्न आनन्द वासनात्मक ऐन्द्रिय आनन्द है जो आत्मिक आनन्द की प्राप्ति में बाधा है। इसीलिए उन्होंने आदर्श गणराज्य से कवि को निष्कासित करने की अनिवार्यता पर बल दिया है। मगर रोमानी कवियों ने आवेगों से उत्पन्न आनन्द को श्रेष्ठ माना है और इसी मूल आधार पर काव्य के उत्कर्ष की स्थापना की है। अंग्रेज़ी के रोमानी कवि वर्ड्सवर्थ, शैले, कॉलरिज आदि हिन्दी के छायावादी कवियों के समान भाव और कल्पना को काव्य के प्रधान तत्त्व मानते हैं। शुक्ल जी के सामने दोनों काव्यधाराएँ थीं और दोनों की भावमूलकता रसानुभूति से मेल खाती थी। बिहारी आदि रीतिकालीन कविता को रसानुभूति के कारण प्रशंसनीय मानते हुए भी शुक्ल जी ने छायावादी कवियों द्वारा किये गये प्राकृतिक तथा मानवीय सौन्दर्य के प्रभावशाली एवं रसात्मक वर्णन को क्यों महत्त्व नहीं दिया, यह प्रश्न प्रश्न ही बना रहता है।

रस-विवेचन के अन्तर्गत विश्वनाथ ने एक महत्त्वपूर्ण सवाल उठाया है। यदि किसी कविता में विभावादि सभी का चित्रण न हो और केवल किसी एक घटक—आलम्बन, अनुभाव या संचारी भाव का चित्रण हो तो क्या वहाँ रस-निष्पत्ति सम्भव है? इसका उत्तर विश्वनाथ ने समाक्षेप सिद्धान्त द्वारा दिया है जिसका तात्पर्य यह है कि ऐसे प्रसंगों में सहृदय अपनी कल्पना द्वारा काव्य के अन्य घटकों का समाक्षेप कर लेगा और उसे रसानुभूति होगी। स्पष्ट है कि यह सिद्धान्त एक छन्द वाली कविताओं को ध्यान में रखकर बनाया गया होगा। उदाहरण के तौर पर बिहारी के अनेक दोहों में केवल अनुभावों या संचारियों का ही वर्णन है। वहाँ भी शुक्ल जी ने 'रस की फुहार' की उपस्थिति मानी है।

## रस और विचार

संस्कृत से लेकर हिन्दी तथा अन्य भारतीय समीक्षकों ने भी रस के विवेचन के अन्तर्गत भरत के सूत्र को ही आधार बनाया है जिसके अनुसार रस सम्पूर्ण काव्य वस्तु (जिसे उन्होंने विभावादि कहा है यानी पात्र, परिवेश, भाषा, वेशभूषा, मुद्राएँ, संचारी मानसिक आवेगों की सम्पृक्ति है)—सम्पूर्ण नाट्यवस्तु की परिणति रस में होना अनिवार्य है क्योंकि भरत ने स्पष्ट रूप से कहा है कि बिना रस (नाटक में) कोई अर्थ प्रवर्तित होता अर्थात् बिना रस के नाटक निरर्थक है। यद्यपि संस्कृत के काव्यशास्त्रियों ने इस विवेचन में विचार का उल्लेख नहीं किया है मगर काव्य-वस्तु विचार रहित हो ही नहीं सकती। इसका प्रमाण यह है कि भरत तथा अन्य सभी काव्य-चिन्तकों ने लोकोपदेश, कान्तासम्मित उपदेश (मम्मट) आदि का उल्लेख किया है। यहाँ ध्यान देने की बात है कि अरस्तू ने भी वाणी से उत्पन्न होने वाले प्रभाव को भाव ही कहा है—स्पष्टतः यहाँ भाव में विचार भी समाविष्ट है। इसी प्रकार लोकोपदेश या कान्तासम्मित उपदेश भी रस में ही समाविष्ट है क्योंकि बिना विचार के तो कोई भी काव्य-वस्तु हो ही नहीं सकती। भरत के सामने तो नाटक जैसा विस्तृत काव्यरूप था ही। अन्य काव्यशास्त्रियों के सामने भी महाकाव्य या खण्ड काव्य जैसी विस्तृत काव्य विधाएँ भी थीं। संस्कृत के नाटकों और महाकाव्यों को पढ़ने के बाद कैसे कोई विचार की उपेक्षा कर सकता है? **पण्डितराज जगन्नाथ ने** 'रसगंगाधर' में एक महत्त्वपूर्ण सवाल उठाया है : द्रोपदी का पाँच पतियों विषयक प्रेम शृंगार रस माना जायेगा या शृंगार रसाभास? और इसका उत्तर देते हुए उन्होंने कहा है कि 'महाभारत' के काल में बहुपति की प्रथा प्रचलित थी इसलिए द्रोपदी का पंचपति विषयक प्रणय शृंगार रस माना जायेगा। यदि आज का कोई कवि एकाधिक पतियों का वर्णन करता है तो वहाँ पत्नी का उनके प्रति व्यक्त प्रणय शृंगार रसाभास माना जायेगा। तब तक सामाजिक मूल्यों का आधुनिक पद्धति वाला विवेचन सीमित था। मगर उक्त मत से स्पष्ट होता है कि रसानुभूति नैतिक मूल्यों तथा सामाजिक मर्यादाओं पर ही आधारित होती है तथा जब ये मूल्य और मर्यादाएँ बदलती हैं तथा रसानुभूति (आधुनिक शब्दावली में काव्यानुभूति) का स्वरूप भी बदलता है। **इस विवेचन से स्पष्ट है कि जिसे रसानुभूति कहा जाता है, वह आधुनिक शब्दावली में काव्यानुभूति ही है** जिसमें समग्र काव्यवस्तु : पात्र, घटना, वाणी, विचार, मनोवेग आदि की सम्पृक्त भूमिका रहती है।

रस-विवेचन के अन्तर्गत **अंगीरस** का विवेचन भी किया गया है। इस विवेचन के महत्त्व का आज तक मूल्यांकन नहीं किया गया। **वस्तुतः अंगीरस की परिकल्पना संरचनात्मक अन्विति की ही व्याख्या है** जिसका सीधा-साधा तात्पर्य यह है कि काव्य में वर्णित सभी तत्त्वों की परिणति एक काव्यानुभव में होना अनिवार्य है और

यदि ऐसा नहीं होता तो वह रचना असफल है। सन्धियों तथा कार्य की अवस्थाओं का विवेचन जो नाटक तथा महाकाव्य दोनों के लिए अनिवार्य है, इसी संरचनागत अखण्डता को ही रेखांकित करता है।

उपर्युक्त समस्त विवेचन के आधार पर रस-सिद्धान्त की आधुनिक प्रासंगिकता के बारे में कोई सन्देह नहीं रह जाता। इस सम्बन्ध में निम्नलिखित स्थापनाएँ महत्त्वपूर्ण हैं :

1. रस-सिद्धान्त के दो स्वरूप हैं—एक, भरत से भट्टनायक तक तथा दो, अभिनवगुप्त से आचार्य शुक्ल तक। हिन्दी में रस-सिद्धान्त के समर्थन या विरोध में जो लिखा गया है, वह रस के परवर्ती स्वरूप में ही केन्द्रित है—सहृदय की रसानुभूति के विवेचन तक सीमित है, इसलिए यह समर्थन और विरोध दोनों ही एकांगी हैं। मगर शुक्ल जी का विवेचन अधिक गम्भीर है।

2. रस-सिद्धान्त के दो पक्ष हैं—एक, विभाव, अनुभाव और संचारी भाव तथा दूसरा, **विषयीगत** जिसके अन्तर्गत सहृदय की अनुभूति का विवेचन है। रस-सिद्धान्त के वस्तुपक्ष के अन्तर्गत पात्रादि (आलम्बन), परिवेश (उद्दीपन), भाषा, कर्म, घटनाएँ, मुद्राएँ, अभिनय (अनुभाव) तथा मानव का सम्पूर्ण अन्तर्जगत जिसमें अन्तर्द्वन्द्व एवं संघर्ष भी समाविष्ट हैं (संचारी भाव) आते हैं। **रस-सिद्धान्त का वस्तुपक्ष वस्तुतः सम्पूर्ण काव्य सामग्री ही है** जो काव्य के सन्दर्भ में हमेशा प्रासंगिक रहेगी। टी.एस. इलियट की शब्दावली में कहें तो विभावादि का संयोग वस्तुपरक समीकरण (ऑब्जेक्टिव कोरिलेटिव) ही है।

3. रस के विषयीगत पक्ष के भी दो रूप हैं—एक, **लौकिक एवं साहित्यिक रूप—जिसे आज काव्यानुभूति कहते हैं,** दूसरा, अभिनवादि **वाला दार्शनिक रूप** जिसकी आचार्य शुक्ल ने **समाजमनोवैज्ञानिक रूप** में व्याख्या का प्रयास किया है जैसे—व्यक्ति के स्वार्थ सम्बन्धों का अतिक्रमण करने वाली लोकसामान्य भावभूमि की चर्चा तथा कर्म सौन्दर्य और लोकमंगल की स्थापना का प्रयास। यह भी सच है कि शुक्ल जी सहृदय की रसानुभूति और लोकमंगल के बीच सम्बन्ध स्थापित नहीं कर पाये।

4. सहृदय की रसानुभूति की तुलना पाश्चात्य चिन्तन की सौन्दर्यानुभूति से की जा सकती है। पश्चिम में सौन्दर्यशास्त्र दर्शनशास्त्र की ही एक शाखा रही है। इसी के अन्तर्गत विख्यात दार्शनिक कांट ने सौन्दर्यानुभूति को निष्प्रयोजन आनन्द डिस्इन्ट्रेस्टिड प्लेज़र) कहा है जिसके आधार पर आगे कलावाद का विकास हुआ और ऑस्कर वाईल्ड ने कहा कि सम्पूर्ण कला निष्प्रयोजन है (ऑल आर्ट इज़ यूज़लेस)। आई.ए. रिचर्ड्स ने मनोवैज्ञानिक आधार पर इस सौन्दर्यानुभूति का खण्डन कर उसके वैशिष्ट्य का खण्डन किया है और विरोधी आवेगों के समतोल का विषयीगत काव्यमूल्य स्थापित किया है जो मान्य नहीं हुआ।

5. आधुनिक आलोचना में काव्यानुभूति की चर्चा की जाती है मगर उसके स्वरूप की विशद व्याख्या का प्रयास नहीं किया जाता क्योंकि वह सम्भव भी नहीं है। आज की काव्यानुभूति वस्तुतः भरतादि आचार्यों द्वारा मान्य रस का आस्वाद ही है। **रस का आस्वाद अर्थात् काव्यसामग्री की अखण्डता से उत्पन्न उसका आस्वाद या सामाजिक अनुभूति।** इसका आस्वाद और सामाजिक दर्शक और पाठक की अनुभूति दोनों वस्तुतः पर्याय ही हैं।

6. यह सर्वमान्य है कि स्थायी भाव ही रसत्व को प्राप्त होते हैं और स्थायी भावों की निष्पत्ति काव्य-वस्तु की सम्पृक्ति से होती है। मगर स्थायी भावों के अतिरिक्त तैंतीस संचारी भाव भी हैं जिनका चित्रण काव्य में निरन्तर होता है तथा सामाजिक जिस प्रकार काव्य में व्यक्त स्थायी भावों का आस्वाद करता है, वैसे ही वह काव्य में व्यंजित संचारी भावों का भी आस्वाद करता है। संचारी भावों के विवेचन की ओर हिन्दी आलोचना में कोई ध्यान नहीं दिया गया। अन्यत्र उन पर विस्तार से विचार किया जा रहा है। संचारी भावों को मात्र स्थायी भावों से सम्बद्ध करके देखा गया है जिससे उनके महत्त्व का सही मूल्यांकन नहीं हो पाया। **उन्हें भी समग्र काव्य-वस्तु से संयुक्त करके देखना चाहिए।**

**निर्वेद** वह संचारी भाव है जिसमें गरीबी, ईर्ष्या, अपमान, तत्त्वज्ञान आदि के कारण जब व्यक्ति अपने को कोसता है, दैन्य और चिन्ता से आक्रान्त होकर समाज एवं परिवेश से उदासीनता की स्थिति पैदा हो जाती है। आधुनिक शब्दावली में निर्वेद **आत्मपराएपन** जैसा ही है। **ग्लानि** संचारी भाव में मनुष्य मेहनत, पीड़ा, भूख प्यास आदि से हतोत्साहित और खिन्न हो जाता है। वह भाव **शोषण** की स्थिति का व्यंजक है। **आलस्य में** अवसाद आदि के कारण अपने कर्तव्य से व्यक्ति विमुख हो जाता है। **दैन्य** में दुख, गरीबी, चिन्ता आदि के कारण व्यक्ति पौरुष या उत्साह से हीन हो जाता है। यह भाव आज की उदासीनता, कुण्ठा, आदि जैसे हैं। इसी प्रकार भय, दुख आदि के कारण यथार्थ ज्ञान का अभाव और भ्रम **मोह** कहलाता है तथा यह **दिशाहीनता** का ही पर्याय है। उच्च पद, ज्ञान, अधिकार आदि से उत्पन्न संचारी भाव **गर्व** कहलाता है जो वस्तुतः सत्ता से उत्पन्न जनभावनाओं की उपेक्षा और उनके शोषण का कारण है। इसी प्रकार **विषाद, त्रास, मति** (किसी विचार या विचारधारा पर आस्था) आज भी प्रासंगिक हैं। सामान्य दृष्टि से देखने पर यह विवेचन सतही प्रतीत हो सकता है। मगर इस सम्बन्ध में तीन महत्त्वपूर्ण बातों को ध्यान में रखना चाहिए। प्रथम, जब इन संचारी भावों की स्थापना की गयी थी तब जीवन काफी सरल था मगर आज की अत्यन्त जटिल और विषम परिस्थितियों में भी इन मनःस्थितियों का अनुभव होता है और काव्य में भी इनका चित्रण बराबर होता है। मनुष्य का स्वभाव, विभिन्न स्थितियों में मनुष्य की प्रतिक्रियाएँ या उसकी मनोवृत्तियों में कोई परिवर्तन नहीं हुआ है। दूसरी बात यह

है कि आज परिस्थितियों के अनुरूप भाषा में, शब्दों के प्रयोग में तथा शैली में भी अपेक्षित परिवर्तन हुआ है। उदाहरण के लिए निर्वेद आज की स्थितियों में उदासीनता या आत्मपरायापन ही है, **दैन्य** आज के सन्दर्भ में लघुता ही है, **मोह** आज की भाषा में दिशाहीनता ही कहा जायेगा (क्योंकि प्रायः मोह का प्रयोग अध्यात्म से ही जुड़ा माना जाता है), **विषाद** और **त्रास** के भाव आज कहीं अधिक जटिल एवं उलझन-भरी स्थितियों से जुड़ गये हैं जो पहले विद्यमान नहीं थीं, **गर्व** और **मति** क्रमशः सत्ता की निरंकुशता और मूल्य या विचारधारा पर आस्था के ही व्यंजक हैं। तात्पर्य यह है कि बदली हुई आधुनिक परिस्थितियों की भयावह तथा जनविरोधी विषमताओं में मानव-मन में होने वाली प्रतिक्रियाओं में कोई गुणात्मक परिवर्तन नहीं आया है। विषाद, सत्ता की निरंकुशता, दिशाहीनता (मोह), संत्रास (त्रास), आत्मपरायापन या निष्कासन (निर्वेद) आज की आलोचना की शब्दावली के प्रचलित शब्द एवं अवधारणाएँ हैं। तीसरी बात यह है कि जिस प्रकार भाव को काव्य-वस्तु की समग्रता की सम्पृक्ति (विभावादि के संयोग) से जोड़ कर देखना आवश्यक है, वैसे ही संचारी भावों को भी मात्र भाव से नहीं, काव्य-वस्तु की समग्रता से ही उसके सन्दर्भ में ही समझना अनिवार्य है। जैसे-जैसे आधुनिक परिस्थितियाँ जटिल होती जा रही हैं, वैसे ही वैसे मानव की मूल वृत्तियों का संयोग भी जटिल होता जाता है, मगर उनके स्वरूप में कोई परिवर्तन नहीं हुआ है।

इस सम्बन्ध में आज के सन्दर्भ में एक अन्य महत्त्वपूर्ण बात भी ध्यान में रखनी चाहिए। आज का मनोविज्ञान स्थायी भाव को एकल अनुभूति न मानकर उसे अनेक वृत्तियों एवं आवेगों का संश्लेषण मानता है। उदाहरण के लिए रति वस्तुतः यौन भावना, प्रजनन की वृत्ति, आदि की सम्पृक्ति है। मगर साहित्य में स्थायी भाव, संचारी भाव (इमोशन्स, फीलिंग्स, सेन्टिमेन्ट्स आदि) अनुभूतियों का उल्लेख होता है। आई.ए. रिचर्ड्स के काव्यमूल्य की यही विशेषता है कि वह मनोवैज्ञानिक आधार पर वृत्तियों के समतोल के रूप में काव्यानुभव के निरूपण का प्रयास करता है। मगर सहृदय की काव्यानुभूति तो एक सनातन सत्य है और भारत तथा अन्य देशों में उसकी व्याख्या का प्रयास हमेशा से होता आया है और उसका विषयीगत स्वरूप उसकी स्पष्ट एवं विस्तृत व्याख्या में बाधा रहा है। काव्यशास्त्री अपनी विशिष्ट मान्यता के आधार पर उसकी व्याख्या का प्रयास करते रहे हैं। इसी प्रयास के फलस्वरूप भरत आदि सम्मत सहृदय की हर्षमयी व्याख्या, भट्टनायकादि सम्मत रस की दार्शनिक व्याख्या तथा प्लेटो (ऐन्द्रिय आनन्द), अरस्तू (विरेचन जन्य सन्तुष्टि), लोंजाइनस (औदात्य), कांट एवं अन्य सौन्दर्यशास्त्रियों की निष्प्रयोजन आनन्द आदि के निरूपण की परम्परा का विकास हुआ है। साथ ही सभी की सीमाओं का भी निर्देश होता रहा है। अभिनव के रस-विषयक मत को ही लें। क्या बिहारी के दोहों से सामाजिक को ब्रह्मास्वादसहोदर रूप आनन्द की अनुभूति होती है? या निराला की कविता 'नयनों के डोरे

लाल-गुलाल-भरे, खेली होली' में ब्रह्मानन्द जैसी कोई अनुभूति होती है? स्पष्टतः अभिनव आदि ने यहाँ सहृदय की अनुभूति की एक व्याख्या अपने दर्शन के आलोक में की है जिसकी मान्यता अत्यन्त सीमित ही हो सकती है।

## रसाभास

रस-सिद्धान्त के कुछ अन्य पक्षों के समान ही रसाभास के विवेचन की ओर भी समीक्षकों का ध्यान नहीं गया, न प्राचीन आचार्यों का और न ही आधुनिक आलोचकों का। यहाँ तक कि आचार्य शुक्ल का तो रसाभास की ओर बिल्कुल ही ध्यान नहीं गया। जैसे कि पहले कहा जा चुका है उनका साधारणीकरण विषयक मत ही असंगत और निराधार है जहाँ वे आलम्बन के साधारणीकरण और सहृदय के आश्रय से तादात्म्य की स्थिति को ही साधारणीकरण मानने की गलती करते हैं। इस गलत स्थापना के कारण ही उनके साधारणीकरण तथा रस के स्वरूप के विषय में अनेक असंगतियाँ पैदा हो गयीं। बाबू श्यामसुन्दर दास ने अपने ग्रन्थ 'साहित्यालोचन' में इस असंगति पर प्रकाश डाला है। मगर शुक्ल जी की आज तक कुछ ऐसी धाक है कि उनसे असहमत होने का साहस कम समीक्षक ही कर पाये हैं। उदाहरण के लिए जब रावण राम पर क्रोध करता है—जहाँ राम क्रोध के आलम्बन तथा रावण क्रोध का आश्रय है वहाँ न तो आलम्बन राम का साधारणीकरण होता है यानी शुक्ल जी की साधारणीकरण सम्बन्धी मान्यता के अनुसार राम सहृदय मात्र के क्रोध के आलम्बन नहीं बनते और न ही सहृदय का रावण-आश्रय से तादात्म्य होता है। मगर रस-सिद्धान्त के आग्रह के कारण उन्होंने यहाँ भी रस की एक नीची अवस्था मानकर अपने विवेचन को और भी दुर्बल बना दिया है। ऐसी स्थिति के सन्दर्भ में उन्होंने कहा है :

"पर रस की एक नीची अवस्था और है जिसका हमारे यहाँ के साहित्य ग्रन्थों में विवेचन नहीं हुआ है। उसका भी विचार करना चाहिए। किसी भाव की व्यंजना करने वाला, कोई क्रिया या व्यापार करने वाला पात्र भी शील की दृष्टि से श्रोता (या दर्शक) के किसी भाव का—जैसे श्रद्धा, भक्ति, घृणा, रोष, आश्चर्य, कुतूहल या अनुराग का आलम्बन होता है।[1] इस दशा में श्रोता या दर्शक का हृदय उस पात्र के हृदय से अलग रहता है—अर्थात् श्रोता या दर्शक उसी भाव[2] का अनुभव नहीं करता जिसकी व्यंजना पात्र अपने आलम्बन[3] के प्रति करता है, बल्कि व्यंजना करने वाले उस पात्र के प्रति किसी और ही भाव का अनुभव करता है।[4] यह दशा भी एक प्रकार की रस-दशा ही है—यद्यपि इसमें आश्रय के साथ तादात्म्य और उसके

1. जैसे उपर्युक्त उदाहरण में 'रावण'।
2. इस उदाहरण में राम के प्रति रावण का क्रोध।
3. उपर्युक्त उदाहरण में राम।
4. उपर्युक्त उदाहरण में रावण।

आलम्बन का साधारणीकरण नहीं रहता। ऐसी दशा में आश्रय के साथ तादात्म्य या सहानुभूति न होगी, बल्कि श्रोता या पाठक उस पात्र के शीलद्रष्टा या प्रकृतिद्रष्टा के रूप में प्रभाव ग्रहण करेगा और यह प्रभाव भी रसात्मक ही होगा। पर इस रसात्मकता को हम मध्यम कोटि की ही मानेंगे। यानी रावण के प्रति सहृदय के मन में जो क्षोभ या क्रोध पैदा होगा, वह एक मध्यम कोटि की रसात्मक अनुभूति होगी।''[1]

इस विवेचन से स्पष्ट है कि शुक्ल जी ने रसाभास की ओर बिल्कुल ध्यान ही नहीं दिया। उक्त उदाहरण से स्पष्ट है कि उन्हें अपने यहाँ के साहित्य ग्रन्थों में प्रतिपादित रसाभास का ज्ञान नहीं था। इन साहित्य ग्रन्थों के अनुसार शुक्ल जी के उक्त उदाहरण में **रसाभास** होगा। 'मध्यमकोटि की रसात्मकता' जैसी कोई स्थिति रस-सिद्धान्त में मान्य ही नहीं है। इस भ्रम का कारण यह है कि रस-विषयक मूल स्थापना—रस सामाजिक की अनुभूति है—रस-सिद्धान्त के अनुसार निराधार, असंगत और अमान्य है। विभावानुभाव संचारी भाव के संयोग का अर्थ है संरचनात्मक सम्पृक्ति और इस सम्पृक्ति के बिना दर्शक या पाठक को रसानुभव नहीं हो सकता।

यहाँ रसाभास के बारे में मैं एक मौलिक प्रश्न उठाना अनिवार्य समझता हूँ—**रसाभास ज्ञान है या अनुभूति**? स्पष्ट है कि रसाभास ज्ञान है, अनुभूति नहीं। यह बात पण्डितराज जगन्नाथ द्वारा उठाये गये द्रोपदी के पंचपति-विषयक रति वाले प्रश्न से स्पष्ट हो जाती है। द्रोपदी की यह रति शृंगार रस है या शृंगार रसाभास? और इसका उत्तर उन्होंने युगीन नैतिक मूल्यों के आधार पर दिया है। यदि एकाधिक पति की प्रथा को सामाजिक-नैतिक मान्यता प्राप्त है तो उनके प्रति व्यक्त की गयी उनकी पत्नी की रति रस मानी जायेगी और यदि यह प्रथा मान्य नहीं है तो यह रति रसाभास मानी जायेगी। आनन्दवर्धन ने भी कहा है कि अनौचित्य के अतिरिक्त रसभंग का कोई अन्य कारण नहीं होता। इसी प्रकार यह सवाल भी उठाया गया कि क्या सूर द्वारा वर्णित गोपियों की कृष्ण विषयक रति शृंगार रस है या शृंगार-रसाभास क्योंकि यहाँ अनेक गोपियाँ विवाहित हैं और अपने पतियों को छोड़कर कृष्ण के पास आती हैं। इस प्रसंग को रसाभास से बचाने के लिए रूप गोस्वामी आदि आचार्यों ने दार्शनिकता का आधार लेकर—सभी जीव नायिकाएँ हैं और सृष्टि में नायक तो एक कृष्ण ही हैं—उपर्युक्त प्रसंग में माधुर्य रस की स्थापना का प्रयास किया। मगर स्वयं आचार्य शुक्ल ने दार्शनिकता का मोह त्याग कर कृष्ण और गोपियों के बीच की रति को शृंगार रस ही माना है। मगर यहाँ यह कहना भी अपेक्षित है कि लोकमंगल और मर्यादा के प्रशंसक आचार्य शुक्ल भी मर्यादा और नैतिकता की उपेक्षा करते हैं।

वस्तुतः रसाभास सहृदय की अनुभूति न होकर रस-सामग्री विषयक ज्ञान है

1. आचार्य रामचन्द्र शुक्ल, चिन्तामणि भाग-1, पृ. 231

जहाँ यह रौद्र रस नैतिकता की बाधा के कारण रौद्र रसाभास—यानी यह अशुद्ध ज्ञान होता है कि वहाँ रौद्र की व्यंजना की जा रही है। चाहे सामग्री—विभावादि—सभी रौद्र रस के हैं मगर अनौचित्य या अनैतिक होने के कारण वहाँ रौद्र रस नहीं माना जा सकता। हाँ, औपचारिक रूप से कहें तो रौद्र रसाभास माना जायेगा जो विभावादि का भ्रमात्मक ज्ञान या आभास भर होगा।

रसाभास के दो अन्य पक्ष हैं जो उसे आधुनिक युग में प्रासंगिक बनाते हैं।

पहला पक्ष तो है अश्लीलता का या व्यापक अर्थ में कहें तो नैतिकता, मर्यादा या मूल्य का। जिस प्रकार रावण द्वारा राम के प्रति प्रदर्शित क्रोध सामाजिक के मन में रावण के प्रति ही क्षोभ और क्रोध का संचार करता है, उसी प्रकार की मानसिक प्रतिक्रिया आज के उन पात्रों के प्रति होती है जो नैतिक मूल्यों के ह्रास का कारण है।

दूसरा पक्ष इसी का अधिक व्यापक रूप है। आज के साहित्य में जहाँ-जहाँ विषमता, विद्रूपता, मूल्यहीनता आदि का चित्रण है, वहाँ रसाभास ही है यानी रस के वस्तुपक्ष विभावादि या काव्य-सामग्री में व्यक्त विसंगतियाँ ही हैं।

## रस-संख्या

रस-संख्या को लेकर भारतीय आचार्यों में काफी मतभेद रहा है। इन विविध मतों में जो महत्त्वपूर्ण हैं और प्रासंगिक हैं, यहाँ उनकी ही संक्षिप्त व्याख्या की जायेगी।

**भरतमुनि** ने चार मूल रस माने हैं : **शृंगार रस, रौद्र रस, वीर रस** और **वीभत्स रस** तथा उनसे क्रमशः हास्य रस, करुण रस, अद्भुत रस और भयानक रस की उत्पत्ति मानी है। इस प्रकार आरम्भ में रसों की कुल संख्या **आठ मानी** गयी थी। कुछ विद्वानों ने यह भी माना है कि भरत ने **शान्त रस** को नौवाँ रस माना है। मगर शान्त रस सम्बन्धी विवेचन की प्रामाणिकता के बारे में मतभेद है।

**अभिनवगुप्त** ने भी नौ रसों को स्वीकार किया है। सम्भवतः उनके काल में **स्नेह रस** जिसका स्थायी भाव आर्द्रता है, **लौल्य रस** जिसका स्थायी भाव गर्व माना गया है तथा **भक्ति रस** जिसका स्थायी भाव ईश्वर-भक्ति माना गया है, माने गये होंगे। मगर अभिनव ने इन तीनों रसों को स्वीकार नहीं किया। **स्नेह** एक व्यापक आकर्षण का भाव है जो अनेक रसों : शृंगार, वत्सल आदि में हो सकता है, इसलिए उसे अन्य नौ रसों या उनके स्थायी भावों के समकक्ष नहीं माना जा सकता। 'गर्व' का अनुभव भी अनेक स्थायी भावों—शृंगार, वीर, अद्भुत आदि में होता है तथा अभिनव ने भक्ति को रति का ही एक रूप माना है।

**विश्वनाथ** ने नौ रसों के अतिरिक्त **वत्सल** रस (स्थायी भाव—वात्सल्य) मान कर रसों की संख्या दस मानी है।

**रूपगोस्वामी** ने भक्ति को स्वतन्त्र रस माना है और इस प्रकार रसों की संख्या ग्यारह मानी गयी है।

कुछ अन्य आचार्यों ने भी कुछ नये रसों की परिकल्पना की है मगर वे मान्य नहीं हुए। **भोज** ने रस-सम्बन्धी मान्यता का आधार स्थायी भाव के अतिरिक्त नायकों के प्रकारों को माना है—धीरललित नायक में प्रेयान रस, धीरप्रशन्त नायक में शान्त रस, धीरोदात्त नायक में उदात्त रस तथा धीरोद्धत नायक में उद्धत रस को माना है। मगर यह मान्यता रस सम्बन्धी मूल मान्यता—'स्थायी भाव ही रसत्व को प्राप्त होते हैं—' के विपरीत पड़ती है और इसलिए स्वीकृत नहीं हुई।

**जयशंकर प्रसाद** ने शान्त रस के स्थान पर आनन्द रस की परिकल्पना की है क्योंकि उनके अनुसार शान्त रस स्थायी भाव निर्वेद; विरक्ति अभावात्मक है जबकि 'कामायनी' में चित्रित आध्यात्मिक लक्ष्य काम की स्वीकृति पर आधारित और सामंजस्य मूलक है। इसलिए उन्होंने आनन्द रस को ही कामायनी का अंगीरस माना है—'कामायनी' की अन्तिम पंक्ति है **'आनन्द अखण्ड घना था'**। इसके अतिरिक्त आधुनिक युग में **देशप्रेम रस, प्रकृति रस** आदि को भी मान्यता दी गयी है मगर इनका समाहार विविध रसों में—वीर आदि में किया जा सकता है।

रस-संख्या के विषय में विचार करते हुए रस-निष्पत्ति सम्बन्धी इन मूल एवं सर्वस्वीकृत स्थापनाओं को ध्यान में रखना चाहिए :

1. विभाव (आलम्बन विभाव या पात्र, उद्दीपन विभाव या परिवेश) अनुभाव (भाषा एवं व्यापार आदि जिनका केन्द्र आलम्बन एवं आश्रय हैं) तथा संचारी भाव (स्मृति, निर्वेद आदि जो आलम्बन तथा आश्रय में हैं) सभी का स्वरूप तथा उनका संयोग स्पष्ट एवं मूर्त्त होना चाहिए;

2. स्थायी भाव तथा रस का मूल वस्तुतः—वासना है क्योंकि बिना वासना के रस की निष्पत्ति या उसका आस्वाद सम्भव नहीं है; तथा

3. स्थायी भाव ऐसे होने चाहिए जो सहृदय मात्र के लिए सुलभ हों; वे ऐसे न हों जो केवल किसी एक सम्प्रदाय मात्र से सम्बद्ध हों।

केवल उन अनुभूतियों को ही रस माना जा सकता है जो उपर्युक्त तीन कसौटियों पर खरी उतरती हों। शान्त रस, भक्ति रस और आनन्द रस इन कसौटियों पर खरे नहीं उतरते। शान्त रस का खण्डन तो प्रसाद ने ही किया है। इसका आधार यह है कि शान्त रस का स्थायी भाव है निर्वेद और निर्वेद की स्थिति तभी प्राप्त हो सकती है जब व्यक्ति अपनी सभी कामनाओं का दमन कर लेता है। जब तक एक भी कामना शेष है निर्वेद का उदय नहीं हो सकता। सृष्टि तथा उसके समस्त प्रभावों से विरक्ति के बिना निर्वेद का जन्म नहीं होता और स्पष्ट है कि यह स्थिति कोई विरला व्यक्ति ही प्राप्त कर सकता है तथा इसकी प्राप्ति के लिए दीर्घ एवं कठोर साधना करनी पड़ती है। निर्वेद का भाव उसी व्यक्ति के मन में पैदा हो सकता है जो किसी आध्यात्मिक सत्य पर विश्वास करे तथा सृष्टि उसके सौन्दर्य और आकर्षण से प्रभावित न हो। दूसरे शब्दों में उसमें कोई लौकिक भावना या कामना ही न रहे।

आचार्य विश्वनाथ ने ऐसे व्यक्ति की तुलना काष्ठ और प्रस्तर के टुकड़े से की है जिस पर किसी प्रकार के काव्य का कोई प्रभाव पड़ ही नहीं सकता। स्पष्टतः जो व्यक्ति शान्त रस में लीन रहता है वह अन्य किसी भी रस का आस्वाद कर ही नहीं सकता। इसी आधार पर प्रसाद ने निर्वेद को अभावात्मक भाव माना है जो लोक की अस्वीकृति पर आधारित है। यदि रस सम्बन्धी शास्त्रीय शब्दावली का उपयोग करें तो शान्त रस का स्वरूप लोकोत्तर न होकर अलौकिक होता है। रस-सिद्धान्त के अन्तर्गत किसी ऐसे भाव या अनुभव की स्वीकृति नहीं की जा सकती जो अलौकिक हो। यह तो हुआ शास्त्रीय पक्ष। सामान्य दृष्टि से देखने पर भी स्पष्ट है कि काव्य लोकजीवन में प्रतिष्ठित है और उसका विषय लौकिक अनुभव ही हैं। तभी वह साधारणीकरण द्वारा मानव मात्र को सनातन रूप से प्रभावित कर सकता है। शान्त रस की परिकल्पना लौकिक नहीं है और इसलिए वह मानव मात्र को प्रभावित करने में असमर्थ रहती है। जिसे ईश्वर पर विश्वास नहीं, जो किसी आध्यात्मिक सत्य को नहीं मानता, उसे शान्त रस का अनुभव सुलभ नहीं है।

शान्त रस के विरोध में जो ऊपर तर्क दिये गये हैं वे भक्ति रस तथा आनन्द रस पर भी खरे उतरते हैं। आनन्द रस की परिकल्पना तो आगम दर्शन के आधार पर की गयी है और इसलिए वह एक साम्प्रदायिक कल्पना भर है। इतना ही नहीं उस सम्प्रदाय के साधकों में भी किसी एक सिद्ध पुरुष को ही आनन्द रस का अनुभव सम्भव है—मानव मात्र को आनन्द रस की उपलब्धि नहीं हो सकती। इसलिए आनन्द रस की स्थापना न तो सामाजिक आधार पर है और न ही काव्यशास्त्रीय आधार पर की जा सकती है। काव्य मानव मात्र की धरोहर है और काव्य पर आधारित स्थापना ही मान्य हो सकती है, किसी एक दार्शनिक सम्प्रदाय की स्थापना काव्य के लिए मान्य नहीं हो सकती।

उदाहरण के लिए **रहस्यवाद** या **रहस्यानुभूति** को लीजिए। जायसी, कबीर, महादेवी आदि में रहस्यवाद माना जाता है। क्या उनके काव्यों में पाठक को किसी रहस्यानुभूति की प्राप्ति होती है? क्या राजा रत्नसेन और पद्मावती के मिलन के वर्णन में पाठक को रहस्यानुभूति होती है? या शृंगार रस की अनुभूति होती है?

आचार्य शुक्ल की भक्ति में आस्था थी। फिर भी उन्होंने गोपियों तथा कृष्ण के प्रेम-वर्णन में शृंगार रस ही माना है, आध्यात्मिक माधुर्य भक्ति को नहीं माना। कारण स्पष्ट है। साम्प्रदायिक दृष्टि से गोपियाँ जीव की प्रतीक मानी जा सकती हैं और कृष्ण परम सत्य के तथा गोपियों का कृष्ण के प्रति समर्पण आत्मा का ब्रह्म के प्रति समर्पण माना जा सकता है। मगर सहृदय मात्र के लिए यह स्थिति शृंगार रस की ही मानी जायेगी।

यहाँ यह स्पष्ट करना आवश्यक है कि निर्वेद एक संचारी भाव के रूप में सर्व-स्वीकृत है मगर वह केवल आध्यात्मिकता तक ही सीमित नहीं है। वैयक्तिक,

आर्थिक या सामाजिक कारणों से जीवन से विरक्ति को **'निर्वेद'** संचारी भाव कहते हैं—"दारिद्र्य, ईर्ष्या, अपमान, आपत्ति, व्याधि, इष्टवियोग, तत्त्वज्ञान आदि के कारण अपने को कोसने या धिक्कारने का नाम निर्वेद है। इसमें दीनता, चिन्ता, अश्रुपात आदि अनुभाव होते हैं।"[1] इस प्रकार जीवन से विरक्ति का अनुभव तो सामाजिक रूप से स्वीकृत है तथा सामाजिकता की अस्मिता के जाग्रत होने पर आधुनिक कविता, विशेषकर नयी कविता में इस विरक्ति, पीड़ा, विषाद, कुण्ठा आदि का वर्णन प्रखर एवं व्यापक रूप से दिखाई देता है। मगर तत्त्वज्ञान तो बहुत विरल है तथा उसके कारण उत्पन्न होने वाला निर्वेद सामाजिक अतः साहित्यिक भाव नहीं माना जा सकता। गरीबी, अपमान, आपत्ति यानी शोषण के कारण निर्वेद या विरक्ति और उदासीनता (आत्मपराएपन का भाव) जो आज व्यापक रूप से चित्रित है।

भक्ति रस की मान्यता में भी ऐसी ही आपत्तियाँ पैदा होती हैं। भक्ति रस में भी वासना का दमन—लौकिक मानसिकता का तिरस्कार अनिवार्य है और जहाँ वासना नहीं है, वहाँ काव्यशास्त्र के अनुसार रस नहीं माना जा सकता। यहाँ भी रामादि किसी इष्टदेव की सच्ची मान्यता अनिवार्य है—केवल कर्मकाण्ड अपर्याप्त है। हिन्दू धर्म में इष्टदेव के अनेक रूप हैं। निर्गुण (निर्गुण भक्ति), सगुण (रामभक्ति, कृष्णभक्ति आदि), रहस्यवाद, शाक्त एवं योग-साधना आदि विविध रूप मिलते हैं जो कहीं-कहीं परस्पर विरोधी भी हैं। तुलसीदास जैसा गम्भीर और प्रभावशाली वर्णन रामभक्ति का करते हैं वैसा कृष्णभक्ति का नहीं कर सकते। अलखवादियों से तो वे कहते ही हैं कि "अलख को क्या देखते हो, हे नीच! राम के नाम का जाप करो"। दैन्य भाव की भक्ति में दैन्य की अनुभूति तो लौकिक ही है। इधर काव्य-सिद्धान्त में 'दैन्य' या 'दीनता' को भी संचारी भाव माना गया है जिसका कारण दुःख, गरीबी और विषाद माने गये हैं। जहाँ भक्ति एवं साम्प्रदायिक अलौकिक और आध्यात्मिक अनुभूति है वहाँ उसका आधार दैन्य एक लौकिक और सामाजिक अनुभव है जिसके कई कारण हैं। इस रूप में भी आधुनिक कविता में दैन्य, विषाद या लघुता का मार्मिक तथा व्यापक चित्रण मिलता है। लघुता और आश्रयहीनता का यह अनुभव निराला जैसे शक्ति के कवियों को भी वैराग्य और दैन्यभाव की भक्ति की ओर प्रेरित करता है।

उपर्युक्त विवेचन के आधार पर, लौकिकता और सामाजिकता के सत्य के आधार पर मेरे मत में **नौ रस** ही माने जाने चाहिए। इन नौ रसों को काव्यशास्त्रीय आधार पर भी प्रतिष्ठित किया जा सकता है। वस्तुतः काव्य तो व्यक्ति की सर्जनात्मक ऊर्जा के स्तर पर सामाजिकता का ही पर्याय है जो एक विशिष्ट रूप में सम्पन्न सामाजिक कर्म है। ये नौ रस हैं—शृंगार रस, वीर रस, रौद्र रस, करुण रस, वीभत्स रस, भयानक रस, वत्सल रस, अद्भुत रस तथा हास्य रस।

1. रामदहिन मिश्र, काव्यदर्पण, पृ. 67

शान्त रस, भक्ति रस तथा आनन्द रस के बारे में तत्त्वज्ञान की दृष्टि से भी मौलिक आपत्तियाँ पैदा होती हैं। रसानुभूति एक लोकोत्तर अनुभव है जबकि उपर्युक्त तीनों रस अलौकिक-आध्यात्मिक अनुभव पर आधारित हैं। कुछ विद्वानों ने निर्वेद के स्थान पर शम को शान्त रस का स्थायी भाव माना है क्योंकि निर्वेद एक संचारी भाव भी है। शम का अर्थ है निःस्पृहता, इच्छाहीनता। जहाँ इच्छा ही नहीं है, वहाँ वासना नहीं है और जहाँ वासना नहीं है वहाँ रसानुभव सम्भव ही नहीं है। इन तीनों रसों के विरुद्ध एक अन्य बुनियादी आक्षेप भी पैदा होता है। यदि इन रसों को स्वीकार किया जाये और यदि रस को ही काव्य का केन्द्रीय मूल्य माना जाये तो समस्त स्तोत्र साहित्य, गीता, पुराण आदि को भी काव्य मानना चाहिए क्योंकि उनका भी प्रधान लक्ष्य भक्ति, निर्वेद आदि ही हैं। मगर यह सर्वमान्य है कि गीता, पुराण, स्तोत्र साहित्य आदि काव्य नहीं माने जाते, वे काव्य से मौलिक रूप से भिन्न प्रकार का साहित्य है जो सम्प्रदाय, धर्म आदि का अतिक्रमण कर मानव मात्र को प्रभावित नहीं कर सकता। इसलिए रसों की संख्या नौ ही मानना संगत एवं स्वीकार्य है।

## वीर रस और रौद्र रस में अन्तर

एक यह प्रश्न भी उठाया गया है कि वीर रस और रौद्र में जब आलम्बन आदि समान हैं तो दोनों को परस्पर सम्बद्ध मानकर एक रस ही क्यों न मान लिया जाये? जब राम रावण युद्ध का वर्णन होता है और राम रावण पर प्रहार करते हैं तो राम के उत्साह तथा क्रोध दोनों भावों का आलम्बन रावण है तथा आश्रय राम। इसके अतिरिक्त उद्दीपन—परिवेश आदि—अनुभाव—वाणी का कठोर होना, आँखें लाल होना, भवें तन जाना आदि—भी समान हैं तथा स्मृति, आवेग आदि संचारी भाव भी राम के मन में पैदा होते हैं। तो इस सब रस सामग्री की समानता होने पर क्रोध तथा उत्साह में अन्तर कैसे किया जा सकता है? यहाँ उत्साह को क्रोध के अन्तर्गत या क्रोध को उत्साह के अन्तर्गत क्यों समाविष्ट नहीं किया जा सकता? राम रावण पर क्रोध के कारण वीरता का प्रदर्शन करते हैं या रावण-वध के उत्साह के कारण क्रोध करते हैं तो दोनों भावों एवं रसों की अलग सत्ता क्यों मानी जाये?

जैसा कि पहले भी संकेत किया जा चुका है, किसी भी स्थिति की समग्रता की उपेक्षा करने से तथा उस समग्रता को समझने के लिए उपयोग किये गये विश्लेषण को ही आत्यन्तिक सत्य मान लेने से इस प्रकार के प्रश्न उत्पन्न होते हैं। चिन्तन की भी दो प्रक्रियाएँ हैं—एक, विश्लेषण जहाँ हम किसी रचना के घटक विभिन्न तत्त्वों की व्याख्या करते हैं और दो, संश्लेषण जहाँ हम उस रचना को उसकी समग्रता में देखते हैं। इन दोनों प्रक्रियाओं का उद्देश्य होता है उस रचना को उसकी समग्रता एवं अखण्डता में समझना। कोई भी रस एक स्थिति विशेष

से सम्पृक्त होता है तथा वह स्थिति सरल भी हो सकती है और बहुत जटिल भी। मगर दोनों स्थितियों के विश्लेषण में उनकी समग्रता को ही केन्द्र में रखना अनिवार्य है। विभाव, अनुभाव और संचारी भाव का संयोग या सम्पृक्ति ही उसकी अखण्डता है तथा उसकी उपेक्षा नहीं होनी चाहिए।

प्रस्तुत सन्दर्भ में उत्साह तथा क्रोध के स्वरूप के अन्तर को समझना चाहिए। उत्साह एक व्यापक भाव है जिसकी अपेक्षा अनेक कामों में होती है—उत्साह कर्म में परिणत होकर ही रस बनता है और इसीलिए कर्म के अनुसार ही वीरता के भेद किये गये हैं—युद्धवीर, धर्मवीर, दानवीर आदि। मगर क्रोध हमेशा कर्म में परिणत हो यह आवश्यक नहीं होता। यदि कोई बलवान व्यक्ति किसी का अपमान करता है तो अपमानित व्यक्ति में क्रोध पैदा होता है मगर साथ ही आलम्बन के बल से वह भयभीत हो जाता है और क्रोध पर काबू पाने का प्रयास करता है। इसके अतिरिक्त क्रोध व्यक्ति की दुर्बलता माना गया है। गीता में तो यहाँ तक कहा गया है कि काम, क्रोध और लोभ नरक के त्रिविध द्वार हैं इसलिए मनुष्य को इन तीनों का त्याग करना चाहिए। इस रूप में क्रोध एक तामसिक भाव है और उत्साह एक सात्त्विक भाव है। मगर जैसा कि पहले कहा गया है उत्साह तो हमेशा सात्त्विक भाव ही है और इसकी अपेक्षा तो शृंगारादि में भी होती है। किन्हीं स्थितियों में क्रोध भी महत्त्वपूर्ण और अनिवार्य हो जाता है—जैसे राम का रावण पर क्रोधित होना। मगर रावण का राम के प्रति क्रोध या उत्साह अनुचित माने जायेंगे।

विविध रसों में परस्पर सम्बन्ध होता है और कहीं-कहीं एक रस दूसरे रस का उद्दीपन रूप में संचारी भाव भी हो सकता है। उदाहरण के लिए 'कामायनी' के आरम्भिक सर्ग में देव सभ्यता की स्मृति, देव बालाओं के सौन्दर्यादि का वर्णन—जो शृंगार रस की सामग्री है—मनु के शोक को, करुण रस को उद्दीप्त करते हैं। शृंगार और हास्य भी सम्बद्ध हो सकते हैं। मगर प्रत्येक भाव के स्वरूप पर, उसको उद्बुद्ध करने वाली परिस्थिति के आधार पर ही उसकी स्थिति पर विचार होना चाहिए।

कुछ विद्वानों ने रौद्र रस और वीर रस दोनों का एक ही स्थायी भाव 'अमर्ष' मानकर दोनों में अभेद माना है। मगर अमर्ष का भाव निन्दा, अपमान आदि से उत्पन्न होता है और वह भी वस्तुतः क्रोध ही है। उत्साह में अपमान या निन्दा का होना आवश्यक नहीं है। इतिहास में अनेक ऐसे प्रसंग आये हैं जहाँ किसी राजा ने किसी राजकुमारी के सौन्दर्य की प्रशंसा सुनकर उसके पिता के राज्य पर आक्रमण कर दिया या उसका हरण कर लिया। पृथ्वीराज ने संयोगिता का हरण किया तथा अलाउद्दीन ने पद्मिनी के सौन्दर्य की प्रशंसा सुनकर रत्नसेन के राज्य पर आक्रमण किया। ये सब शृंगार रस से सम्बद्ध वीर रस के प्रसंग माने जाते हैं। स्पष्ट है कि अमर्ष वीर रस का स्थायी भाव नहीं माना जा सकता। हाँ, वह क्रोध के पर्याय के रूप में रौद्र रस का स्थायी भाव माना जा सकता है। रौद्र रस

और वीर रस के स्थायी भावों—क्रोध और उत्साह में स्पष्ट और बुनियादी अन्तर है इसलिए दोनों दो भिन्न और स्वतन्त्र रस के रूप में ही माने जाते हैं।

## रस के अवयवों का अन्तःसम्बन्ध और अभिनय

उपर्युक्त विवेचन से स्पष्ट है कि रस की मात्र सत्त्वोद्रेक वाली परम्परा से कहीं अधिक महत्त्वपूर्ण और प्रासंगिक परम्परा है **विभावादि के संयोग की** तथा इस संयोग से उत्पन्न सामाजिक द्वारा हर्षादि की प्राप्ति की (भरत)। यहाँ यह समझना उपयोगी एवं प्रासंगिक होगा कि रस को निष्पन्न करने वाले विविध तत्त्वों के पारस्परिक सम्बन्ध पर नये सिरे से विचार किया जाये। प्रसंगानुसार रस के घटकों के इस पक्ष पर विचार किया जाता रहा है मगर उन सबके पारस्परिक सम्बन्धों पर एक साथ विचार करने से रस-सिद्धान्त का एक नया मगर उपेक्षित पक्ष उजागर करने का प्रयास किया जायेगा जो आज की दृष्टि से महत्त्वपूर्ण और प्रासंगिक है।

आलम्बन विभाव के अन्तर्गत काव्य के सभी पात्र आ जाते हैं। संस्कृत के सभी महाकाव्यों और आधुनिक साहित्य, महाकाव्य, नाटक, कथा-साहित्य आदि में सभी पात्र कहीं-कहीं आलम्बन और आश्रय होते हैं। उद्दीपन विभाव के अन्तर्गत पात्रों का (आलम्बन विभाव का) सम्पूर्ण परिवेश, प्रकृति, सामाजिक स्थिति आदि आ जाते हैं। परिवेश का यह स्वरूप अत्यन्त सरल भी हो सकता है तथा अत्यन्त जटिल भी। आधुनिक जीवन का सारा परिवेश या यथार्थ उद्दीपन विभाव के अन्तर्गत आ जाता है।

**अनुभाव** रस का तथा काव्य एवं काव्य-वस्तु का अत्यन्त महत्त्वपूर्ण तत्त्व है। अनुभाव के चार प्रमुख भेद हैं—एक, वाचिक अनुभाव के अन्तर्गत भाषा-शैली आ जाती है। कायिक अनुभाव वस्तुतः पात्रों के कार्य, घटनाएँ आदि ही हैं। सात्त्विक अनुभाव पात्रों की मनःस्थिति के पर्याय हैं, पात्रों के मन में उदित होने वाले सभी आवेग, वृत्तियाँ, उनका समुच्चय, विरोध (अन्तर्विरोध) आदि इसके अन्तर्गत आ जाते हैं।

सात्त्विक अनुभाव के **आठ भेद** माने गये हैं : स्तम्भ, स्वेद, रोमांच, कम्प, स्वरभंग, वैवर्ण्य (रंग पीला पड़ जाना) अश्रु तथा प्रलय (भावावेश के कारण बेहोश हो जाना)। इसी प्रकार नायिका ने 28 अनुभावों का उल्लेख भी किया गया है—शोभा, कान्ति, माधुर्य, प्रगल्भता, औदार्य, धैर्य, लीला, ललित (अंगों के लावण्य का प्रदर्शन) मद, कुतूहल आदि।

**आहार्य अनुभाव** का अर्थ है, परिस्थिति के अनुरूप वेष रचना जो विशेषकर नाटक तथा अन्य काव्य रूपों में भी परिस्थिति के अनुरूप काव्यानुभव के निरूपण के लिए अनिवार्य है।

उपर्युक्त **विवेचन से स्पष्ट है कि अनुभाव तथा संचारी भाव नाटक के सन्दर्भ में अभिनय के ही पर्याय हैं** तथा श्रव्य-काव्य के सन्दर्भ में काव्य की अस्मिता

के अभिन्न अंग हैं। क्या भाषा (वाचिक अनुभाव) के बिना किसी प्रकार के दृश्य या श्रव्य-काव्य की कल्पना सम्भव है? वस्तुतः काव्य तो एक भाषिक संरचना ही है—जो शब्दार्थ के सहित है वही काव्य है या इष्टार्थ से युक्त पदावली ही काव्य है। शब्द—और जब हम शब्द कहते हैं तो अर्थ भी उसमें समाहित होता है—'गिरा अर्थ जलवीचि सम, कहियतु भिन्न न भिन्न', या अक्षर ब्रह्म की परिकल्पना इसके प्रमाण हैं—तो काव्य का उपादान कारण है। भाषा-काव्य का वह कारण है जो काव्य का रूप धारण कर लेती है। आज की समीक्षा जिसे काव्य-वस्तु कहती है, उसी को प्राचीन आचार्यों ने विभावादि नाम दिया है। मम्मट ने तो यह बात स्पष्ट रूप से 'काव्यप्रकाश' में कही है कि जीवन में जो भाव के कारण हैं वे काव्य में विभाव कहलाते हैं, जीवन में जो भाव के सहकारी कारण हैं वे काव्य में संचारी भाव कहलाते हैं तथा जीवन में जो कार्य हैं वे काव्य में अनुभाव कहलाते हैं। इस प्रकार रस-सिद्धान्त की आधुनिक प्रासंगिकता सिद्ध होती है—रस-सिद्धान्त और काव्य-जीवन का ही एक विशिष्ट रूप है। विभावादि समस्त काव्य-वस्तु के ही पर्याय हैं। हाँ, इतना जरूर है कि काव्यशास्त्रियों ने विभावादि के भेद-उपभेद कर उसे एक स्वतन्त्र शास्त्र बना दिया है।

## सहृदय की अवधारणा

प्रायः यह कहा जाता है कि पहले लक्ष्य-ग्रन्थों का निर्माण होता है और फिर लक्षण-ग्रन्थों या आलोचना का जन्म होता है। मगर भरतमुनि के नाट्यशास्त्र से आरम्भ होने वाली भारतीय समीक्षा की परम्परा के अनुसार काव्य-विवेचन का आरम्भ वेदों से हुआ है। भरतमुनि ने लिखा है कि चारों वेदों से विविध तत्त्वों को लेकर नाट्यशास्त्र की रचना हुई है। भरतमुनि के अनुसार अथर्ववेद से ही रस को ग्रहण किया गया है। रस को नाटक का प्रधान तत्त्व माना जाता है। भरतमुनि ने कहा हैं कि रस के बिना कोई अर्थ प्रवृत्ति नहीं होता—**'न रसाहते कश्चिदर्थः प्रवर्त्तते।'** नाटक और रस के स्वरूप का ही अन्तरंग पक्ष है प्रेक्षक। इसीलिए नाट्यशास्त्र के आरम्भ में ही कहा गया है कि सुमनस प्रेक्षक वाचिक आंगिक और सात्त्विक अनुभावों से उपेत स्थायी भावों का आस्वाद करता है तथा हर्षादि को प्राप्त करता है। इस सुमनस प्रेक्षक के लिए ही सहृदय, प्रमाता या सामाजिक शब्द का प्रयोग किया जाता है। यही सुमनस प्रेक्षक की अवधारणा ही आज तक प्रचलित रही है। महापात्र विश्वनाथ ने भी इसी बात को दोहराया है और यह कहा है कि सहृदय या वह व्यक्ति जिसमें वासना (भावना) है, वही काव्य का आस्वाद कर सकता है। उनके मतानुसार वेदाभ्यास से व्यक्ति पत्थर या काठ के समान जड़-वासनाहीन हो जाता है और वह काव्य का आस्वाद करने में अक्षम होता है।

हर सहृदय काव्य से प्रभावित होता है तथा इस प्रभाव का काव्य की समीक्षा

में महत्त्वपूर्ण स्थान होता है। अनेक आलोचकों ने इस प्रभाव को ही काव्य का केन्द्रीय या प्रधान तत्त्व माना है, जिसकी व्याख्या हमारे यहाँ भाव रसादि के रूप में हुई है। पश्चिम में अरस्तू, लोंजाइनस आदि ने सहृदय की प्रतिक्रिया को भाव कहा है और उसका विवेचन उत्कृष्ट काव्य के प्रधान तत्त्व के रूप में किया है। अंग्रेज़ी के रूमानी कवियों ने काव्य समीक्षा में भाव, आवेग आदि को महत्त्वपूर्ण माना है। आई.ए. रिचर्ड्स ने भी सहृदय में उत्पन्न विरोधी आवेगों के सन्तुलन की बात की है।

सहृदय या प्रेक्षक का उल्लेख भारत तथा विदेश के अनेक काव्य-चिन्तकों ने किया है। भरत के बाद लोल्लट और श्री शंकुक दोनों ने इस प्रश्न का बहुत समीचीन उत्तर दिया है कि प्राचीन तथा अदृष्ट पात्रों का निरूपण करने वाले नटादि को प्रेक्षक मूल पात्र कैसे मान लेता है। मूल प्रश्न यह है कि जब रामादि का अभिनय होता है तो उस समय रामादि के तीन रूप प्रेक्षक के सामने होते हैं—एक, मूल पात्र रामादि जिनका वर्णन रामायण आदि विविध काव्यों में मिलता है, दूसरा, कवि द्वारा कल्पित रामादि पात्रादि जिनका वर्णन कवि करता है और जिसे कविनिबद्ध पात्रादि कहा जाता है तथा तीसरे, उनका अभिनय करने वाले नटादि जो हमारे समकालीन और परिचित होते हैं, तो ऐसी स्थिति में प्रेक्षक नटादि को रामादि कैसे मान लेता है या आज हम फिल्मों में विविध अभिनेताओं को नेता, सेनापति, दादा, सेवक आदि के रूप में देखते हैं तो हम अपनी पहचान के पात्रों को नेता आदि कैसे मान लेते हैं? इसका उत्तर भट्ट, लोल्लट ने यह दिया है कि जब वे अभिनेता बार-बार रामादि ऐतिहासिक या नेता आदि कल्पित पात्रादि बनकर आते हैं तो दर्शक भी उन्हें अनुसन्धान व्यापार के द्वारा ऐतिहासिक या कल्पित पात्र मान लेता है।

उक्त विवेचन क्रम में ही भट्टनायक ने सहृदय को ही रस का भोक्ता मान लिया है तथा अभिनवगुप्त ने तो सहृदय को ही रस का आश्रय भी मान लिया है। उन आचार्यों तथा आधुनिक काल में आचार्य शुक्ल ने तो सहृदय या आश्रय को रस-सिद्धान्त का प्रधान पात्र मान लिया है।

पश्चिम में भी यह सवाल उठाया गया कि एक कल्पित रचना का अभिनय देखते हुए सहृदय कैसे उसे यथार्थ मानकर उनसे गम्भीर रूप से प्रभावित होता है? त्रासदी देखकर तो कई सहृदय रोते हुए बाहर आते हैं। इसका उत्तर उन्होंने यह दिया है कि सहृदय जब नाटक देखने जाता है तो वह उसे एक कल्पित रचना मानते हुए अविश्वास का विसर्जन कर देता है। इस प्रकार वह नाटक देखने से पूर्व ही उसे यथार्थ जैसा मानने की मानसिकता लेकर आता है। इसके अतिरिक्त नाटक की मंच-सज्जा आदि के कारण वह उन्हें यथार्थ न मानते हुए भी उनके अभिनय और चरित्र से प्रभावित होता है। अगर किसी उत्कृष्ट नाटक का भी खराब अभिनय हो तो सहृदय उससे प्रभावित नहीं होता और खीझ उठता है।

## अध्याय-6

# अलंकार-सिद्धान्त

भारतीय काव्य-चिन्तन में काव्य के विविध मूल्यों की स्थापना की गयी है। रसादि, अलंकार, रीति, (जिसे प्रवृत्ति, वृत्ति, मार्ग आदि भी कहा गया) गुण, वक्रोक्ति, ध्वनि (शब्दशक्ति : अभिधा, लक्षणा और व्यंजना), औचित्य आदि काव्य के प्रतिमानों के रूप में प्रतिष्ठित किये गये हैं। इन प्रतिमानों के आधार पर विविध सम्प्रदायों की चर्चा की गयी है। मगर 'सम्प्रदाय' कहने से यह भ्रम पैदा होता है कि एक सम्प्रदाय को मानने वाला आचार्य किसी भी अन्य काव्य प्रतिमान को स्वीकार नहीं करता—उदाहरण के लिए यह भ्रम हो सकता है कि अलंकारवादी ध्वनि को नहीं मानता या ध्वनि को मानने वाला रस को नहीं मानता। मगर ऐसा है नहीं। इसीलिए हमने अलंकार आदि प्रतिमानों के आधार पर सम्प्रदायों की मान्यता के स्थान पर सिद्धान्तों की या प्रतिमानों की बात की है।

यहाँ यह सवाल पैदा होना स्वाभाविक है कि काव्य के प्रतिमानों के स्वरूप तथा महत्त्व में परिवर्तन क्यों हुआ?

इसके दो कारण हैं। पहला कारण तो यह है कि जैसे-जैसे काव्य-चिन्तन का विकास हुआ, आचार्यों ने काव्य के विविध प्रतिमानों तथा उनके महत्त्व का सूक्ष्म विवेचन करते हुए उनके महत्त्व का पुनरीक्षण किया। दूसरा; आचार्य की काव्य-सम्बन्धी दृष्टि के अनुसार काव्य के विविध तत्त्वों के सापेक्षिक महत्त्व पर अलग-अलग दृष्टियों से विचार किया गया।

भारतीय काव्यशास्त्र का सबसे पुराना उपलब्ध ग्रन्थ भरतमुनि का नाट्यशास्त्र है जिसमें उन्होंने रस को केन्द्रीय तत्त्व माना है और कहा है कि बिना रस के

नाटक में कोई अर्थ प्रवर्तित नहीं होता। इस प्रकार रस नाटक की आत्मा है तथा विभावादि तथा अभिनयादि अन्य तत्त्व रस से ही सम्पृक्त होकर अर्थवान बनते हैं। आधुनिक शब्दावली में रस को नाट्यानुभव के रागकक्ष रखा जा सकता है। यद्यपि दृश्य काव्य—नाटक—के सन्दर्भ में रस को केन्द्रीय तत्त्व माना जा चुका था, फिर भी जब श्रव्यकाव्य का विवेचन आरम्भ हुआ[1] तो अलंकार को काव्य का प्रधान तत्त्व माना गया है। अलंकार का शाब्दिक अर्थ है आभूषण, मगर यह अर्थ अलंकार की अवधारणा को स्पष्ट नहीं करता। अलंकारवादी आचार्यों ने यह माना कि वे सारे तत्त्व जो काव्य में शोभा की सृष्टि करते हैं, अलंकार कहे जाते हैं। काव्य-सौन्दर्य और अलंकार को पर्याय मानते हुए यह कहा गया कि सौन्दर्य ही अलंकार है—सौन्दर्यमलंकार।[2] यहाँ तक कहा गया कि बिना अलंकार के सरस्वती (काव्य) विधवा के समान ही है। इससे यह सिद्ध होता है कि आरम्भिक अवस्था में अलंकार को काव्य का अनिवार्य गुण माना गया—यह स्थापना की गयी कि अलंकार ही काव्य की आत्मा है। आज यह अवधारणा विवेकहीन मानी जा सकती है, मगर इस मान्यता का भी एक पुष्ट ऐतिहासिक आधार है।

दृश्यकाव्य—नाटक—देर तक रंगमंच पर प्रदर्शित होने वाला एक काव्य रूप है इसलिए सार्थकता या सफलता के लिए यह अनिवार्य है कि वह देर तक—एक-दो घण्टे तक—दर्शकों को अपने में तल्लीन या मुग्ध करने में समर्थ हो। इसीलिए रस जैसे व्यापक तत्त्व को नाटक का केन्द्रीय तत्त्व माना गया है जो भाषा तथा अभिनयादि से सम्पृक्त है। मगर श्रव्यकाव्य एक छन्द का भी हो सकता है और एकाधिक छन्दों का भी। फिर भी उसे श्रोता सामाजिक उतनी देर तक प्रायः नहीं सुन सकता जितनी देर तक वह नाटक देखता है। इसलिए श्रव्यकाव्य में अलंकार या चमत्कार का महत्त्व है और काव्य-सौन्दर्य को उत्पन्न करने वाले सभी तत्त्वों को आरम्भ में अलंकार कहा गया। अलंकार सिद्धान्त के विकास के प्रथम चरण में यह कहा गया कि "अलंकार काव्य का शोभाकारक धर्म है"; मगर बाद में यह माना जाने लगा कि "अलंकार काव्य का शोभावर्धक धर्म है" यानी काव्य का मूल शोभाकारक धर्म कुछ दूसरा है—गुण या रसादि माना जाता है—और अलंकार इस मूलधर्म से उत्पन्न शोभा को बढ़ाता है। इस प्रकार अलंकार काव्य-सौन्दर्य का पर्याय न होकर उसको बढ़ाने वाला तत्त्व माना जाने लगा।

1. श्रव्य-काव्य का सबसे प्राचीन उपलब्ध लक्षण ग्रन्थ भामह का 'काव्यालंकार' है जिसकी रचना छठी शती के मध्य भाग में हुई थी।
2. वामन

# अलंकार सिद्धान्त के विकास के तीन चरण

## प्रथम चरण

पहले चरण में अलंकार को काव्य के समस्त सौन्दर्य का पर्याय मान लिया गया[1]। इस मान्यता के अन्तर्गत रस, भाव, भाव-शान्ति और छन्दादि को भी अलंकार ही मान लिया गया। इसीलिए यह स्थापना की गयी कि अलंकार ही काव्य के शोभाकारक धर्म हैं। इस स्थापना के दो कारण हैं। एक तो यह कि श्रव्यकाव्य एक लघु काव्य होता है और उसे सुनाकर ही कवि चमत्कार उत्पन्न करने का प्रयास करता है—चाहे वह चमत्कार शब्दालंकारों या अर्थालंकारों के प्रयोग से हो, चाहे रस या छन्द के प्रयोग से हो। प्रायः उत्कृष्ट काव्य में सभी तत्त्व पाये जाते हैं। श्रव्यकाव्य सम्बन्धी इस स्थापना से पहले नाटक में, जो दीर्घ काव्यरूप है तथा जिसमें मंच-सज्जा, अभिनय, संगीतादि के प्रयोग से रस की सृष्टि होती है, रस को ही केन्द्रीय तत्त्व माना जा चुका था, मगर उसके दीर्घ आकार के कारण रस-निष्पत्ति सम्भव थी जो कि श्रव्यकाव्य में सर्वत्र सम्भव नहीं हो सकती। यही कारण है कि श्रव्यकाव्य में शब्दालंकार के साथ रस तथा भाव को भी अलंकार मान लिया गया। साथ ही यह भी स्पष्ट है कि तब आचार्यों का ध्यान इस सत्य की ओर नहीं गया था कि अनुप्रास, उपमा या रसकाव्य के लिए समान रूप से महत्त्वपूर्ण नहीं हो सकते। यह श्रव्यकाव्य विषयक चिन्तन की आरम्भिक अवस्था का भी द्योतक है जबकि काव्य के सभी घटकों के सापेक्षिक महत्त्व की मीमांसा सम्भव नहीं थी। जैसे-जैसे इन तत्त्वों के स्वरूप तथा सापेक्षिक महत्त्व के विश्लेषण-मूल्यांकन का प्रयास विकसित होता गया, अलंकार का महत्त्व रसादि से कम होता गया।

## द्वितीय चरण

दूसरे चरण में अलंकार को अनिवार्य न मानते हुए भी उसके महत्त्व को स्वीकार किया गया—मम्मट ने रसवादी होते हुए भी अलंकार के महत्त्व को इसी रूप में स्वीकार किया। इसीलिए उन्होंने काव्य की परिभाषा देते हुए यह कहा कि काव्य कभी-कभी अनलंकृत भी हो सकता है। इसका मूल कारण यही है कि मम्मट ने श्रव्यकाव्य में रस के केन्द्रीय महत्त्व को स्वीकार किया। इस स्थिति में विरोधाभास प्रतीत हो सकता है क्योंकि इसके अन्तर्गत काव्य के लिए अलंकार के महत्त्व को स्वीकार करते हुए भी उसे अनिवार्य नहीं माना, क्योंकि तब रस ही काव्य की सभी विधाओं में अनिवार्य तत्त्व माना जाने लगा था।

1. दण्डी—काव्यादर्श

इसी चरण के अन्तर्गत वामन का मत भी आता है। उन्होंने अलंकार की एक नयी अवधारणा प्रस्तुत की है। उनके मतानुसार काव्य-सौन्दर्य ही अलंकार है। यहाँ तक तो यह मत प्रथम मत के समान है। मगर फिर उन्होंने अलंकार को दो वर्गों में बाँटा है—एक, **गुण** जो शब्द के धर्म हैं, और **दूसरा** शब्दालंकारादि। इन दोनों में अन्तर यह है कि गुण-काव्य का अनिवार्य धर्म है मगर शब्दालंकारादि अनिवार्य नहीं हैं—वे गुणों के सौन्दर्य की वृद्धि करते हैं। इससे यह स्पष्ट होता है कि किस प्रकार काव्य-चिन्तन के विकास के साथ-साथ अलंकार सम्बन्धी अवधारणा के स्वरूप में परिवर्तन होता गया। आगे चलकर गुण को अलंकार से स्वतन्त्र और उसके समकक्ष धर्म के रूप में प्रतिष्ठित किया गया तथा गुण के स्वरूप में भी अन्तर आया। रस-सिद्धान्त की व्यापक प्रतिष्ठा के साथ गुण को रस से जोड़ा गया और उसे रस का धर्म माना गया। पहले काव्य-लक्षण के विवेचन के अन्तर्गत स्पष्ट किया जा चुका है कि मम्मट ने गुण को रस का धर्म माना है तथा अलंकार को काव्य के लिए अनिवार्य नहीं माना है। साथ ही यह भी मान्यता विकसित हुई कि अलंकार रसाभिव्यक्ति के साधन भर हैं। इस प्रकार गुण को अलंकार तथा रस दोनों से भिन्न काव्य की एक अवधारणा के रूप में प्रतिष्ठा मिली।

ध्यान देने की बात है कि गुण के समकक्ष किसी सिद्धान्त की स्थापना पाश्चात्य काव्य-चिन्तन में नहीं हुई। वैसे विविध आलोचकों ने काव्य के गुणों की चर्चा की है मगर गुण को एक स्वतन्त्र अवधारणा के रूप में प्रतिष्ठित नहीं किया गया।

इस प्रसंग में यह संकेत करना भी आवश्यक है कि पाश्चात्य काव्यशास्त्री लोंजाइनस ने भी अलंकार को औदात्य का साधन ही माना है और अलंकारों के उचित उपयोग पर बल दिया है।

## तृतीय चरण

तीसरे चरण में अलंकार को काव्य के गौण तत्त्व के रूप में स्वीकार किया गया है और यह माना गया है कि काव्य का अनिवार्य तत्त्व तो रस है मगर अलंकार रस सृष्टि के साधन के रूप में उपयोगी है। इस मान्यता के अन्तर्गत मूल स्थापना यह है कि रस ही काव्य में सौन्दर्य की सृष्टि करता है मगर अलंकारों का उचित प्रयोग रस को अधिक प्रभावी बना सकता है। इस प्रकार अलंकार काव्य का शोभाकारक धर्म नहीं है क्योंकि यह महत्त्व तो रस को प्राप्त हो गया—बल्कि काव्य रस का शोभावर्धक धर्म है। तात्पर्य यह है कि काव्य में सौन्दर्य की सृष्टि तो रस द्वारा ही होती है, अलंकार का उचित प्रयोग इस सौन्दर्य को अधिक मार्मिक बना देता है। इस रूप में अलंकारों को "वाणी का चमत्कारपूर्ण असाधारण प्रयोग" माना

गया। उदाहरण के लिए यह कहने के बजाय कि राम के कन्धे शक्तिशाली हैं, काव्य में यह कहा गया कि राम के कन्धे पर्वत के समान (उपमा अलंकार) हैं। आज तक काव्य-चिन्तन में अलंकार को इसी रूप में—वाणी के चमत्कारपूर्ण प्रयोगों के रूप में ही स्वीकार किया जा रहा है। केवल क्रोचे इसके अपवाद हैं तथा उनके मत पर आगे विचार किया जायेगा।

**अलंकारों का वर्गीकरण**—प्राचीन भारतीय चिन्तन की यह विशेषता रही है कि वह जिस तत्त्व को विवेचन का विषय बनाता है, उसका बड़ा विस्तृत एवं गम्भीर विवेचन करता है। यही स्थिति अलंकारों के बारे में भी दिखाई देती है। भरतमुनि ने केवल चार अलंकारों का उल्लेख किया है, मगर बाद के आचार्यों ने काव्य के भाषागत तथा अर्थगत सौन्दर्य का विस्तृत विश्लेषण करते हुए उसकी संख्या 124 (अप्पयदीक्षित) तक हो गयी। पहले यह स्पष्ट किया जा चुका है कि किस प्रकार अलंकार पहले तो काव्य के समस्त सौन्दर्य का पर्याय माना गया और फिर वह उक्ति चमत्कार मात्र रह गया। अलंकारों के अन्तर्गत उनके सापेक्षिक महत्त्व के सवाल पर भी विचार हुआ। इसी सन्दर्भ में अलंकारों को तीन वर्गों में बाँटा गया : (1) शब्दालंकार जैसे अनुप्रास या यमक आदि। यहाँ शब्द-विशेष के स्थान पर उसके पर्याय के प्रयोग से भी अलंकार का लोप हो जाता है, जैसे : 'कनक कनक ते सौ गुनी मादकता अधिकाय' में किसी एक कनक शब्द के स्थान पर उसके पर्याय के प्रयोग से यमक अलंकार नहीं रहता। दूसरा वर्ग है अर्थालंकारों का, जैसे उपमादि जैसे 'मुख चन्द्रमा के समान है' उक्ति में चन्द्रमा के स्थान पर उसके किसी भी अन्य पर्याय के प्रयोग से उपमा अलंकार बना रहता है। इसके अन्तर्गत कुछ अलंकार ऐसे भी हैं जो दोनों वर्गों में रखे जा सकते हैं; जैसे शब्दश्लेष तथा अर्थश्लेष। वर्गीकरण के अन्य भी अनेक स्वरूप मिलते हैं।

अलंकार वस्तुतः कथन की विशिष्ट रीतियाँ हैं। इसीलिए विविध आचार्यों में अलंकारों की संख्या के विषय में भी मतभेद दिखाई देता है। भरतमुनि ने चार अलंकार माने हैं, वामन ने तैंतीस और जगन्नाथ ने इकहत्तर। अप्पयदीक्षित ने सबसे अधिक अलंकार (124) माने हैं। आचार्य शुक्ल ने मानवीकरण, विशेषण विपर्यय आदि पाश्चात्य अलंकारों का उल्लेख भी किया है। मगर आश्चर्य होता है कि यहाँ आचार्य शुक्ल जैसा गम्भीर आलोचक भी चूक गया क्योंकि वे वस्तुतः समासोक्ति, लक्षणा, वक्रोक्ति आदि के ही भिन्न नाम भर हैं।

विभिन्न आचार्यों में अलंकारों के वर्गीकरण के बारे में भी मतभेद दिखाई देता है। कुछ आचार्यों ने अलंकारों को निम्नलिखित रूप में वर्गीकृत किया है :

## अलंकारों का वर्गीकरण

अलंकारों के उपर्युक्त वर्गीकरण में प्रधान रूप से शब्द और अर्थ के सम्बन्ध को ही आधार बनाया गया है।

अर्थालंकार का उदाहरण–

*"उसी तपस्वी से लम्बे थे देवदारु दो चार खड़े"*

इसमें यदि तपस्वी तथा देवदारु के स्थान पर उनके पर्यायों का प्रयोग होने पर भी उपमा अलंकार बना रहेगा।

वाणी के असाधारण प्रयोगों को ही अलंकार कहा गया है। राजानक रुय्यक ने विविध अलंकारों का वर्गीकरण करते हुए उनके सात प्रकार माने हैं–[1]

1. **सादृश्य मूलक अलंकार :** प्रसाद का उपर्युक्त काव्यांश उपमा अलंकार का उदाहरण है।

2. **औपम्यगर्भ अलंकार :** जहाँ उपमेय और उपमान के सादृश्य के आधार पर अलंकार योजना की गयी हो, जैसे अन्योक्ति, समासोक्ति, दृष्टान्त आदि। इसका उदाहरण कबीर की इस साखी में मिलता है :

*माली आवत देखकर कलियन करी पुकार।*
*फूले फूले चुनि लिए काल्हि हमारी बार।।*

यह अन्योक्ति अलंकार का उदाहरण है जिसमें 'माली' का अर्थ है काल, 'कलियन' का अर्थ है युवा, 'फूले फूले' का अर्थ है वृद्ध व्यक्ति, 'चुनि लिए' का अर्थ है उनका देहान्त हो गया और अन्तिम शब्दों का अर्थ है कि कुछ समय के बाद (काल्हि) हमारा भी देहान्त हो जायेगा।

3. **विरोध मूलक अलंकार :** जहाँ कथन में विरोध दिखाई देता हो, मगर वस्तुतः वह हो नहीं तथा इस विरोधमूलक उक्ति से कथन में चमत्कार पैदा हो वहाँ **विभावना** अलंकार होता है। इस वर्ग के अतिरिक्त विरोध, विशेषोक्ति, असंगति आदि अलंकार आते हैं। विभावना वहाँ होता है जहाँ बिना कारण के कार्य का होना दिखाया जाता है, जैसे कि तुलसीदास के इस काव्यांश में–

*बिनु पद चलै सुनै बिनु काना, कर बिनु कर्म करै विधि नाना।*

पाँव बिन चलना आदि में विरोधाभास है, मगर ब्रह्म के इस वर्णन में विरोध नहीं है, केवल चमत्कार के लिए यह वर्णन किया गया है। उपनिषदों में भी ब्रह्म के लिए कहा गया है कि वह चलता है, वह नहीं चलता–"तदेजति तन्नै जति"।

4. **शृंखलाबद्ध अलंकार :** इसके अन्तर्गत अलंकार हैं कारणमाला, एकावली तथा सार। कारणमाला वहाँ होता है जहाँ कई कारणों और कई कार्यों के युग्मों का एक साथ वर्णन किया जाये। तुलसीदास के इस काव्यांश में कारणमाला अलंकार है :

1. रामदहिन मिश्र, काव्यदर्पण, पृ. 338

*बिनु विस्वास भगति नहिं, तेहि बिनु दवहि न राम,*
*रामकृपा बिनु सपनेहुं जीवन लह विस्राम।*

विश्वास कारण है भक्ति का, भक्ति कारण है राम की कृपा का और रामकृपा के बिना जीवन को सपने में भी विश्राम नहीं मिलता।

**5. तर्कान्यमूलक अलंकार :** इस वर्ग के अन्तर्गत काव्यलिंग और अनुमान अलंकार आते हैं।

**6. न्यायमूलक अलंकार :** जहाँ अलंकार योजना किसी एक तर्कबद्ध प्रणाली पर आधारित होती है; जैसे काव्यलिंग, यथासंख्य आदि।

**7. गूढ़ार्थ प्रतीति मूलक अलंकार :** जहाँ अलंकार योजना का आधार सूक्ष्म हो, जैसे व्याजोक्ति, वक्रोक्ति आदि।

## अलंकार सिद्धान्त की आधुनिक प्रासंगिकता

अलंकार सम्बन्धी चिन्तन में स्वभावोक्ति आदि तीन अलंकारों का बुनियादी महत्त्व है तथा यह माना जाता है कि वक्रोक्ति अथवा अतिशयोक्ति तो प्रायः सभी अलंकारों के मूल हैं। इस रूप में यह कहा जा सकता है कि वक्रोक्ति, स्वभावोक्ति तथा अतिशयोक्ति का एक व्यापक अर्थ है तथा एक सीमित अर्थ है—सीमित अर्थ में वे अन्य अलंकारों के समान ही विशिष्ट अलंकार हैं।

पहले भामह के काव्य लक्षण के विवेचन के अन्तर्गत वक्रोक्ति और स्वभावोक्ति पर विचार किया जा चुका है। भामह ने वाङ्मय के दो भेद माने हैं: एक काव्य तथा दूसरा शास्त्र। काव्य की भाषा वक्रोक्ति प्रधान है तथा शास्त्र की भाषा स्वभावोक्ति प्रधान है। काव्यभाषा के स्वरूप के अन्तर के आधार पर ही बीसवीं शती में आई.ए. रिचर्ड्स ने काव्य और विज्ञान का अन्तर स्पष्ट किया है। कहना न होगा कि यह अन्तर भारतीय काव्य-चिन्तन में ईसा की छठी शताब्दी में ही किया जा चुका था। खेद एवं चिन्ता की बात है कि हिन्दी के कई आलोचक इस अन्तर से परिचित नहीं हैं, जबकि वे रिचर्ड्स के मत को दोहराते नहीं थकते।

यह सवाल किया जा सकता है कि वक्रोक्ति तथा अतिशयोक्ति किस प्रकार अनेक अलंकारों के स्रोत हैं? इसका स्पष्टीकरण इस उदाहरण से करने में सरलता होगी :

*रघुनायक आगे अवनी पर नवनीत-चरण,*
*श्लथ धनु-गुण है, कटिबन्ध स्रस्त-तूणीर धरण,*
*दृढ़ जटा-मुकुट हो विपर्यस्त प्रतिलट से खुल*
*फैला पृष्ठ पर, बाहुओं पर, वक्ष पर, विपुल*
*उतरा ज्यों दुर्गम पर्वत पर नैशान्धकार,*
*चमकती दूर ताराएँ ज्यों हों कहीं पार।*[1]

1. निराला : राम की शक्ति पूजा

अन्तिम चार पंक्तियों में साम्यमूलक अलंकार हैं—राम के बालों की लटाएँ पृष्ठ आदि पर फैली हैं; जैसे कि दुर्गम पर्वत पर रात्रि का (यह अमावस्या की रात है) का अन्धकार फैला है। इन पंक्तियों में वक्रोक्ति तथा अतिशयोक्ति दोनों का ही उपयोग है। राम के पीठ, बाहु, वक्ष आदि 'दुर्गम पर्वत' के समान शक्तिशाली हैं जो 'दुर्गम' हैं अर्थात् जिन्हें कोई आज तक जीत नहीं पाया है और उन पर उनकी लटाएँ रात के घने अन्धकार के समान फैली हैं। यहाँ सीधा-साधा भावार्थ यह है कि उस दिन राम युद्धभूमि से पराजित होकर लौटे हैं और अत्यन्त शक्तिशाली होते हुए भी इस पराजय के कारण निराश (अन्धकाराच्छन्न) हैं। मगर इस सीधी बात को कहने के लिए निराला ने पर्वत पर घिरते रात के अन्धकार से राम की मनोदशा की तुलना की है—एक साम्यमूलक अलंकार का—आधुनिक शब्दावली में एक **बिम्ब** का—उपयोग किया है। यहाँ राम की पराजयजन्य निराशा का वर्णन सीधे-सीधे अभिधा में न कर अलंकार या बिम्ब के प्रयोग के द्वारा वक्र ढंग से किया गया। इसलिए इस अलंकार या बिम्ब के मूल में वक्रोक्ति है और वक्रोक्ति ही नहीं, अतिशयोक्ति भी है क्योंकि किसी की पीठ आदि दुर्गम पर्वत के समान शक्तिशाली नहीं होती तथा किसी के केश अमावस्या की रात के अन्धकार के समान व्यापक और काले नहीं होते। यह सामान्य सिद्धान्त है कि उपमान—वर्ण्य वस्तु से उपमेय—वर्ण्यवस्तु को पैना बनाने के लिए जिसका उपयोग किया जाता है—गुण में अधिक होता है। इसलिए सभी साम्य मूलक अलंकारों (बिम्बों) में वक्रोक्ति या अतिशयोक्ति अनिवार्यतः होते हैं और यदि कहीं उपमान उपमेय से गुण में अधिक हो तो वहाँ प्रतीप अलंकार माना जाता है—यहाँ भी वक्रोक्ति तथा अतिशयोक्ति दोनों ही विद्यमान हैं।

स्वभावोक्ति अपने मूल एवं व्यापक अर्थ में सामान्य या लोकप्रचलित प्रयोग है—अभिधा है। शास्त्र या विज्ञान में इसका उपयोग काम्य ही नहीं, अनिवार्य भी है क्योंकि यहाँ लेखक का ध्यान अर्थ के सम्प्रेषण पर रहता है। दार्शनिक या वैज्ञानिक वक्रोक्ति—उदाहरण आदि का उपयोग भी अर्थ के सरल सम्प्रेषण के लिए ही करता है—उदाहरण भी स्वभावोक्ति के सहयोगी बनकर आते हैं।

आगे चलकर वक्रोक्ति (कुन्तक का वक्रोक्ति सिद्धान्त अपवाद है), अतिशयोक्ति तथा स्वभावोक्ति का प्रयोग विशिष्ट अलंकारों के लिए ही किया गया। उदाहरण के लिए बालिवध के बाद राम द्वारा सुग्रीव को भेजा गया यह सन्देश "जिस मार्ग से बालि गया है वह सँकरा नहीं है" यानी इसी मार्ग पर सुग्रीव को भी भेजा जा सकता है; वक्रोक्ति का उदाहरण माना जा सकता है।

स्वभावोक्ति अलंकार के बारे में आचार्य रामचन्द्र शुक्ल ने एक मौलिक प्रश्न उठाया है। अपने सीमित अर्थ में स्वभावोक्ति का लक्षण है बालकादि की स्वाभाविक चेष्टाओं का वर्णन। जब स्वामी विवेकानन्द अल्मोड़े में आये थे तब वहाँ की जनता

ने उनके सम्मान में उनके आने वाले मार्ग पर मखमल बिछवाया था। इस पर एक बालक अपनी माँ से प्रश्न करता है :

*'बिना पाँवड़े पथ में क्या वे जननि नहीं चल सकते हैं?*
*दीपावलि क्यों की? क्या वे माँ! मंद दृष्टि कुछ रखते हैं?'*

में एक बालक की स्वाभाविक शंका का वर्णन है। सूरदास द्वारा कृष्ण की सभी बाल लीलाओं का वर्णन स्वभावोक्ति अलंकार के अन्तर्गत ही माना जायेगा। इस पर आचार्य शुक्ल की आपत्ति यह है कि बाल लीलाओं का वर्णन तो काव्य का वर्ण्य विषय है तथा वर्ण्य विषय को अलंकार कैसे कहा जा सकता है। अलंकार का सम्बन्ध तो केवल उक्ति चमत्कार से है, न कि काव्यवस्तु से। इसी बात को एक अन्य प्रकार से यूँ कहा जाता है कि अलंकार तथा अलंकार्य में अन्तर है : काव्य अलंकार्य है तथा अलंकार आभूषण के समान उसके सौन्दर्य को बढ़ाने के साधन हैं। इसी आधार पर काव्य का अन्तरंग तथा बहिरंग पक्ष या भावपक्ष या कलापक्ष नामों से विभाजन कर दिया जाता है तथा वस्तु एवं रस या भाव तथा विचार को अन्तरंग पक्ष में माना जाता है तथा भाषा, अलंकार, छन्दादि को बहिरंग तत्त्व माना जाता है। आधुनिक युग में सबसे पहले क्रोचे ने तथा फिर नयी समीक्षा में काव्य के इस विभाजन का विरोध कर काव्य की संरचनात्मक अखण्डता का प्रतिपादन किया गया तथा सभी तत्त्वों को काव्य के लिए समान रूप से महत्त्वपूर्ण माना गया।

## क्रोचे का अलंकार सम्बन्धी मत

क्रोचे ने अपने अभिव्यंजनावाद सिद्धान्त में अलंकार को काव्य का अन्तरंग तत्त्व माना है जिसका आचार्य शुक्ल तथा परवर्ती आलोचकों ने खण्डन किया है। इस सम्बन्ध में मेरी मान्यता यह है कि क्रोचे का मत सही है तथा उसके मत की सही समझ न होने के कारण ही उसके अलंकार सम्बन्धी मत का खण्डन किया गया है। इस सन्दर्भ में ध्यान देने की बात यह है कि काव्य में अलंकार के महत्त्व को लेकर तीन मत हो सकते हैं :

1. अलंकार कव्य के लिए अनिवार्य हैं तथा बिना अलंकार के काव्य की स्थिति ही सम्भव नहीं; (अलंकारवादियों का सिद्धान्त)

2. अलंकार काव्य के लिए अनिवार्य नहीं हैं तथा बिना अलंकारों का उपयोग किये हुए भी उत्कृष्ट काव्य की रचना सम्भव है; (रसवादियों का मत)

3. जिस रचना में अलंकार है, उसके लिए यह अलंकार अनिवार्य है—बिना उस अलंकार के उस काव्य की स्थिति की कल्पना भी नहीं की जा सकती। (क्रोचे का मत)

क्रोचे पहली दो मान्यताओं की बात नहीं करता। वे तीसरे मत को मानते हैं जो मेरी दृष्टि से सही और तर्कसंगत है। उदाहरण के लिए 'राम की शक्तिपूजा' से उद्धृत

उपर्युक्त पंक्तियों में उत्प्रेक्षा या उदाहरण (यह व्याख्या पर निर्भर करेगा) अलंकार है जहाँ कवि राम की पीठादि पर बिखरे बालों का वर्णन करते हुए दुर्गम पर्वत पर नैश अन्धकार के घिरने की बात करता है। क्या इस अप्रस्तुत विधान के बिना इन पंक्तियों की काव्यात्मक सत्ता स्थापित की जा सकती है या उनकी कोई अस्मिता सिद्ध होती है? स्पष्टतः नहीं। इस अप्रस्तुत योजना के बिना उपर्युक्त कवितांश की कोई सत्ता ही नहीं है या श्रद्धा के रूप-वर्णन के इस छन्द पर विचार कीजिए :

*घिरे रहे थे घुँघराले बाल।*
*अंस अवलम्बित मुख के पास।*
*नील घन शावक से सुकुमार।*
*सुधा भरने को विधु के पास।*

क्या इस उपमा-अप्रस्तुत विधान के बिना इस छन्द की स्थिति की कल्पना की जा सकती है? क्या यह उपमा अलंकार इस कवितांश का अन्तरंग तत्त्व नहीं है? स्पष्ट है कि कविता की अखण्डता की स्वीकृति में अलंकार की अन्तरंगता भी स्वीकृत ही है।

## अलंकार सिद्धान्त, नयी समीक्षा और शैली विज्ञान, मानवीकरण, विशेषण विपर्यय, प्रतीक, बिम्ब, अनेकार्थता, सपाटबयानी आदि

आचार्य शुक्ल के प्रभाव से आधुनिक आलोचना के आरम्भिक दौर में अलंकारों को कोई महत्त्व नहीं दिया गया। इतना ही नहीं, भारतीय काव्यचिन्तन के अलंकार सिद्धान्त को उपेक्षा की दृष्टि से देखा गया। किन्तु जब पश्चिम में शैली विज्ञान और नयी समीक्षा आदि का प्रचलन हुआ तो हिन्दी आलोचकों का ध्यान अलंकारों के महत्त्व की ओर जाना चाहिए था मगर फिर भी अलंकार सिद्धान्त उपेक्षित ही रहा। आचार्य शुक्ल ने छायावादी काव्य की भाषा की समीक्षा करते हुए **मानवीकरण, प्रतीक विधान** और **विशेषण विपर्यय** जैसे पाश्चात्य अलंकारों का उल्लेख किया मगर उन्होंने इन पर गहराई से विचार नहीं किया, क्योंकि रसवाद के प्रबल आग्रह के कारण उनके लिए अलंकारों का कोई महत्त्व ही नहीं था। आचार्य शुक्ल एक गम्भीर मौलिक चिन्तक थे, इसलिए जो विषय उनकी रुचि के थे, केवल उन्हीं का उन्होंने गम्भीर विश्लेषण किया। जैसे रस-सिद्धान्त, काव्य में प्रकृति-चित्रण या काव्य में लोकमंगल की अवधारणा। यदि उन्होंने भारतीय अलंकार-सिद्धान्त का गहराई से विवेचन किया होता तो उन्हें मानवीकरण, विशेषण विपर्यय आदि जैसे अलंकार भारतीय काव्यचिन्तन में भी सहज ही दिखाई दे जाते और इससे हिन्दी आलोचकों का ध्यान अलंकार सिद्धान्त की आधुनिक प्रासंगिकता की ओर अवश्य जाता। इस सत्य को निम्नलिखित उदाहरण द्वारा सहज ही सिद्ध किया जा सकता है :

*उषा की पहली लेखा कांत, माधुरी से भींगी भर मोद,*
*मद भरी जैसे उठे सलज्ज भोर की तारक द्युति की गोद।*[1]

यदि आचार्य शुक्ल द्वारा उल्लिखित पाश्चात्य अलंकारों को देखना चाहें तो यहाँ उषा की पहली किरण का मानवीकरण (पर्सानिफिकेशन) 'भर मोद' में **विशेषण विपर्यय** (ट्रांस्फर्ड ऐपिथेट) है क्योंकि 'मोद' या आनन्द किरण का विशेषण न होकर प्रभात में विचरण करने वाले मनुष्य का विशेषण है तथा 'उषा की पहली लेखा' श्रद्धा का **प्रतीक** (सिम्बल) है। मगर भारतीय सिद्धान्त के अनुसार **विशेषण विपर्यय लक्षणा** ही है। यहाँ यह **प्रयोजनवती लक्षणा** है इसलिए इसमें व्यंजना या ध्वनि है। यही कारण है कि यह ध्वनि काव्य का—उत्तम काव्य का—उदाहरण है। शैली-विज्ञान की दृष्टि से इस प्रयोग को या 'उठे सलज्ज' में **विचलन** माना जायेगा। इस दृष्टि से देखें तो **विचलन, विशेषण विपर्यय** तथा **लक्षणा** एक ही उक्ति वैचित्र्य के अलग-अलग नाम भर हैं—अवधारणाओं के रूप में इन तीनों का एक ही अर्थ है। इसी प्रकार 'उषा की पहली लेखा कान्त' आधुनिक शब्दावली में **प्रतीक** है मगर अलंकार सिद्धान्त के अनुसार यह **रूपकातिशयोक्ति** अलंकार है जहाँ उपमेय के स्थान पर उपमान का प्रयोग किया गया है : 'श्रद्धा' के स्थान पर 'उषा की पहली लेखा' का प्रयोग किया गया। शब्द-शक्ति की दृष्टि से यह साध्यवासना प्रयोजनवती गौणी लक्षणा का उदाहरण है। शैली विज्ञान की दृष्टि से इसे **अप्रस्तुत विधान** कहा जाता है। **इस प्रकार यह स्पष्ट हो जाता है कि बिम्ब, विशेषण विपर्यय, प्रतीक, रूपकातिशयोक्ति, साध्यवसाना प्रयोजनवती लक्षणा तथा अप्रस्तुत विधान** काव्यभाषा के एक ही प्रयोग-विदग्धता के अलग-अलग नाम भर हैं—अर्थ की दृष्टि से ये सभी अवधारणाएँ एक ही काव्य-चमत्कार के विभिन्न नाम भर हैं।

**विरोध चमत्कार**—आचार्य शुक्ल ने छायावादी काव्यभाषा के सन्दर्भ में विरोध चमत्कार की बात भी की है और उसे पाश्चात्य प्रभाव माना है। मगर जिसे वह विरोध चमत्कार कहते हैं वह भी लक्षणा के अन्तर्गत ही आता है। उदाहरण के लिए 'मौन निमन्त्रण' (पन्त) में विरोध चमत्कार है। मगर वाच्यार्थ में बाधा होने के कारण यह लक्षणा है। शैली-विज्ञान वाले इसे विचलन कहेंगे। इस प्रकार के असंख्य उदाहरण हिन्दी की पुरानी कविता में मिलते हैं।

*रविकर नीर बसै अति दारुन मकर रूप तेहि माहीं।*
*बिनु आनन सौ ग्रसै चराचर पान करन जे जाहीं।*

*गोस्वामी तुलसीदास—विनय पत्रिका*

"मृगजल में मुख रहित मगर का निवास है जो उन सब जड़-चेतन वस्तुओं—प्राणियों को खा जाता है जो वहाँ पानी पीने जाते हैं।" यहाँ विरोध चमत्कार ही है जिसके द्वारा वेदान्त दर्शन द्वारा प्रतिपादित माया का वर्णन किया जा रहा

1. प्रसाद : कामायनी, श्रद्धा सर्ग से

है। सन्तों की सन्ध्या भाषा में इस प्रकार के असंख्य उदाहरण मिल जाते हैं। वे लक्षणा, विचलन, विरोध चमत्कार और कहीं-कहीं अलंकार विशेष (विभावना, आदि) के उदाहरण माने जा सकते हैं।

यदि उक्त उदाहरण को समग्र दृष्टि से देखा जाये तो आधुनिक शब्दावली में **बिम्ब** या **मानवीकरण** कहा जाता है। वस्तुतः अलंकार सिद्धान्त के अनुसार ये दोनों नाम अन्योक्ति के ही पर्याय हैं। उक्त उदाहरण में श्रद्धा और मनु का वर्णन उषा की किरण तथा 'तारक' द्वारा किया गया है। इसीलिए समग्र दृष्टि से देखने पर यह कहा जा सकता है कि यहाँ **बिम्ब, मानवीकरण, अप्रस्तुत विधान और अन्योक्ति एक ही काव्य वक्रता के नाम भर हैं।** इस सत्य को स्पष्ट करने के लिए एक उदाहरण प्राचीन काव्य से भी लेना उपयोगी होगा। कबीर की प्रसिद्ध साखी है :

*माली आवत देखकर कलियन करी पुकारि।*
*फूले फूले चुनि लिए काल्हि हमारी बार।।*

अलंकार सिद्धान्त के अनुसार यह अन्योक्ति है 'कामायनी' के रूप वर्णन के उपर्युक्त उदाहरण के समान ही आधुनिक शब्दावली में इसे मानवीकरण (कलियन करी पुकारि), प्रतीक (माली मृत्यु का प्रतीक है), बिम्ब (माली और फूलों की समग्रता), अप्रस्तुत विधान (शैली विज्ञान) आदि कहा जाता है जबकि अलंकार सिद्धान्त की दृष्टि से उसमें रूपकातिशयोक्ति (कली, माली आदि) साध्यवसाना लक्षणा, (कलियों का रोना) तथा समग्र दृष्टि से अन्योक्ति अलंकार है। मगर कुछ आधुनिक आलोचकों के लिए आधुनिकता का अर्थ इतना ही है कि ऐसे काव्यांशों में बिम्ब, मानवीकरण, विशेषण विपर्यय, प्रतीक तथा विचलन माना जाये। वे आलोचक समझते हैं कि ऐसे काव्यांशों में अन्योक्ति, रूपकातिशयोक्ति, लक्षणा आदि का उल्लेख करने से उनका आधुनिक होना संदिग्ध हो जायेगा। ऐसे आलोचकों तथा लेखकों के कारण ही भारतीय परम्परा को मृत घोषित करना ही आधुनिक होना है, सम्मानित होना है।

इस सन्दर्भ में काव्यभाषा की दो अन्य बहुचर्चित विशेषताओं पर भी विचार करना आवश्यक प्रतीत होता है—अनेकार्थता (**ऐम्बिग्युटी**) और **सपाटबयानी**। एम्बिग्युटी के पर्याय के रूप में हिन्दी में अनेकार्थता या श्लेष का उपयोग किया जाता है जबकि मेरी दृष्टि से इसका सही पर्याय **ध्वनि** है जिसकी विशेषताओं का वर्णन करते हुए उसकी तुलना घण्टे की अनुरणन ध्वनि से की जाती है। जैसे घण्टा बजाने पर पहले ज़ोर की एक आवाज़ होती है और फिर देर तक उसकी गूँज सुनायी देती रहती है, उसी प्रकार ध्वनिमूलक प्रयोग में एक प्रधान अर्थ होता है और फिर अनेक अर्थछवियाँ उदित होती रहती हैं जो समग्र रूप से सामाजिक को प्रभावित करती हैं। सपाटबयानी में भी अनेकार्थता होती है जिसके कारण वह काव्य की

एक महत्त्वपूर्ण विशेषता मानी गयी है। इस पक्ष को स्पष्ट करने के लिए 'राम की शक्तिपूजा' के दो उदाहरण लिये जा सकते हैं :

एक कविता का आरम्भ—रवि हुआ अस्त...

दूसरा जब राम युद्ध के बाद अपने शिविर को लौट रहे हैं, उस समय निम्नलिखित काव्यांश की आरम्भिक चार पंक्तियों में सपाटबयानी है तथा अन्तिम दो पंक्तियों में अप्रस्तुतत विधान या बिम्ब विधान है :

*रघुनायक आगे अवनी पर नवनीत चरण*
*श्लथ धनुगुण है, कटिबन्ध स्रस्त तूणीर-धरण,*
*दृढ़ जटा मुकुट हो विपर्यस्त प्रतिलट से खुल*
*फैला पृष्ठ पर, बाहुओं पर, वक्ष पर विपुल*
*उतरा ज्यों दुर्गम पर्वत पर नैशान्धकार,*
*चमकतीं दूर ताराएँ ज्यो हों कहीं पार।*[1]

'रवि हुआ अस्त' तथा उपर्युक्त काव्यांश की आरम्भिक चार पंक्तियों में सपाटबयानी है—सीधा-सीधा अभिधा में वर्णन है। कोई अलंकारादि नहीं है। मगर इसमें एक वक्रता या असाधारण प्रयोग है। शुद्ध वाक्य होगा 'रवि अस्त हुआ'। मगर 'हुआ' का अस्त से पहले प्रयोग करके कवि ने क्रिया पर महत्त्व दिया है। इसी प्रकार 'रघुनायक' के उपर्युक्त वर्णन में युद्ध के बाद लौटते हुए राम का अलंकारहीन वर्णन भर है—एक सपाट चित्रण है। मगर दृढ़ जटा मुकुट के खुल जाने और प्रत्येक लट के खुल कर बिखरने के उल्लेख से यह व्यंजित होता है कि राम ने कितने पराक्रम और त्वरा से युद्ध किया मगर अन्तिम दो पंक्तियों में दिये उदाहरण से राम की निराशा और निराशा से उस दिन की पराजय की व्यंजना होती है। नैशान्धकार से आगे आयी यह पंक्ति भी जुड़ जाती है जिसमें रावण की महिमा के अन्धकार का वर्णन किया गया है—'रावण-महिमा श्यामा विभावरी अन्धकार'। इससे यह अर्थ स्पष्ट हो जाता है कि अन्धकार स्वरूप रावण ने राम के पराक्रम को आक्रान्त कर लिया है—उनके पृष्ठादि पर 'नैशान्धकार' घिर आया है। ध्यान देने की बात है कि अन्धकार इस कविता का प्रधान बिम्ब है। कविता का आरम्भ प्रकाश के लोप से होता है और फिर अन्धकार निरन्तर बढ़ता जाता है।

'रवि हुआ अस्त' इस कविता का बीज वाक्य है जिससे पूरी कविता का विकास एवं अन्त व्यजित होता है। रवि का अस्त होना रविकुल राम के परास्त होने की व्यंजना करता है। और जब रवि अस्त होता है तो धीरे-धीरे अन्धकार बढ़ता जाता है। जब सारे सेनानायक अपने आश्रय स्थल लौट आते हैं और दिनभर के युद्ध पर विचार करने तथा आगे की रणनीति को नियमित करने के लिए जब पूरी सभा एकत्रित होती है (यह इस कविता का दूसरा चरण है) तो उसका वर्णन निराला ने इस प्रकार किया है :

1. निराला : राम की शक्ति पूजा।

*है अमानिशा, उगलता गगन घन अन्धकार;*
*खो रहा दिशा का ज्ञान; स्तब्ध हैं पवन चार*
*अप्रतिहत गरज रहा पीछे अम्बुधि विशाल*
*भूधर ज्यों ध्यान मग्न; केवल जलती मशाल।*[2]

सूर्यास्त के बाद अन्धकार गहरा होता चला जाता है—उसी प्रकार राम की निराशा भी बढ़ती जाती है। यहाँ इसी संवेदना की व्यंजना इस सपाट वर्णन से होती है। मगर एक मशाल जल रही है : आशा का क्षीण प्रकाश, एक हल्की-सी आशा अभी भी विद्यमान है। राम का मन अगले दिन के लिए बार-बार साहस जुटा कर उद्यत होता है मगर फिर असमर्थता की धूमिल छाया घिर आती है। ऐसी घोर निराशा के क्षण में राम को सीता से प्रथम मिलन के अवसर का—"ज्योतिः प्रपात स्वर्गीय" का स्मरण आता है—ऐसे घने अन्धकार में प्रातःकालीन दिव्य प्रकाश का झरना सा बहने लगता है। मगर फिर रावण की 'भीमा मूर्ति' का स्मरण आ जाता है, गहरी निराशा घिर आती है और राम की आँखों से दो आँसू राम के चरणों पर गिर पड़ते हैं जिनसे हनुमान की शक्ति में अपार उद्वेलन होता है। रावण शक्ति—श्यामा—का भक्त था और हनुमान रामभक्ति के तेज से आलोकित। मगर शक्ति अंजना का रूप धारण हनुमान को शान्त कर उन्हें वापिस भेज देती हैं। और शाम को जब रवि अस्त होता है तो अगले दिन प्रातःकाल सूर्य का उदय होता है—रात का अन्धकार सघन होता रहता है, मगर अन्त में सूर्य का प्रकाश उसे नष्ट कर देता है। सूर्यास्त से आरम्भ होने वाली यह लम्बी कविता सूर्योदय पर समाप्त होती है—यह अटल प्राकृतिक नियम है कि सूर्यास्त के बाद दूसरे दिन सूर्योदय होगा ही—राम एक दिन युद्ध में हारने के बाद अन्त में विजय प्राप्त करेंगे ही। इसलिए आठवें दिन प्रातःकाल राम को देवी के दर्शन होते हैं तथा शक्ति राम के शरीर में लीन हो जाती है। इस प्रकार जिस कविता के आरम्भ 'रवि हुआ अस्त' में ही सघन से सघनतर होते रात के अन्धकार के बाद सूर्योदय की व्यंजना भी विद्यमान है। यही इस आरम्भिक पंक्ति की एम्बिग्युटी या ध्वनि है जिससे कविता में विकासमान अनेक अर्थ व्यंजित होते हैं।

काव्यभाषा लोकभाषा से विशिष्ट होती है और काव्यभाषा के इस वैशिष्ट्य को अनेक प्रकार से पहचानने तथा परिभाषित करने का प्रयास किया गया है। इसी वैशिष्ट्य को स्पष्ट करने के लिये अलंकार, शैली विज्ञान, नयी समीक्षा आदि के विविध रूपों या तत्त्वों की उद्भावना की गयी। यही कारण है कि विविध कालों एवं भाषाओं में इस वैशिष्ट्य को विभिन्न प्रकार से निरूपित करने का प्रयास किया गया। मगर इस तात्त्विक विवेचन के अतिरिक्त काव्यभाषा की समग्रता को भी निरूपित करने तथा उसकी व्याख्या करने का प्रयास भी हुआ तथा इसी प्रयास के फलस्वरूप रीति, वृत्ति, प्रवृत्ति, शैली आदि की अवधारणाओं की उद्भावना की गयी।

2. वही।

अध्याय-7

# रीति-सिद्धान्त की स्थापनाएँ

## रीति का अर्थ

काव्यभाषा लोकभाषा का ही एक वैयक्तिक विशिष्ट रूप है। यह स्वाभाविक है कि जब काव्यचिन्तन का आरम्भ हुआ तो आचार्यों का ध्यान लोकभाष। और काव्यभाषा के अन्तर की ओर गया होगा तथा उन्होंने काव्यभाषा के वैशिष्ट्य को परिभाषित करने का प्रयास किया होगा। लोकभाषा तथा काव्यभाषा के इस अन्तर को एक सामान्य मगर बुनियादी रूप से रेखांकित करने के लिए यह आवश्यक प्रतीत हुआ होगा कि काव्य की भाषा को कोई सुनिश्चित संज्ञा दी जाये। इसी प्रयास के फलस्वरूप भारतीय काव्य चिन्तकों ने काव्यभाषा के वैशिष्ट्य को प्रवृत्ति, पन्थ, मार्ग, रीति, वृत्ति, संघटना, आदि नाम दिये। वामन (आठवीं-नौवीं शती) ने रीति को काव्य की आत्मा घोषित कर उसे अधिक प्रसिद्ध कर दिया मगर साथ ही वृत्ति, मार्ग आदि नाम भी चलते रहे। इस दृष्टि से देखा जाये तो रीति आदि ये सभी नाम आधुनिक आलोचना में प्रयुक्त 'शैली' की आवधारणा के ही पर्याय हैं जो अंग्रेज़ी शब्द 'स्टाइल' का हिन्दी पर्याय है तथा जिसका व्यवस्थित विवेचन आधुनिक काल में अंग्रेज़ आलोचक पेटर ने 'ऑन स्टाइल' नाम के प्रसिद्ध निबन्ध में किया है। इससे पहले नव्याभिजात्यवाद के काल में 'पोयटिक डिक्शन' (काव्यभाषा) संज्ञा का प्रचलन था मगर शैली को पहली बार गम्भीर रूप से प्रतिष्ठित करने का श्रेय पेटर को ही है। इस तरह रीति आदि का विवेचन एक सीमा तक आज भी प्रासंगिक है। आगे चलकर इस विषय पर विस्तार से विचार किया जायेगा।

## काव्य का वस्तुगत विवेचन

भारतीय काव्यचिन्तन में काव्य के गम्भीर वस्तुगत विश्लेषण की एक लम्बी परम्परा रही है। काव्य लक्षणों के विवेचन के अन्तर्गत इस विशेषता को रेखांकित किया गया है। काव्य विवेचन की तीन दृष्टियाँ हो सकती हैं : एक काव्य सृजन की दृष्टि से, जिसके अन्तर्गत कविता की रचना के लिए कवि में अपेक्षित विशिष्ट योग्यताओं–प्रतिभा, निपुणता, अभ्यास तथा आधुनिक आलोचना में कल्पना, अभिव्यंजना (क्रोचे) तथा कुण्ठाओं की अभिव्यक्ति (मनोविश्लेषण) आदि की मीमांसा की जाती है। दूसरी दृष्टि के अन्तर्गत काव्य का सामाजिक पर पड़ने वाले प्रभाव को मूल्य मानकर काव्य की समीक्षा-मूल्यांकन किया जाता है, जैसे रस-सिद्धान्त (अभिनव), निम्नवासनाओं का पोषण तथा असत्य के मार्ग पर प्रेरित करने की शक्ति (प्लेटो) विरोधी आवेगों का समतोल (आई. ए. रिचर्ड्स) आदि का उल्लेख किया जा सकता है। काव्य-समीक्षा की तीसरी पद्धति का केन्द्र कविता ही होती है जिसके अन्तर्गत काव्य-सौन्दर्य के वस्तुगत तत्त्वों या विशेषताओं–अलंकार (भामह आदि) रीति, (वामन), वक्रोक्ति (कुन्तक), ध्वनि (आनन्दवर्द्धन), प्रतीक-बिम्ब-रूपक, अनेकार्थता (ऐम्बिग्युटी–आई.ए. रिचर्ड्स), वस्तुगत समीकरण (ऑब्जेक्टिव कोरिलेटिव–टी.एस. इलियट), सपाटबयानी, तनाव, विडम्बना आदि (नयी समीक्षा) का विवेचन होता है। ये सभी तत्त्व काव्य में, शब्दों के प्रयोग के वस्तुगत रूप में विद्यमान रहते हैं तथा कविता के भाषा-प्रयोगों का विवेचन कर इनको स्पष्ट किया जाता है। इस पद्धति में आलोचना का केन्द्र कविता ही होती है और यह स्पष्ट ही है कि कविता का गोचर रूप भाषा ही है–सामाजिक के लिए कविता विशिष्ट भाषा की ही एक संरचना है। यह बात नयी समीक्षा में बीसवीं शती में कही गयी जिस पर इधर के हिन्दी के आलोचकों एवं तथाकथित आलोचकों ने काफी लिखा है। और इस पर लिखना आसान भी है क्योंकि अंग्रेज़ी में इस पर बहुत सामग्री उपलब्ध है जिसे आधार बनाया जाता है। इधर संस्कृत पढ़ने का रिवाज कम होने से भारतीय काव्यचिन्तकों को उनकी सूत्र शैली के कारण समझना कठिन होता है और उस पर हिन्दी में ऐसी पकी-पकाई सामग्री मिलती भी कम है जिसमें आधुनिक दृष्टि से भी विचार किया गया हो। भारतीय काव्यचिन्तन के पाँच सिद्धान्तों में से चार–अलंकार, रीति, वक्रोक्ति और ध्वनि–का सम्बन्ध तो काव्यभाषा से है तथा रस एवं औचित्य का सम्बन्ध भी काव्यभाषा से है–जैसे भट्टनायक ने अभिधायकत्व, भावकत्व और भोगकृत्व को काव्यभाषा की ही शक्तियाँ माना है तथा भाषिक अनुभाव तो रस-निष्पत्ति का एक मूल तत्त्व है ही। काव्य लक्षणों की समीक्षा में यह स्पष्ट किया जा चुका है कि अनेक भारतीय काव्यचिन्तकों ने भाषा के विशिष्ट प्रयोग को ही काव्य माना है–दण्डी ने इष्टार्थ से युक्त **पदावली** को, विश्वनाथ ने रसात्मक

**वाक्य** को तथा पण्डितराज जगन्नाथ ने रमणीय अर्थ के प्रतिपादक **शब्द** को काव्य माना है। इसके अतिरिक्त **वामन**[1] ने विशिष्ट **पदरचना** को काव्य की आत्मा माना है। तथा आनन्दवर्द्धन ने भाषा की ही एक शक्ति **ध्वनि**[2] को काव्य की आत्मा माना है। इस प्रकार यह स्पष्ट हो जाता है कि काव्य विवेचन की वस्तुगत दृष्टि या भाषागत दृष्टि का आरम्भ भारत में छठी-सातवीं शताब्दी (दण्डी) से ही हो चुका था जबकि पश्चिम में इस वस्तुगत या भाषागत विश्लेषण की दृष्टि का विकास बीसवीं शती में नयी समीक्षा, शैली विज्ञान, विखण्डनवाद आदि के रूप में हुआ।

उपर्युक्त विवेचन से स्पष्ट हो जाता है कि रीति, वृत्ति, मार्ग, संघटना आदि का प्रयोग काव्यभाषा के वैशिष्ट्य को व्यक्त करने के लिए किया गया है। काव्यभाषा का सवाल काव्यसिद्धान्त के बुनियादी प्रश्नों में से एक है। इस सन्दर्भ में यह भी ध्यान देने की बात है कि अलग-अलग आचार्यों ने काव्यभाषा के प्रकारों के **वर्गीकरण** का प्रयास भी किया है जो उचित नहीं प्रतीत होता। वैसे तो काव्य-शैली के लिए आज भी आलोचना में छायावादी शैली, प्रगतिवादी शैली, नयी कविता की शैली आदि का व्यवहार किया जाता है मगर इस विविधता को किसी एक साँचे में नहीं बाँधा जा सकता। इसीलिए मुझे प्राचीन भारतीय काव्यचिन्तकों में सभी काव्य-शैलियों का दो, तीन या चार वर्गों में बाँटना तर्कसंगत नहीं लगता। उदाहरण के लिए भरतमुनि ने चार **प्रवृत्तियों** का उल्लेख दिशाओं के आधार पर किया है जो वेश, भाषा, आचार-व्यवहार आदि को व्यक्त करती हैं। उन्होंने चार प्रवृत्तियाँ मानी हैं : पश्चिमी भारत में प्रचलित आवन्ती प्रवृत्ति, दक्षिण भारत की दाक्षिणात्य प्रवृत्ति, उड़ीसा तथा मगध में प्रचलित उड्रमागधी तथा मध्यदेश में प्रचलित पांचाली।

आनन्दवर्द्धन ने रीति के लिए **संघटना** शब्द का प्रयोग किया है तथा समास के आधार पर उन्हें तीन नाम दिये हैं : असमासा, मध्यमसमासा तथा दीर्घसमासा। साथ ही उन्होंने यह भी माना है कि सभी रीतियों की सार्थकता रसाभिव्यक्ति में ही है।

## वामन का मत

वामन ने रीति को काव्य की आत्मा मानकर उसे सबसे अधिक महत्त्व दिया है। उनके अनुसार विशिष्ट पदरचना रीति है। यहाँ विशिष्ट शब्द एक अवधारणा के रूप में प्रयुक्त हुआ है। विशिष्ट का अर्थ है 'गुणयुक्त'। इस प्रकार भामह आदि प्राचीन आचार्यों के अनुसार उन्होंने रीति और गुणों का सम्बन्ध माना है। गुण काव्य का शोभाकारक धर्म है तथा गुण शब्द पर आश्रित होते हैं। गुणों की संख्या दस[3]

1. रीतिरात्मा काव्यस्य
2. ध्वनिरात्मा काव्यस्य
3. गाढ़बन्धत्व, श्लेष, प्रसाद, समाधि, उदारता, माधुर्य, अर्थव्यक्ति, समता, सौकुमार्य और कान्ति।

है जो मूलतः शब्दाश्रित हैं मगर समग्र काव्य के आस्वाद की दृष्टि से ये दस गुण अर्थ पर भी आश्रित हो जाते हैं। गुण दो प्रकार के होते हैं—**नित्यगुण** जिसके अन्तर्गत ये दस गुण आते हैं और ये काव्य के शोभाकारक धर्म हैं तथा **अनित्यगुण**-शब्दालंकार तथा अर्थालंकार, जो काव्य शोभा के वर्धक तत्त्व हैं। अतः स्पष्ट है कि नित्यगुण ही काव्य के लिए अनिवार्य हैं। इस विवेचन के आधार पर यह कहा जा सकता है कि नित्यगुण युक्त पदरचना ही रीति है तथा वह काव्य का सबसे प्रधान तत्त्व (आत्मा) है।

वामन ने रीतियों के तीन प्रकार माने हैं—

## रीतियों के तीन प्रकार

1. **वैदर्भी रीति** जो दसों गुणों से युक्त होती है।

2. **गौड़ी रीति** जिसमें ओज गुण (जिसकी विशेषता है गाढ़बन्धत्व) और कान्ति गुण (जहाँ पदों में औज्जवल्य होता है) होते हैं।

3. **पांचाली रीति** जिसमें माधुर्य गुण (जिसके विशेषता है पृथक्पदत्व) और सौकुमार्य गुण (जिसके पदों में अपरूप बन्धरूप होता है)।

इन रीतियों के नामों से यह नहीं समझना चाहिए कि रीतियों का यह वर्गीकरण प्रादेशिक आधार पर विदर्भ, गौड़ तथा पांचाल प्रदेशों तक ही सीमित है। किसी भी प्रदेश के कवि की रचना में कोई भी पदरचना या रीति हो सकती है। और गुणों के उल्लेख से यह भी नहीं समझना चाहिए कि आरम्भ में कवि गौड़ी या पांचाली रीति में रचना करता है तथा रचना के अभ्यास के कारण धीरे-धीरे वह वैदर्भी रीति में रचना करने लगता है। वैदर्भी रीति इन तीनों में से उत्तम है तथा श्रेष्ठ कवि, चाहे वे किसी भी प्रदेश के क्यों न हों, वैदर्भी रीति में ही रचना करते हैं।

वामन के रीति सिद्धान्त पर दो प्रमुख **आक्षेप** किये जा सकते हैं :

1. समस्त कवियों की काव्यभाषा को तीन रीतियों में बाँधना तर्कसंगत तथा व्यावहारिक नहीं है। ऐसे अनेक कवि हैं जो तीन से लेकर नौ गुणों का प्रयोग विभिन्न अनुपातों में कर सकते हैं और करते ही हैं तथा उन्हें किस कोटि में रखा जायेगा? यह कहा जा सकता है कि वामन के काल में (आठवीं-नौवीं शती में) कवियों की संख्या बहुत रही होगी मगर फिर भी सभी कवियों को दो-दो तथा दस गुणों के प्रयोग के आधार पर वर्गीकृत करना विवेकसंगत नहीं है।

## गुण-विवेचन

2. वामन की गुण सम्बन्धी परिकल्पना को लेकर भी काफी विवाद है। पहला सवाल तो यह है कि गुण को काव्य-सौन्दर्य के विशिष्ट उपकरण के रूप में मानने

का आधार क्या है? इसके उत्तर में यह कहा जा सकता है कि वामन ने गुणों के अन्तर्गत काव्यभाषा की उन विशेषताओं-गाढ़बन्धत्व, अपरूप पदों का उपयोग आदि का उल्लेख किया है जो अलंकार या शब्दशक्ति आदि काव्यभाषा सम्बन्धी अन्य सौन्दर्यमय तत्त्वों के अन्तर्गत नहीं आते तथा ये गुण विविध कवियों की भाषा में पाये जाते हैं। इस रूप में गुण की चर्चा उपयोगी है मगर उनके आधार पर कवियों के पदप्रयोगों—रीतियों या शैलियों का वर्गीकरण उचित नहीं है।

गुण के स्वरूप के सम्बन्ध में एक दूसरी आपत्ति है जो अधिक बुनियादी है। अलंकार के समान गुण की अवधारणा का स्वरूप भी बदलता रहा है। कहीं उसमें असमासा आदि में समासादि का उल्लेख है और कहीं माधुर्य आदि चित्त की अवस्था का। वामन ने गुण को शब्द पर आश्रित माना है जो धारणा एक तरह से नयी समीक्षा और शैली विज्ञान की विवेचन पद्धति के समान प्रतीत होती है। इस दृष्टि से वामन द्वारा प्रतिपादित गुणों के विस्तृत विवेचन की अपेक्षा है। गुण के स्वरूप में दूसरा परिवर्तन तब हुआ जब रस काव्य का केन्द्रीय मूल्य मान लिया गया। मम्मट, विश्वनाथ आदि ने माधुर्य आदि गुणों को रस की विशेषता या धर्म माना है जो स्वाभाविक रूप में काव्यभाषा में भी व्यक्त होता है। इसीलिए आगे चलकर रसवादी आचार्यों ने अलंकार के समान रीति को भी रसाभिव्यक्ति के साधन के रूप में ही मान्यता दी है जो अब तक चली आ रही है।

रीति के सम्बन्ध में सबसे अधिक मान्य और प्रासंगिक अवधारणा की स्थापना कुन्तक ने की जिन्होंने वक्रोक्ति सिद्धान्त की प्रतिष्ठा की है। उन्होंने कवि स्वभाव को ही रीति के उद्‌भव का प्रेरक माना है। स्पष्टतः आधुनिक शैली सम्बन्धी मान्यता इसी मान्यता का ही प्रतिरूप है जिसकी स्थापना दसवीं-ग्यारहवीं शती में कुन्तक ने की थी। रीति सम्बन्धी यही मान्यता संगत, उपर्युक्त तथा आधुनिक दृष्टि के समान है। आधुनिक काल में पश्चिम में यह माना गया कि 'शैली मनुष्य ही है' (स्टाइल इज़ दि मैन हिमसेल्फ) जिसका संशोधन कर पेटर ने यह कहा कि 'शैली वास्तविक मनुष्य है' (स्टाइल इज़ दि रीयल मैन)।

कहना न होगा कि रीति को एक गम्भीर अवधारणा के रूप में प्रतिष्ठित करने का श्रेय वामन को ही है जिन्होंने काव्यभाषा का सूक्ष्म विश्लेषण कर शब्द के दस गुणों की स्थापना की और यह माना कि यही दस गुण शब्द के अनुरूप ही अर्थ के भी हो जाते हैं। इस प्रकार प्रत्येक गुण—जैसे सौकुमार्य—शब्दगुण भी है और अर्थगुण भी है। मेरा विचार है कि संस्कृत काव्यशास्त्र में रस-सिद्धान्त को गम्भीर दार्शनिक आधार पर स्थापित करने के बाद भट्टनायक तथा अभिनव ने उसे इतना व्यापक और काम्य (ब्रह्मास्वादसहोदर आदि) बना दिया कि काव्य सम्बन्धी अन्य सभी सिद्धान्त गौण मान लिये गये—गौण ही नहीं, उनके महत्त्व की उपेक्षा भी हुई। जब रस को प्रमुख मूल्य के रूप में सभी ने स्वीकार कर लिया तो काव्य

के शेष सभी तत्त्व अलंकार, रीति आदि रस के साधन मात्र मान लिये गये। उदाहरण के लिये मम्मट ने रीतियों को वृत्तियाँ कहा तथा तीन वृत्तियाँ मानीं उपनागरिका, परुषा और कोमला जो क्रमशः वैदर्भी, गौड़ी और पांचाली की पर्याय हैं। साथ ही मम्मट ने गुणों की संख्या भी तीन मानी—माधुर्य, ओज एवं प्रसाद जिनका सम्बन्ध क्रमशः उपर्युक्त तीन वृत्तियों से माना। इसके अतिरिक्त उन्होंने **गुण को शब्द का नहीं, रस का धर्म माना।** जिस प्रकार रस शब्द द्वारा व्यक्त होता है उसी प्रकार गुण भी शब्द द्वारा ही व्यक्त होता है। भारतीय काव्यचिन्तन में रीति तथा गुण का महत्त्व इसी से सिद्ध हो जाता है कि प्रत्येक आचार्य ने—चाहे नाम कुछ भी दिया हो और उनका स्वरूप जो भी माना हो, रीति और गुण की चर्चा की है। आज का आलोचक भी किसी साहित्यकार की शैली का विश्लेषण करते हुए उसके गुणों की चर्चा करता है। अवधारणाएँ विकसित या परिवर्तित हो गयी हैं मगर मूल पद्धति में अन्तर नहीं आया—रीति या शैली तथा उसकी विशेषताओं का विवेचन- मूल्यांकन किसी भी साहित्यकार की भाषा के वैशिष्ट्य को समझने के लिये अनिवार्य है। प्राचीन काल में न तो कवि अधिक थे और न ही सहृदय क्योंकि न तो सार्वभौम शिक्षा थी न छापेखाने थे और न जनसंचार के माध्यम। इसलिए स्वाभाविक है कि एक प्रदेश या अंचल विशेष के कवियों की भाषा-शैली में समानता हो जिसे मार्ग, रीति आदि कहा गया। आज की अत्यन्त परिवर्तित तथा विकसित वैज्ञानिक-यान्त्रिक सामाजिक व्यवस्था में इस प्रकार शैलियों का वर्गीकरण सम्भव नहीं है। हाँ, छायावादी आदि काव्यधाराओं के अनुरूप उनकी शैलियों का नामकरण किया जाता है और उनमें समानता दिखाई देती है। रीति, मार्ग, संघटना, वृत्ति आदि की परिकल्पनाओं को उपर्युक्त सन्दर्भ में ही समझा जा सकता है।

ऊपर जो गुण का विवेचन किया गया है, उससे प्रधान रूप से उसके **दो अर्थ** सामने आते हैं : (1) शब्दगत विशेषता और (2) रसगत या चित्तवृत्ति—माधुर्य, ओज आदि गत विशेषता। यहाँ यह कहना प्रासंगिक होगा कि आधुनिक काल में शैली विज्ञान तथा नयी समीक्षा आदि में शब्दगत विशेषताओं—विचलन, अनेकार्थता आदि का विवेचन किया गया है। आई. ए. रिचर्ड्स ने विरोधी आवेगों के समतोल के अन्तर्गत उसके दो रूपों की चर्चा की है—बहिष्कारगत समतोल तथा समाहारगत समतोल। कहने का तात्पर्य यह है कि प्राचीन काव्य-सिद्धान्त में रीति या गुण आदि का जो विवेचन किया गया है, वह आधुनिक काल में भी एक भिन्न रूप एवं स्तर (मनोवैज्ञानिक आदि) पर किया जा रहा है। कारण यह है कि काव्यभाषा के वैशिष्ट्य की पहचान की समस्या हमेशा एक चुनौती रही है और रहेगी।

## विविध आचार्यों के रीति आदि सम्बन्धी मत

**भरत**–भरत ने विविध प्रदेशों के वेश, भाषा तथा आचार आदि के आधार पर चार प्रवृत्तियाँ मानी हैं : आवन्ती (पश्चिमी भारत की प्रवृत्ति), दाक्षिणात्य (दक्षिणी भारत में प्रचलित), उड्मागधी (उड़ीसा तथा मगध में प्रयुक्त), पंचाली (मध्यप्रदेश की विशेषता)।

**वाणभट्ट**–उत्तरी दिशा की काव्यभाषा में श्लेष की प्रधानता होती है, पश्चिमी दिशा में अर्थ मात्र पर बल होता है, दक्षिण में उत्प्रेक्षा का बहुत प्रयोग होता है तथा गौड़ प्रदेश में अक्षराडम्बर की प्रधानता होती है। साथ ही उन्होंने यह भी माना है कि श्रेष्ठ काव्य में सभी विशेषताएँ होनी चाहिए।

**भामह**–भामह ने दो **मार्गों** का उल्लेख किया है : (1) **वैदर्भ मार्ग** में पुष्ट अर्थ, प्रसन्न, सरल और मधुर भाषा होती है तथा (2) **गौड़ मार्ग** में अलंकारयुक्त, अर्थवान एवं परिष्कृत भाषा का प्रयोग होता है।

**दण्डी** ने वाणी के दो मार्ग माने हैं : (1) **वैदर्भ मार्ग** जिसमें श्लेष, प्रसाद, समता, माधुर्य, सुकुमारता, अर्थव्यक्ति, उदारता, ओज, कान्ति और समाधि के दस गुण होते हैं तथा (2) **गौड़ मार्ग** में इन गुणों का वैपरीत्य पाया जाता है।

**वामन** ने तीन रीतियाँ मानी हैं : (1) वैदर्भी रीति में दसों गुण होते हैं। (2) **गौड़ी** में ओज और कान्ति गुण होते हैं, तथा उसमें कठोर शब्दावली का प्रयोग होता है और समास की अधिकता होती है। (3) **पांचाली** रीति में माधुर्य और सौकुमार्य गुण होते हैं।

**आनन्दवर्द्धन** ने रीति के स्थान पर **संघटना** का प्रयोग किया है तथा तीन भेद माने जिनका आधार समास है–**असमासा, मध्यमसमासा** तथा **दीर्घसमासा।** ये विविध गुणों के प्रयोग द्वारा रसों की अभिव्यक्ति में साधन होती हैं।

**कुन्तक** ने रीति को **मार्ग** कहा है तथा प्रादेशिक आधार पर उनके वर्गीकरण का विरोध किया है और यह माना है कि मार्ग का जन्म कवि के स्वभाव से होता है। यह मत आधुनिक दृष्टि से भी प्रासंगिक है क्योंकि आज यह सर्वमान्य है कि प्रत्येक कवि की शैली विशिष्ट होती है।

**मम्मट** ने रीति के स्थान पर **वृत्ति** का प्रयोग किया है और यह स्थापना की है कि नियत वर्णों का रस विषयक व्यापार ही वृत्ति है। उन्होंने तीन वृत्तियाँ मानी हैं तथा तीन गुण माने हैं जिनका क्रमशः नाम है **उपनागरिका वृत्ति** (माधुर्य गुण) **परुषा वृत्ति** (ओज गुण) तथा **कोमला वृत्ति** (प्रसाद गुण)। माधुर्य गुण में चित्त द्रवित होता है, जैसे शृंगारादि रसों में, ओज गुण में चित्त आवेश युक्त होता है, जैसे वीरादि रसों में तथा प्रसाद गुण में अर्थ ऐसे व्याप्त होता है जैसे सूखी लकड़ी में अग्नि तथा यह हास्य आदि रसों में पाया जाता है।

**विश्वनाथ** ने पदसंघटना को रीति कहा है तथा उन्हें रसाभिव्यक्ति का साधन माना है। उन्होंने मम्मट के समान ही **तीन रीतियाँ** मानी हैं–(1) **वैदर्भी** रीति, श्रुतिमधुर तथा प्रायः समासहीन या कम समास वाली होती है, (2) **गौड़ी** रीति की पदरचना आडम्बरपूर्ण होती है तथा (3) **पांचाली** रीति जिसमें समास की बहुलता रहती है।

## अध्याय-8

# ध्वनि-सिद्धान्त

ध्वनि-सिद्धान्त की स्थापना आनन्दवर्द्धन ने 'ध्वन्यालोक' में की जिसका काल नौवीं शती माना जाता है। प्रायः दो सौ वर्ष बाद मम्मट ने 'काव्यप्रकाश' में इस सिद्धान्त की व्यापक एवं गम्भीर रूप में प्रतिष्ठा करते हुए उसके विभिन्न भेदों आदि का विवेचन किया। ध्वनि-सिद्धान्त को समझने के लिये शब्द-शक्ति सम्बन्धी सिद्धान्त को समझना आवश्यक है क्योंकि शब्द-शक्ति ही ध्वनि-सिद्धान्त का मूल आधार है।

भाषा के जन्म और विकास का सवाल एक बुनियादी सवाल है जिस पर दर्शनशास्त्र, व्याकरण शास्त्र तथा भाषा विज्ञान बराबर विचार करते आये हैं। भारत में भी शब्द की उत्पत्ति के सवाल को लेकर अनेक मतों की स्थापना हुई है। एक ओर तो यहाँ अक्षर ब्रह्म या शब्द ब्रह्म की परिकल्पना मिलती है तथा दूसरी ओर यह भी माना जाता है कि भाषा की उत्पत्ति का मूल माहेश्वर सूत्र हैं जिनका जन्म भगवान शंकर के डमरू के नाद से हुआ। इस सन्दर्भ में शब्द को भी ब्रह्म के समान सनातन माना गया है और यह मान्यता मध्यकाल के भक्ति आन्दोलन तक नये रूप में दिखाई देती है। गोस्वामी तुलसीदास ने कहा है कि राम का नाम राम से भी अधिक महत्त्वपूर्ण है। भक्तों के लिये भगवान राम 'राम' शब्द के माध्यम से, राम शब्द 'रूप' में ही हमेशा विद्यमान रहते हैं—'राम' शब्द ही राम का प्रतीक या राम का बिम्ब प्रस्तुत करता है। यही शब्द का महत्त्व है कि वह ध्वनियों का सार्थक समुच्चय होते हुए भी किसी एक अर्थ से सम्पृक्त हो जाता है, उस अर्थ का प्रतीक बन उसका प्रतिरूप ही बन जाता है। वाङ्मय के सन्दर्भ में यह सर्वमान्य है कि शब्दों द्वारा ही सरल एवं सहज तथा गम्भीर एवं जटिल अर्थों का ज्ञान होता है—स्वरों और व्यजनों का समुच्चय शब्द ही वस्तु रूप मान लिया जाता है। इसलिए

जब हम शब्द की बात करते हैं तो उसमें विद्यमान या उसके द्वारा संकेतित अर्थ की बात भी करते हैं—शब्द और अर्थ विश्लेषण करने पर दो अलग-अलग सत्ताएँ मान ली जाती हैं। वस्तुतः दोनों एक ही हैं। अर्थ-संकेतित वस्तु भाव आदि का सम्प्रेषण करने के लिये शब्द का ही प्रयोग किया जाता है।

काव्य का गोचर रूप शब्दमय ही है। मगर शब्द (जिसमें अर्थ भी शामिल है) का प्रयोग तो वाङ्मय मात्र में होता है। इसलिए यह सवाल उठना स्वाभाविक है कि जिस शाब्दिक संरचना को काव्य कहते हैं, उसमें **शब्द के प्रयोग** का क्या वैशिष्ट्य है जो काव्य को वाङ्मय के अन्य भेदों से अलगाता है। काव्य लक्षण वाले अध्याय में इस सवाल पर विभिन्न दृष्टियों से विचार किया जा चुका है। दण्डी जब 'पदावली' को काव्य मानते हैं तो उसमें 'इष्टार्थ' का विशेषण जोड़ देते हैं। जगन्नाथ जब शब्द को काव्य मानते हैं तो उसमें 'रमणीय अर्थ' का विशेषण लगा देते हैं। भामह और मम्मट जैसे कुछ आचार्यों ने काव्य के स्वरूप को और स्पष्ट करने के लिये 'शब्दार्थ' का प्रयोग भी किया है। मगर गोचर रूप में तो काव्य शब्द ही है। यह भी सत्य है कि इस शब्द से अनेक अर्थ प्रस्फुटित होते हैं जो काव्य के उत्कर्ष को निर्धारित करते हैं। इसलिए शब्द तथा अर्थ के सम्बन्ध की गम्भीर एवं विशद् व्याख्या काव्य के स्वरूप को समझने के लिये अनिवार्य है। इसी का विश्लेषण शब्दशक्ति के अन्तर्गत किया जाता है।

## शब्दशक्ति

शब्दशक्ति का अर्थ है, शब्द की वह योग्यता जिसके द्वारा वह किसी एक अर्थ या अनेक अर्थों को प्रकाशित करता है। शब्द की तीन शक्तियाँ मानी गयी हैं : अभिधा, लक्षणा और व्यंजना।

**अभिधा शक्ति**—शब्द की वह शक्ति जिसके द्वारा वह साक्षात् संकेतित अर्थ को व्यक्त करता है, अभिधा शक्ति कहलाती है तथा उस अर्थ को अभिधेयार्थ या वाच्यार्थ या मुख्यार्थ कहते हैं। सामान्यतः लोक में प्रचलित तथा कोशादि के अर्थ को मुख्यार्थ कहते हैं। लोक में आमतौर पर अभिधामूलक भाषा का ही प्रयोग होता है।

**लक्षणा शक्ति और उसके भेद**—जहाँ मुख्यार्थ में बाधा होती है तथा रूढ़ि या प्रयोजन के कारण मुख्यार्थ से सम्बद्ध अन्य ग्रहण किया जाता है, वहाँ लक्षणा शक्ति होती है। इस शब्द को लक्षक या लाक्षणिक शब्द कहते हैं तथा लक्षणा द्वारा ज्ञात अर्थ को लक्ष्यार्थ कहते हैं। इस प्रकार लक्षणा शक्ति के अन्तर्गत तीन विशेषताएँ होती हैं :

1. मुख्यार्थ में बाधा होती है;
2. लक्ष्यार्थ मुख्यार्थ से सम्बद्ध होता है; तथा
3. लक्ष्यार्थ किसी रूढ़ि (परम्परागत प्रयोग) या **प्रयोजन** के द्वारा लिया जाता है।

जहाँ लक्ष्यार्थ का ज्ञान किसी रूढ़ि या परम्परागत प्रयोग के कारण होता है, उस लक्षण को **रूढ़ि लक्षणा** कहते हैं और जहाँ लक्ष्यार्थ का ज्ञान किसी प्रयोजन द्वारा होता है, उसे **प्रयोजनवती लक्षणा** कहते हैं।

सभी मुहावरे और लोकोक्तियाँ **रूढ़ि लक्षणा** के उदाहरण हैं; जैसे 'पंजाब वीर है।' अथवा–कहा आगन्तुक ने सस्नेह–

*अरे तुम इतने हुए अधीर।*
*हार बैठे जीवन का दाँव।*
*जीतते मरकर जिसको वीर।।*

*(प्रसाद–कामायनी)*

'जीवन का दाँव हर जाना', आदि मुहावरों में रूढ़ि लक्षणा है। जहाँ लक्षणा का प्रयोग किसी प्रयोजन से किया जाये वहाँ **प्रयोजनवती** लक्षणा होती है; जैसे यह परम्परागत शास्त्रीय उदाहरण है–'गंगा पर मकान' इसका अर्थ है गंगा के किनारे मकान और यह कहने का प्रयोजन यह है कि गंगा जैसी शीतलता और पवित्रता मेरे मकान में है। या 'कामायनी' के इस उदाहरण में :

*निकल रही थी मर्म वेदना, **करुणा विकल कहानी-सी;***
*वहाँ अकेली प्रकृति सुन रही, हँसती-सी पहचानी-सी।*

यहाँ 'करुणा विकल कहानी-सी' में **प्रयोजनवती लक्षणा** है। लक्षणा इसलिए कि मुख्यार्थ में बाधा है–कहानी करुणा से विकल नहीं होती। व्यंजनाएँ ये हैं कि कहानी कहने वाला तथा कहानी सुनने वाले प्रलय की इस कहानी को सुनकर करुणा से व्याकुल हो जाते हैं। यहाँ शैली विज्ञान के अनुसार **विचलन** है क्योंकि कहानी करुणा से व्याकुल नहीं होती तथा पाश्चात्य अलंकारों की दृष्टि से **विशेषण विपर्यय** है क्योंकि 'करुणा विकल' विशेषण कहानी का नहीं, कहानी कहने वाले और कहानी सुनने वाले का है।

**व्यंजना शक्ति**–प्रयोजनवती लक्षणा में प्रयोजन का ज्ञान कराने वाली शक्ति को **व्यंजना शक्ति** कहते हैं तथा उस शब्द या शब्दों को व्यंजक तथा अर्थ को व्यंग्यार्थ कहते हैं। मगर बिना लक्षणा के भी व्यंजना सम्भव है। इसलिए व्यंजना शक्ति के दो भेद हैं : **शाब्दी व्यंजना** और **आर्थी व्यंजना।**

**शाब्दी व्यंजना**–संयोगादि के द्वारा जहाँ अनेकार्थ शब्द किसी एक अर्थ का बोध कराए, वहाँ शाब्दी व्यंजना होती है। जैसे 'शंख-चक्र युक्त हरि'। हरि शब्द के वानर, सिंह आदि अनेक अर्थ हैं मगर 'शंख चक्र' के संयोग के कारण यहाँ हरि का अर्थ होगा विष्णु।

**आर्थी व्यंजना**–यह लक्षणामूलक आर्थी व्यंजना भी कहलाती है। इसके द्वारा लक्षणा के प्रयोग के प्रयोजन का ज्ञान होता है। इसका उदाहरण ऊपर दिया जा चुका है तथा काव्य में इसी का विशेष महत्त्व है। 'करुणा विकल कहानी-सी' में

प्रयोजनवती लक्षणा है। इस लक्षणा मूलक प्रयोग का प्रयोजन यह है कि मनु प्रलय का जो वर्णन आगे कर रहे हैं, उसे सुनकर सभी करुणा से व्याकुल हो जायेंगे—मनु तो शोकमग्न हैं ही। इस प्रयोजन का ज्ञान व्यंजना शक्ति के द्वारा ही होता है। इसलिए यहाँ लक्षणामूला आर्थी व्यंजना है।

मगर शब्द की इन **तीन** शक्तियों को लेकर विवाद भी चला तथा कुछ आचार्यों ने कहा, प्रयोजनवती लक्षणा में प्रयोजन का ज्ञान भी लक्षणा शब्दशक्ति द्वारा ही होता है इसलिए **दो ही शब्दशक्तियाँ माननी चाहिए : एक अभिधा तथा दूसरी लक्षणा।** मगर व्यंजना के समर्थक आचार्यों ने इस आक्षेप के उत्तर में यह कहा कि अभिधा तथा लक्षणा ऐसी शब्दशक्तियाँ हैं जिनसे केवल एक-एक अर्थ का ज्ञान होता है। साक्षात् संकेतित अर्थ का ज्ञान कराने के बाद अभिधा शक्ति का व्यापार समाप्त हो जाता है। इसी प्रकार लक्षणा शक्ति लक्ष्यार्थ का ज्ञान कराने के बाद चुक जाती है। मगर व्यंजना शक्ति अनेक अर्थों को व्यक्त करने में समर्थ है। इसलिए उसकी तुलना घण्टे की अनुरणन ध्वनि या गूँज से की जाती है। पहली बार जब घण्टा बजाया जाता है तो ज़ोर की ध्वनि होती है और इसके बाद देर तक यह ध्वनि मद्धिम होती हुई गूँजती रहती[1] है। इस प्रकार व्यंजना से अनेक अर्थों का बोध होता है।

उदाहरण के लिये जब महादेवी कहती हैं—

*दीप मेरे जल अकम्पित घुल अचंचल*

तो दीप के अनेक अर्थ व्यंजित होते हैं। एक तो दीप लौकिक अर्थ में अन्धकार दूर कर प्रकाश फैलाता है तथा सही मार्ग दिखाता है। दूसरा, दीप का आध्यात्मिक अर्थ है; वह पूजा का अनिवार्य उपकरण है। तीसरा, दीप बलिदान की व्यंजना करता है क्योंकि वह धरती के अन्धकार को मिटाने के लिये स्वयं निरन्तर जलता रहता है और सूर्योदय में उसका जीवन समाप्त हो जाता है। चतुर्थ अर्थ जलन, ताप, पीड़ा और विरह का है—महादेवी की आध्यात्मिक साधना पीड़ामय है। ये सभी अर्थ 'दीप' से व्यंजित होते हैं।

लेकिन इस उत्तर पर एक आक्षेप यह है कि इन सभी अर्थों को लक्षणा द्वारा भी जाना जा सकता है अर्थात् कहीं एक शक्ति यह माननी पड़ेगी जिससे अनेक अर्थों की उद्भावना होती है। तो लक्षणा को ही ऐसी शक्ति क्यों न मान लिया जाये?

मगर यह आक्षेप संगत नहीं है क्योंकि व्यंजना वहाँ भी होती है जहाँ लक्षणा नहीं है, जिसे ऊपर अभिधामूला व्यंजना कहा गया है। मगर अभिधामूला व्यंजना का एक अन्य चमत्कारपूर्ण रूप भी है जिसकी ओर आचार्यों का ध्यान कम गया

1. इसीलिए मैं यह मानता हूँ कि अवधारणा के स्तर पर व्यंजना या ध्वनि ही आई. ए. रिचर्ड्स की 'ऐम्बिग्युटी' का पर्याय है, अनेकार्थता या श्लेष नहीं।

है। इस रूप से सभी अध्यापक परिचित हैं। अगर कोई अध्यापक कक्षा समाप्त होने की घंटी बज जाने के बाद भी व्याख्यान देता रहे और छात्रों को छुट्टी न दे तो कोई एक छात्र उठकर कह देता है–"सर, बेल हो गयी है।" यह अभिधा में भी सत्य है मगर छात्र अध्यापक से वस्तुतः यह कह रहा है कि अब व्याख्यान बन्द कीजिए और हमें छुट्टी दीजिये। ऐसे अनेक उदाहरण दिये जा सकते हैं। **कामायनी** में प्रलय का वर्णन करते हुए कहा गया है :

***बँधी महावट से नौका थी।***
***सूखे में अब पड़ी रही।।***

सूखे में अब पड़ी रही, अभिधात्मक वर्णन है। यहाँ मुख्यार्थ में कोई बाधा नहीं है। मगर व्यंजना यह है कि पहले वहाँ भी जल था, **अब** वह स्थान सूखा है यानी प्रलय की बाढ़ धीरे-धीरे कम हो रही है। इस अभिधामूला व्यंजना की ओर आचार्यों का ध्यान कम गया है।

**व्यंजना और ध्वनि**–व्यंजना और ध्वनि पर्याय नहीं हैं। ध्वनि उस व्यंग्यार्थ को कहते हैं जो वाच्यार्थ से अधिक चमत्कारपूर्ण है। ऐसी कविता जहाँ **व्यंग्यार्थ** वाच्यार्थ से उत्कृष्ट तथा अधिक प्रभावशाली होता है, **ध्वनि काव्य कहलाता** है और उसे ही उत्तम काव्य माना जाता है। और जहाँ वाच्यार्थ व्यंग्यार्थ से अधिक चारुतापूर्ण होता है तथा व्यंग्यार्थ उसकी अपेक्षा गौण होता है वहाँ **गुणीभूतव्यंग्य** (जहाँ व्यंग्यार्थ वाच्यार्थ की आपेक्षा गौण हो) होता है तथा उसे मध्यम कोटि का काव्य माना जाता है। उदाहरण के लिये निरालाकृत **राम की शक्तिपूजा** के निम्मलिखित दो पद्यांश लीजिए :

*"वानर वाहिनी खिन्न, लख निज-पति-चरण-चिह्न*
*चल रही शिविर की ओर स्थविर दल ज्यों विभिन्न।*
*प्रशमित है वातावरण, नमित मुख सान्ध्य कमल*
*लक्ष्मण चिन्ता-पल पीछे वानर वीर सकल।"*

यहाँ दिनभर के युद्ध में पराजित होकर लौटने वाली राम की सेना का वर्णन है और व्यंग्यार्थ यह है कि राम उस दिन के युद्ध में पराजित होकर लौटे हैं। इस प्रसंग में वाच्यार्थ व्यंग्यार्थ से अधिक चमत्कारपूर्ण प्रतीत होता है। इसलिए इस कवितांश में गुणीभूत व्यंग्य माना जायेगा। दूसरा उदाहरण है–

*"है अमानिशा; उगलता गगन घन अन्धकार;*
*खो रहा दिशा का ज्ञान; स्तब्ध है पवन चार*
*अप्रतिहत गरज रहा पीछे अम्बुधि विशाल*
*भूधर ज्यों ध्यान-मग्न, केवल जलती मशाल।"*

यहाँ व्यंग्यार्थ राम की घोर निराशा है जिसमें उन्हें रावण को पराजित करने

1. ध्यान देने की बात है कि 'दीप' पाश्चात्य शब्दावली में प्रतीक या बिम्ब है तथा अलंकार सिद्धान्त के अनुसार रूपकातिशयोक्ति।

का कोई रास्ता नहीं सूझता। 'मशाल' से हल्की-सी आशा की व्यंजना है मगर जिस प्रकार मशाल का प्रकाश अमावस्या के अन्धकार को जीत नहीं सकता, वैसे ही राम की विजय की आशा भी निराशा से आक्रान्त है। इसी कविता में आगे चलकर 'भूधर' की ही 'पार्वती कल्पना' का रूप बन जाता है और सिन्धु शक्ति का वाहन सिंह प्रतीत होता है। इस प्रकार निराशा का सृजन करने वाले उपकरण ही राम की शक्तिपूजा के प्रतीक बन जाते हैं–

*"...सामने स्थित जो यह भूधर... पार्वती कल्पना है इसकी...*
*गरजता चरण-प्रान्त पर सिंह वह, नहीं सिन्धु..."*

स्पष्टतः उक्त अवतरण ध्वनि काव्य का उदाहरण है जहाँ 'अमानिशा' वाले वाच्यार्थ की अपेक्षा राम की घोर निराशा और उससे मुक्ति की ध्वनि अधिक प्रभावशाली है। इसीलिए यह ध्वनि काव्य माना जायेगा।

## ध्वनिविरोधी मत और ध्वनि सिद्धान्त की स्थापना

अनेक आचार्यों-काव्यशास्त्रियों तथा मीमांसक आदि दार्शनिकों ने ध्वनि सिद्धान्त का विरोध किया है। इनमें से कुछ आचार्यों ने ध्वनि के स्थान पर **तात्पर्य वृत्ति** और **अनुमान** आदि को मान्यता दी है। कुछ आचार्यों ने अभिधा शक्ति में ही शब्द के समग्र अर्थ–मुख्यार्थ, लक्ष्यार्थ और व्यंग्यार्थ को समाविष्ट कर लिया है और कुछ आचार्यों ने लक्षणा या शक्ति को तो माना है मगर व्यंजना शक्ति को लक्षणा के भीतर ही माना है क्योंकि व्यंग्यार्थ ही लक्षणा का प्रयोजन है। ध्वनि विरोधी मतों को **तीन वर्गों** में बाँटा गया है। नीचे इन तीनों वर्गों की व्याख्या के साथ-साथ उनकी सीमाओं का भी उल्लेख किया जा रहा है। यहाँ यह स्पष्ट करना आवश्यक है कि आनन्दवर्द्धन ने इन मतों को मानने वाले आचार्यों के नाम प्रायः नहीं दिये हैं।

### 1. अभाववादी मत

इस मत पर विचार करने से पहले यह स्पष्ट करना आवश्यक है कि शब्द और अर्थ के सम्बन्ध की समस्या (जिसे शब्दशक्ति कहा जाता है) का तीन शास्त्रों में विचार हुआ है : एक, **दर्शनशास्त्र** में–विशेषकर मीमांसा तथा न्याय दर्शन में, दो, **व्याकरण** में तथा तीन, **काव्यशास्त्र** में। तीनों शास्त्रों की अपनी अस्मिता और प्रक्रिया है और हम देखेंगे कि ध्वनि विरोधी तर्क देने वालों में दर्शनशास्त्र की विवेचन-पद्धति प्रधान आधार प्रतीत होती है। इसके अतिरिक्त कुछ काव्यशास्त्रियों ने भी ध्वनि का विरोध किया है मगर साथ ही ध्वनि के स्थान पर **तात्पर्यवृत्ति** या **वक्रोक्ति** आदि संज्ञाओं का प्रयोग किया है मगर इनका उद्देश्य है मुख्यार्थ तथा लक्ष्यार्थ से भिन्न अन्य अर्थ (व्यंग्यार्थ) की व्याख्या करना। उदाहरण के लिये महर्षि पातंजलि ने महाभाष्य में कहा है कि "सुप्रयुक्त तथा सम्यक् रूप से ज्ञात एक शब्द लोक तथा स्वर्ग में कामधेनु

के समान सभी इच्छाओं को पूरा करता है।" स्पष्ट है कि यह एक वैयाकरण का मत है जो माहेश्वर सूत्र से होते हुए अक्षर ब्रह्म की परिकल्पना का स्मरण कराता है। साधना के क्षेत्र में यह मत मान्य हो सकता है मगर काव्य—जिसका सहृदय सामान्य व्यक्ति है—के क्षेत्र में यह सत्य नहीं हो सकता।

काव्यशास्त्रियों का **प्रधान तर्क** यह है कि काव्य शब्द और अर्थ इन दो तत्त्वों से निर्मित है। इसलिए काव्य का समस्त सौन्दर्य या तो शब्दगत होगा या अर्थगत। ध्वनि सिद्धान्त से पूर्व के आचार्यों ने शब्दालंकार, अर्थालंकार, वृत्ति या रीति आदि के रूप में काव्य के शब्दगत या अर्थगत सौन्दर्य की विशद व्याख्या की है। छन्दादि में शब्दार्थ की संघटना या संरचना के सौन्दर्य का भी निरूपण किया जा चुका है। साथ ही काव्यमर्मज्ञ सहृदय इन सभी तत्त्वों के आधार पर काव्य को समझते रहे हैं तथा उसका आस्वाद करते रहे हैं। ऐसी स्थिति में काव्य को समझने के लिये या उसका आस्वाद करने के लिये किसी नये तत्त्व की कोई अपेक्षा ही नहीं रह जाती। और अगर काव्य की कोई विशेषता ऐसी है जिस पर पहले विचार नहीं किया गया तो उसका अन्तर्भाव किसी सम्बद्ध पुराने प्रतिमान में ही किया जा सकता है। ऐसी स्थिति में किसी नये तत्त्व की स्थापना की कोई आवश्यकता ही नहीं रहती। रही अनेक अर्थों की विशेषता जिस पर ध्वनि सिद्धान्त विशेष बल देता है तो वह भी आवश्यक नहीं प्रतीत होती क्योंकि अन्योक्ति, समासोक्ति, श्लेष आदि अलंकारों में अनेक अर्थों का विशद निरूपण किया जा चुका है। तो ध्वनि सिद्धान्त में ऐसी कौन-सी नवीनता है जो उसे स्वीकार किया जाये?

अभिधावादियों की एक अन्य **मूल स्थापना** भी है। वे यह मानते हैं कि शब्द अनेक अर्थों को व्यक्त करने में समर्थ होता है। उदाहरण के लिये जब कोई एक वाण चलाया जाता है तो वह कवच, वस्त्र, शरीरादि का भेदन करने में समर्थ होता है। इसी प्रकार कवि द्वारा प्रयुक्त शब्द भी अनेक अर्थों को व्यक्त करने में समर्थ होता है तथा उन अर्थों के ज्ञान के लिये शब्द की अलग-अलग शक्तियों को मानने की कोई आवश्यकता ही नहीं रह जाती।

उपर्युक्त विवेचन में कई असंगतियाँ हैं। **प्रथम** तो यह कि अगर हम किसी भी विषय के बारे में यह मान लें कि उसके बारे में जो कुछ कहा जा सकता है वह कहा जा चुका है तो उस विषय का विकास ही अवरुद्ध हो जायेगा—एक बिन्दु पर आकर नये चिन्तन का प्रयास ही समाप्त हो जायेगा जो न तो यथार्थ है और न ही वांछनीय। चिन्तन की तो सार्थकता और अस्मिता ही इसी सत्य में है कि वह निरन्तर विकसित होता रहता है, नये-नये शोध करता रहता है, नये प्रतिमानों की स्थापना करता रहता है। इसलिए यह मान्यता कि किसी एक बिन्दु के बाद विचार की अपेक्षा ही नहीं रह जाती, कभी भी मान्य नहीं हो सकती क्योंकि जीवन एवं चिन्तन का विकास तो एक सनातन सत्य है।

अभिधावादियों के तर्क से भी यह स्पष्ट है कि उन आचार्यों ने भी निरन्तर काव्य शब्द और काव्यभाषा के वैशिष्ट्य पर विचार करते हुए उसके नये-नये आयामों और प्रतिमानों को उद्घाटित किया है। उदाहरण के लिये भामह ने ही वाङ्मय के दो भेद माने हैं—शास्त्र एवं काव्य और 'जो शब्दार्थ के सहित है वह काव्य है' इस लक्षण की व्याख्या में स्पष्ट है कि शास्त्र स्वभावोक्ति प्रधान है तथा काव्य वक्रोक्ति प्रधान है। यहाँ भामह ने स्वभावोक्ति तथा वक्रोक्ति का प्रयोग परवर्ती अलंकारों वाले अर्थ में नहीं किया। स्वभावोक्ति तथा वक्रोक्ति के अर्थ में भी निरन्तर परिवर्तन होता रहा है। इसलिए किसी भी शास्त्र के बारे में यह नहीं कहा जा सकता कि वह एक विशेष काल में पूर्ण उत्कर्ष प्राप्त कर चुका था। काव्यभाषा सम्बन्धी विवेचन काव्यभाषा की इसी वक्रोक्ति या विदग्धता की व्याख्या का प्रयास है जो आज भी चल रहा है। इस विकास के क्रम में आनन्दवर्द्धन ने ध्वनि सिद्धान्त की स्थापना की है जिसको एक नये प्रतिमान के रूप में स्वीकार कर उसका मूल्यांकन करने की आवश्यकता है।

ध्यान देने की बात है कि काव्य में प्रयुक्त 'अभिधा' भी विशिष्ट होती है। इसीलिए आज यह माना जाता है कि काव्य की भाषा में कोई पर्याय नहीं होता, वह अवितथ होती है। उदाहरण के लिये निराला कृत 'राम की शक्तिपूजा' की ये पंक्तियाँ लीजिए—

*ऐसे क्षण अन्धकार घन में जैसे विद्युत*
*जागा* ***पृथ्वी-तनया-कुमारिका-छवि,*** *अच्युत*

यहाँ सीता के लिये 'पृथ्वी-तनया' शब्दों का प्रयोग है। यदि इस प्रयोग के स्थान पर निराला ने 'सीता' या 'जानकी' का प्रयोग किया होता, जो इन शब्दों के पर्याय हैं तथा जिनके अभिधेयार्थ में कोई अन्तर नहीं है तो क्या इस कविता के अर्थ में कोई अन्तर नहीं आता? अभिधावादियों की दृष्टि से कहा जा सकता है कि 'सीता' या 'जानकी' के प्रयोग से भी कोई अन्तर नहीं होता लेकिन वस्तुतः 'पृथ्वी-तनया' का प्रयोग एक विशिष्ट एवं अवितथ प्रयोग है क्योंकि रावण ने 'पृथ्वी-तनया' का हरण किया है तथा राम का उद्देश्य केवल सीता का उद्धार करना नहीं है वरन् सम्पूर्ण पृथ्वी से अन्याय और अत्याचार को नष्ट करना है—सीता का ही नहीं सीता की माता 'धरती' का कल्याण करना है। मात्र अभिधा से यह अर्थ व्यक्त नहीं हो सकता। यहाँ लक्षणा भी नहीं है क्योंकि मुख्यार्थ में बाधा नहीं है—पृथ्वी-तनया का अर्थ 'सीता' ही है मगर 'पृथ्वी-तनया' का वैशिष्ट्य उसकी ध्वनि में है जिसका उल्लेख ऊपर किया जा चुका है।[1]

1. अलंकार की दृष्टि से यहाँ साभिप्राय विशेषण 'पृथ्वी-तनया' का प्रयोग किया गया है इसलिए **परिकर** अलंकार है।
= वक्रोक्ति सिद्धान्त की दृष्टि से यहाँ **'पर्यायवक्रता'** है।
= शैली विज्ञान की दृष्टि से यहाँ **चयन** है।

एक अन्य कारण से भी अभिधावादियों का मत मान्य नहीं है। काव्य में शब्द का अर्थ सन्दर्भ पर निर्भर करता है और यहाँ भी 'पृथ्वी-तनया' का ध्वन्यर्थ 'राम की शक्तिपूजा' के सन्दर्भ से ही व्यक्त होता है। यह स्वाभाविक ही है कि काव्य शब्द प्रयोग की एक ही विशेषता को अलग-अलग चिन्तक अलग-अलग नाम दें।

अभिधावादी मत की एक अन्य सीमा भी है। जहाँ मुख्यार्थ में बाधा होती है और जहाँ अभिधा से अर्थ का ज्ञान नहीं होता, वहाँ अभिधा से भिन्न किसी व्यापार या शक्ति की कल्पना अनिवार्य हो जाती है। 'गंगा पर मकान' में अभिधा से अर्थ का ज्ञान नहीं हो सकता क्योंकि गंगा की धारा पर मकान हो ही नहीं सकता (प्राचीन काल के सन्दर्भ में)। इसीलिए इसका लक्ष्यार्थ लिया जाता है 'गंगातट पर मकान'। 'गंगा' का अर्थ 'गंगा तट' लेना पड़ता है जो अभिधा द्वारा नहीं जाना जा सकता। वाण वाला उदाहरण भी यहाँ संगत नहीं है क्योंकि वाण की गति तो सदा एक-सी रहती है मगर यहाँ सन्दर्भ के अनुसार अर्थ में परिवर्तन हो जाता है—आज के सन्दर्भ में कोई गंगा पर मकान कहे तो वह अभिधा द्वारा ही जाना जा सकता है। यह समस्या उन तमाम सन्दर्भों में आती है जहाँ मुख्यार्थ में बाधा है। काव्य में शब्द प्रयोग की विदग्धता या भंगिमा एक प्रधान तत्त्व है। यह विदग्धता या भंगिमा एक वस्तुगत तत्त्व है, शब्द प्रयोग में विद्यमान है। इस विदग्धता की ही पूर्ण व्याख्या करने के लिये लक्षणा और व्यंजना का सहारा लिया जाता है।

## 2. भक्तिवादी मत या लक्षणावादी मत

'भक्ति' शब्द की व्युत्पत्ति के बारे में मतभेद है। मगर सामान्यतया यह माना जाता है कि आलंकारिकों के अनुसार 'भाक्त' शब्द का अर्थ है लक्षणा और मीमांसकों का तात्पर्य है 'गौणी' से। अतः यह मत लक्षणा को स्वीकार करता है तथा ध्वनि को लक्षणा के अन्तर्गत ही समाविष्ट करता है। जैसा कि पहले कहा जा चुका है लक्षणा की तीन विशेषताएँ हैं और तीनों में ही किसी न किसी अर्थ में 'भक्ति' शब्द ही रहता है—

1. लक्षणा की पहली शर्त है कि मुख्यार्थ में बाधा होनी चाहिए। मुख्यार्थ में बाधा का तात्पर्य है **मुख्यार्थ का भंग या भक्ति**। यहाँ भक्ति का अर्थ है भंग से (मुख्यार्थस्य भङ्गो भक्तिः)।

2. लक्षणा की दूसरी विशेषता यह है कि लक्ष्यार्थ मुख्यार्थ से सम्बद्ध होना चाहिए (या रूढ़ि होनी चाहिए) जो इस प्रसंग में अपेक्षित नहीं है। तात्पर्य यह है कि लक्ष्यार्थ मुख्यार्थ के समीप होना चाहिए। यह सामीप्य धर्म ही भक्ति कहलाता है (जैसे भक्ति में भक्त हमेशा भगवान के समीप रहना चाहता है)।

3. यहाँ लक्षणा का प्रयोजन यह है कि गंगा जैसी शीतलता और पावनता मकान में है। पावनता अर्थात् पवित्रता जो गंगा के प्रति श्रद्धा या भक्ति से सम्बद्ध

है। अतः गंगा के प्रति श्रद्धा या भक्ति के कारण ही मकान में शीतलता और पवित्रता मान ली जाती है तथा यह अर्थ भी 'लक्षणा' या मीमांसकों की गौणी में समाविष्ट है; इसके लिये किसी अन्य शक्ति की अपेक्षा नहीं है। मगर यह श्रद्धा या भक्ति वाला भाव सभी प्रयोजनवती लक्षणा या रूढ़ि लक्षणा के उदाहरणों में नहीं मिलता; जैसे किसी मूर्ख के बारे में यह कहा जाये कि 'वह तो गधा है।'

4. मीमांसकों ने गौणी को लक्षणा का भेद न मानकर उसे एक अलग ढंग से परिभाषित किया है। उन्होंने 'भक्त' का अर्थ किया है 'भंग' या भाग या कोई एक विशेषता जैसे कमल से उपमा देने पर कमल-सी 'कोमलता' या विकास आदि का तात्पर्य होता है पूर्ण कमल नहीं। कमल ही प्रधान है तथा 'विकास' या 'कोमलता' उसका एक 'गुण' एक 'भाग' है।

इस मत के अनुसार ध्वनि का समावेश लक्षणा में ही हो जाता है। एक प्रकार से यह प्रथम मत का ही विकसित रूप है। प्रथम मत—अभिधावाद—में शब्द के सम्पूर्ण अर्थ को अभिधा में ही संचित मान लिया गया है जबकि इस मत में अभिधा से भिन्न लक्षणा या गौणी को भी स्वीकार कर लिया गया है तथा ध्वनि को इसी में ही समाविष्ट कर लिया गया है। इस मत पर पहले भी विचार हो चुका है। यह माना जाता है कि ध्वनि को छोड़कर शेष दोनों शब्दशक्तियाँ अपना-अपना अर्थ—वाच्यार्थ या लक्ष्यार्थ—व्यक्त कर विरत हो जाती हैं जबकि ध्वनि अनेक अर्थों को व्यक्त करने में समर्थ है। साथ ही इस मत की दूसरी सीमा यह है कि जहाँ लक्षणा नहीं होती, सिर्फ अभिधा ही होती है ('पृथ्वी-तनया') वहाँ भी ध्वनि हो सकती है तथा होती है।

## 3. ध्वनि अनिर्वचनीय है

ध्वनि सिद्धान्त पर तीसरा आक्षेप यह है कि उसका अनुभव तो होता है (जैसे रस ध्वनि में) मगर उसकी पूरी तरह व्याख्या नहीं की जा सकती है। यह तो ध्वनि का स्वभाव ही है कि वह अनेक अर्थों को व्यक्त करने में समर्थ है जो काव्य के सन्दर्भ पर तथा एक सीमा तक सहृदय की भावयित्री प्रतिभा पर निर्भर करते हैं। उन अर्थों की पूर्ण व्याख्या सम्भव चाहे न हो मगर उनकी सत्ता से इनकार नहीं किया जा सकता और इसलिए ध्वनि की तथाकथित अनिर्वचनीयता उसे असिद्ध नहीं करती।

## 4. अन्य ध्वनि विरोधी मत

इन मतों में भट्टनायक द्वारा स्थापित अभिधायकत्व, भावकत्व और भोगकृत्व का, महिम भट्ट के अनुमिति सिद्धान्त का, कुन्तक के वक्रोक्ति सिद्धान्त का तथा धनंजय की तात्पर्य वृत्ति का उल्लेख किया जाता है।

**भट्टनायक**—भट्टनायक ने काव्यशब्द की तीन शक्तियाँ मानी हैं—अभिधायकत्व,

भावकत्व और भोगकृत्व जिनका उल्लेख पहले किया जा चुका है। इस मत पर आक्षेप ये किये जाते हैं कि एक तो इन शक्तियों का कोई शास्त्रीय आधार नहीं है, और दूसरा इन तीनों शक्तियों का काम अभिधा, लक्षणा और व्यंजना या ध्वनि कर सकती है। ये दोनों ही आक्षेप तर्कसंगत नहीं हैं। यदि शास्त्रीय आधार वाला आक्षेप स्वीकार किया जाये तो जितने मौलिक सिद्धान्त स्थापित किये गये हैं, जैसे ध्वनि, उत्पत्तिवाद अनुकृतिवाद, अभिव्यक्तिवाद, औचित्य सिद्धान्त आदि उनमें से किसी का शास्त्रीय आधार नहीं था। दूसरा आक्षेप तो स्पष्टतः निराधार है क्योंकि भट्टनायक ने भावकत्व के दो मूल व्यापार माने हैं–एक, मोह का विनाश और दूसरा साधारणीकरण और ये दोनों ही व्यापार लक्षणा द्वारा सिद्ध नहीं हो सकते। लक्षणा तो मुख्यार्थ में बाधा होने पर मुख्यार्थ से सम्बद्ध अन्य अर्थ, (लक्ष्यार्थ) का ज्ञान भर कराती है, उसका मोह के विनाश या साधारणीकरण से कतई कोई सम्बन्ध नहीं है।

**अनुमान**–अनुमान एक दार्शनिक प्रमाण है–प्रमाण उसे कहते हैं जिसके द्वारा ज्ञान प्राप्त होता है। जैसे प्रत्यक्ष दर्शन से ज्ञान की प्राप्ति होती है, वैसे ही अनुमान से भी ज्ञान प्राप्त होता है। उदाहरण के लिये अगर कहीं धुआँ नज़र आये तो उसे देखकर यह अनुमान लगाया जा सकता है कि वहाँ आग लगी है। यहाँ आग प्रत्यक्ष रूप से दिखाई नहीं देती, मगर आग की एक अनिवार्य विशेषता धुआँ भर नज़र आता है। अनुमान के लिये इस अनिवार्य विशेषता का होना आवश्यक है क्योंकि इसी आधार पर यह सामान्य सिद्धान्त जिसे व्याप्ति कहते हैं, स्थापित किया जाता है कि "जहाँ-जहाँ धुआँ होगा वहाँ आग होगी।" मगर ध्वन्यार्थ को जानने के लिये ऐसा कोई सामान्य सिद्धान्त नहीं बनाया जा सकता क्योंकि वह सन्दर्भ–वक्ता, स्थान, श्रोता, समय आदि पर निर्भर करता है। उदाहरण के लिये 'सन्ध्या हो गयी' वाक्य के सन्दर्भादि के अनुसार कई अर्थ हो सकते हैं–गृहिणी के लिये इसका अर्थ होगा 'शाम के खाने का समय हो गया है', योगी के लिये इसका अर्थ 'सन्ध्यावन्दनादि का समय हो गया है', पुजारी के लिये इसका अर्थ होगा 'शाम की आरती का समय हो गया है', आदि-आदि। इसलिए ध्वन्यार्थ जानने के लिये कोई सामान्य नियम या व्याप्ति का होना सम्भव ही नहीं है। अतः अनुमान ध्वनि का स्थानापन्न नहीं हो सकता।

**वक्रोक्ति एवं तात्पर्य वृत्ति**–धनंजय और धनिक ने ध्वनि के स्थान पर 'तात्पर्यवृत्ति' नाम दिया है तथा कुन्तक ने वक्रोक्ति का। मगर यहाँ भी इन आचार्यों के समान तात्पर्य वृत्ति या वक्रोक्ति का कार्य वही है जो ध्वनि का है। स्पष्टतः यहाँ एक ही व्यापार को भिन्न अवधारणाओं द्वारा समझाने की चेष्टा की गयी है–केवल नाम का ही अन्तर है। मूल समस्या यह है कि काव्य में शब्दों के प्रयोग की कुशलता या विदग्धता के कारण उससे सन्दर्भ के अनुसार अनेक अर्थों की

उद्‌भावना होती है जो काव्य को उत्कर्ष प्रदान करते हैं। शब्द की इस शक्ति को किसी ने तात्पर्य वृत्ति कहा है, किसी ने वक्रोक्ति कहा है, किसी ने रूपक, रूपकातिशयोक्ति, समासोक्ति, प्रतीक या अप्रस्तुत विधान (शैली विज्ञान) कहा है और किसी ने ध्वनि कहा है। विविध प्रसंगों में इस तथ्य पर प्रकाश डाला जा चुका है। इसलिए इन अवधारणाओं के आधार पर ध्वनि को अस्वीकार नहीं किया जा सकता है—वैसे ही जैसे ध्वनि की अवधारणा के आधार पर अन्य अवधारणाओं को अस्वीकार नहीं किया जा सकता।

## ध्वनि के प्रमुख भेद

भारतीय साहित्य चिन्तक किसी भी विषय का विश्लेषण करते हुए उसके भेद, उपभेदों आदि का सोदाहरण विवेचन करते रहे हैं। यह भी एक कारण है कि आज के सुविधावादी युग में इस प्रकार के गम्भीर विवेचन की अपेक्षा की जाती है। वैसे तो ध्वनि के इक्यावन भेद माने गये हैं। मगर उनमें से तीन भेद ही प्रमुख हैं—(1) वस्तु ध्वनि, (2) अलंकार ध्वनि और (3) रस ध्वनि।

1. **वस्तु ध्वनि**—वस्तु से तात्पर्य है अर्थ का, काव्यवस्तु का। जहाँ किसी कविता में वाच्यार्थ के अतिरिक्त किसी अन्य अर्थ की ध्वनि होती है, वहाँ वस्तु ध्वनि मानी जाती है। उदाहरण के लिये प्रसाद कृत 'कामायनी' का यह छन्द लीजिए—

*बँधी महावट से नौका थी, सूखे में अब पड़ी रही;*
*उतर चला था वह जल प्लावन, और निकलने लगी मही।*

यहाँ मुख्यार्थ के रूप में अब सूखे स्थान पर पड़ी नौका का वर्णन है। मगर 'अब' शब्द के प्रयोग से इसमें एक अन्य अर्थ की ध्वनि है जिसके अनुसार जब मनु नाव में यहाँ तक पहुँचे थे तब वहाँ प्रलय की बाढ़ का पानी था और इससे यह अर्थ निकलता है कि धीरे-धीरे बाढ़ का प्रकोप कम होता जा रहा है। इसलिए यहाँ वस्तु ध्वनि है।

इस छन्द के पूर्ण अर्थ को भाषा सम्बन्धी अन्य काव्य सिद्धान्तों की दृष्टि से भी समझाया जा सकता है। 'अब' के प्रयोग से यहाँ **वक्रोक्ति** है। आधुनिक दृष्टि से यहाँ सपाटबयानी है जिसमें **अनेकार्थता (ऐम्बिग्युटी)** है। शैली विज्ञान की दृष्टि से 'अब' में **चयन है।**

2. **अलंकार ध्वनि**—जहाँ अलंकार कथित न हो, मगर वाच्यार्थ से अलंकार संकेतित हो, वहाँ अलंकार ध्वनि होती है—

*सिहरा तन, क्षण भर भूला मन, लहरा समस्त,*
*हर धनुर्भंग को पुनर्वार ज्यों उठा हस्त...।।*

*निराला—राम की शक्ति पूजा*

यहाँ निराला ने सीता से प्रथम मिलन की स्मृति के बाद राम के उत्साह एवं विश्वास

का वर्णन किया है। शिव के धनुष को तोड़कर ही राम ने सीता का वरण किया था। रावण शिव का भक्त है और शक्ति रावण की रक्षा करती प्रतीत होती है। इसलिए यहाँ रावण-वध की ध्वनि शिव के धनुष को दोबारा तोड़ने के उत्साह से की गयी है। साथ ही यह विश्वास भी व्यक्त होता है कि जिस प्रकार रावण सहित सभी राजाओं के असफल हो जाने के बाद राम धनुष को तोड़ने में सफल हुए थे, उसी प्रकार राम रावण का वध कर सीता को फिर से प्राप्त करने में सफलता पायेंगे। रावण का वध शिव के धनुष को तोड़ने के समान ही है। इसलिए यहाँ उपमा अलंकार की ध्वनि लक्षित होती है।

आधुनिक शब्दावली में 'हर धनुर्भंग', रावण वध का प्रतीक माना जा सकता है। इसलिए यहाँ अनेकार्थता (ऐम्बिग्युटी) है। यहाँ यह स्पष्ट करना भी आवश्यक होगा कि आई. ए. रिचर्ड्स या नयी समीक्षा में प्रतीकादि या अलंकार ध्वनि का विश्लेषण नहीं है, केवल अनेकार्थता का विवेचन है।

शब्द शक्ति की दृष्टि से यहाँ प्रयोजनमूलक लक्षणा है क्योंकि दूसरी बार शिव के धनुष को तोड़ने में मुख्यार्थ में बाधा है। इसीलिए व्यंजना शक्ति के सहारे उपर्युक्त अर्थ माना गया है—अलंकार ध्वनि मानी गयी है। साथ ही यह भी स्पष्ट है कि इस अलंकार ध्वनि से राम के **उत्साह** की व्यंजना होती है; इसलिए यहाँ **रस ध्वनि** भी है जिसका विवेचन आगे किया जा रहा है।

**3. रस ध्वनि**—निराला कृत 'राम की शक्तिपूजा' में वह प्रसंग जहाँ राम को सीता की याद आती है—

*'देखते हुए निष्पलक, याद आया उपवन*
*विदेह का, प्रथम स्नेह का लतान्तराल मिलन...'*

इस प्रसंग में श्रृंगार रस की ध्वनि है। यह रस ध्वनि का उदाहरण होगा।

स्पष्ट है कि उपर्युक्त ध्वनि-भेदों में ध्वनि तथा अन्य सिद्धान्तों के समन्वय का प्रयास किया गया है। मगर जहाँ आनन्दवर्धन या किसी अन्य आचार्य ने एक प्रश्न नहीं उठाया जो मेरी दृष्टि से बुनियादी तथा महत्त्वपूर्ण है। सवाल यह है कि क्या ध्वनि के ये तीनों भेद समान रूप से महत्त्वपूर्ण हैं या रस ध्वनि वस्तु ध्वनि और अलंकार ध्वनि से श्रेष्ठ है? स्पष्ट है कि रसवादियों के अनुसार रस ध्वनि ही इन तीनों में श्रेष्ठ मानी जायेगी। मगर जो शब्द के विदग्ध प्रयोग को भी रस के समकक्ष मानते हैं—जैसी कि आनन्दवर्धन की मान्यता प्रतीत होती है—तो तीनों समान रूप से महत्त्वपूर्ण मानी जायेंगी।

ऊपर के उदाहरणों में यह भी दिखाई देता है कि एक ही प्रसंग में (हर धनुर्भंग को पुनर्वार ज्यों उठा हस्त) वस्तु ध्वनि भी है और रस ध्वनि भी है। सामान्य रूप से यह माना जाता है कि रस ही केन्द्रीय तत्त्व है तथा सभी अर्थ या ध्वनियों की अन्तिम परिणति रस में ही होती है। आई. ए. रिचर्ड्स के अनुसार भी अनेकार्थता

काव्य मूल्य—आवेगों के समतोल में ही परिणत होती है क्योंकि काव्य की भाषा भावोद्बोधक (इमोटिव) होती है।

## ध्वनि काव्य के भेद

व्यंग्यार्थ तथा वाच्यार्थ के सम्बन्ध के आधार पर भी काव्य को तीन वर्गों में रखा जाता है—(1) ध्वनि, (2) गुणीभूत व्यंग्य काव्य और (3) चित्र काव्य। जिस काव्य में व्यंग्यार्थ वाच्यार्थ की अपेक्षा अधिक चमत्कारपूर्ण होता है, उसे ध्वनि काव्य कहा जाता है तथा यही उत्तम काव्य माना जाता है। जिस काव्य में वाच्यार्थ व्यंग्यार्थ से अधिक चमत्कारपूर्ण होता है, उसे गुणीभूत व्यंग्य कहा जाता है। यहाँ गुणीभूत का अर्थ है 'गौण' यानी जहाँ वाच्यार्थ की अपेक्षा व्यंग्यार्थ गौण होता है।

इसे मध्यम कोटि का काव्य माना जाता है। जिस रचना में व्यंग्यार्थ का अभाव होता है, उसे चित्रकाव्य कहा जाता है तथा इसे अधम या अवर कोटि का माना जाता है। इस वर्गीकरण को इस तालिका के रूप में समझा जा सकता है।

काव्य
- जिसमें व्यंग्यार्थ हो
  - ध्वनि काव्य या उत्तम काव्य
  - गुणीभूत व्यंग्य या मध्यम काव्य
- जिसमें व्यंग्यार्थ न हो—चित्रकाव्य, अधम काव्य या अवर काव्य

इन प्रकारों के उदाहरण हैं—

### 1. ध्वनि काव्य

*उधर गरजती सिन्धु लहरियाँ*
*कुटिल काल के जालों सी,*
*चली आ रही फेन उगलती*
*फन फैलाये व्यालों सी।*

—कामायनी, पृ. 14

यहाँ प्रसाद ने प्रलय के समय सागर में आये भयानक तूफान का वर्णन किया है। मुख्यार्थ है लहरें तेज शोर करती हुई (गरजती) काल के जालों के समान (विनाश करती हुई) आ रही थीं। वे लहरें तूफान के कारण झाग फैलाते हुए साँपों के समान

(अन्यन्त विषैले साँपों समान) उठ रही थीं। यहाँ वाच्यार्थ में सागर में आये भीषण तूफान का वर्णन है मगर व्यंग्यार्थ यह है कि वे लहरें ही देव समाज के विनाश का एक प्रधान कारण थीं। यहाँ व्यंग्यार्थ वाच्यार्थ की अपेक्षा अधिक चमत्कारपूर्ण और प्रासंगिक है, साथ ही यहाँ छोटे से छन्द में लघु शब्दों के प्रयोग से उत्पन्न कविता की गतिशील लय शीघ्र रूप में वाले विनाश की व्यंजक है। इसलिए यह ध्वनि काव्य का उदाहरण है।

## 2. गुणीभूत व्यंग्य

*बार-बार उस भीषण रव से*
*कँपती धरती देख विशेष,*
*मानो नील व्योम उतरा हो*
*आलिंगन के हेतु अशेष।*

*—कामायानी, पृ. 14*

यहाँ व्यंग्यार्थ यह है कि सर्वत्र इतना गहरा अन्धकार फैला हुआ है कि धरती और आकाश का अन्तर ही मिट गया है। उसका मानवीकरण करते हुए कवि ने यहाँ उस स्थिति की व्यंजना की है जब बादल की गर्जन से भयभीत प्रेमिका को आत्मविश्वास दिलाने के लिये प्रेमी उसका आलिंगन कर लेता है। इसमें कांपती हुई धरती को आलिंगन करने वाला आकाश उसे सहारा देता है। पूरा दृश्य रति भाव की व्यंजना करता है। प्रलय के इस विनाशकारी दृश्य में रति भाव की यह व्यंजना उपयुक्त नहीं है। इसलिए यहाँ व्यंग्यार्थ वाच्यार्थ की अपेक्षा कम चमत्कारपूर्ण है।

## 3. चित्रकाव्य

*हाँ उसी ढालवें को जब*
*बस सहज उतर जावें हम*
*फिर सम्मुख तीर्थ मिलेगा*
*वह अति उज्ज्वल पावन-तम*

*—कामायनी, पृ. 279 आनन्द सर्ग*

इस छन्द में सीधा-सीधा वर्णन है जिसमें व्यंग्यार्थ का अभाव है। इसे चित्रकाव्य इसलिए कहा जाता है कि ऐसे काव्यांश केवल शब्दों से बने चित्र जैसे होते हैं जिनमें कोई गूढ़ अर्थ संकेतित नहीं होता। इसे इतिवृत्रात्मक कविता भी कहा जाता है।

## ध्वनि सिद्धान्त की आधुनिक प्रासंगिकता

यहाँ एक बात को रेखांकित करना अत्यन्त आवश्यक है। भारतीय आचार्यों ने जहाँ-जहाँ रस का उल्लेख किया है, उससे उनका तात्पर्य है **रस, रसाभास, भाव**

**और भावाभास**। आधुनिक शब्दावली में कहें तो **रसास्वाद का अर्थ है काव्यानुभूति।** इसलिए जिन आलोचकों ने रस की आध्यात्मिक व्याख्या को ही रस मानकर उसकी आलोचना या उसका विरोध किया है, उन्हें रस सिद्धान्त का पूर्ण ज्ञान नहीं है तथा रस का यह विरोध अर्धज्ञान का ही परिणाम है।

इस सन्दर्भ में मुक्तिबोध की एक बहुचर्चित कविता 'अँधरे में' की इन पंक्तियों पर विचार करना आवश्यक प्रतीत होता है। सामने "सर्दी में बोरे को ओढ़कर/कोई एक अपने/हाथ पैर समेटे/काँप रहा, हिल रहा—वह मर जायेगा" और थोड़ी देर बाद—

*'एकाएक उठ पड़ा आत्मा का पिंजर*
*मूर्ति की ठठरी।*
*नाक पर चश्मा, हाथ में डण्डा,*
*कन्धे पर बोरा, बाँह में बच्चा।*
*आश्चय! अद्भुत! यह शिशु कैसे!*
*मुसकरा उस द्युति पुरुष ने कहा तब—*
*मेरे पास  चुपचाप सोया हुआ यह था।*
*सँभालना इसको, सुरक्षित रखना।'*

इन पंक्तियों में सपाटबयानी है। मगर कविता के पूरे सन्दर्भ से जोड़कर देखें तो यह पूरा अंश ध्वनि काव्य का उदाहरण है क्योंकि इस सपाटबयानी के सांकेतिक अर्थों में ही उसका सौन्दर्य और सार्थकता है। बोरे से देश की गरीबी की व्यंजना होती है जहाँ आज़ादी के इतने वर्षों बाद भी आम आदमी की दुर्दशा हो रही है तथा शिशु स्वाधीनता की, आम जनता की व्यंजना करता है। शिशु से आम आदमी की सरलता, सौम्यता और असहाय अवस्था की व्यंजना भी होती है जिसका पालन-पोषण पूरी तल्लीनता और त्याग से करना अनिवार्य है। कुल मिलाकर यहाँ **वस्तु ध्वनि** है जो भाव या काव्यानुभूति में परिणत हो जाती है।

मुक्तिबोध के अनुसार यह फैंटेसी का ही एक अंश हैं मगर फैंटेसी प्रतीकों की एक शृंखला है जिसकी असम्बद्धता की तह में संवेदना की गम्भीरता और सम्बद्धता निरन्तर विद्यमान रहती है।

'गाँधी', 'शिशु', 'बोरा' अलग-अलग दृष्टि से देखने  पर **प्रतीक** माने जायेंगे। **प्रतीक वस्तुतः रुपकातिशयोक्ति अलंकार का ही** आधुनिक नाम है जहाँ उपमेय के स्थान पर सिर्फ उपमान का उल्लेख होता है।

पूरी कविता के सन्दर्भ में यह प्रयोजनवती लक्षणा है क्योंकि कविता के मुख्यार्थ में बाधा होती है।

शैली विज्ञान की दृष्टि से यहाँ पूर्ण कविता के सन्दर्भ में **विचलन** है। यदि केवल इस अंश को ही केन्द्र में रखें तो यह **अप्रस्तुत विधान** है।

अलंकार की दृष्टि से यहाँ **'अन्योक्ति'** अलंकार माना जायेगा।

नयी समीक्षा की दृष्टि से यहाँ **'तनाव'** माना जा सकता है।

तात्पर्य यह है कि एक ही कविता की विदग्धता को अनेक अवधारणाओं द्वारा व्यक्त किया जा सकता है और किया जाता है और यह कहना असम्भव है कि कौन-सी अवधारणा सर्वश्रेष्ठ और मान्य है।

## प्रयोजनवती लक्षणा के भेद

प्रयोजनवती लक्षणा, जो व्यंजना या ध्वनि का आधार है, के अनेक भेद हैं। यहाँ सभी भेदों का निरूपण न कर उसके प्रमुख भेदों का उल्लेख किया जा रहा है। प्रयोजनवती लक्षणा के दो भेद हैं : एक, **गौणी लक्षणा** तथा दो, **शुद्धा लक्षणा। गौणी लक्षणा** वहाँ मानी जाती है जहाँ मुख्यार्थ तथा लक्ष्यार्थ में गुण की समानता होती है। यहाँ 'गुण' से ही 'गौणी' शब्द बना है, 'गौण' से नहीं। प्रसाद ने 'कामायनी' में श्रद्धा के सौन्दर्य का वर्णन करते हुए कहा है—

*और उस मुख पर वह मुस्क्यान! रक्त किसलय पर ले विश्राम*
*अरुण की एक किरण अम्लान, अधिक अलसाई हो अभिराम।*

यहाँ श्रद्धा की मुस्कान का वर्णन है। 'रक्त कसलय' होठों का उपमान या प्रतीक हैं। क्योंकि दोनों ही कोमल एवं लाल रंग के होते हैं; दोनों में गुण की समानता है। इसलिए यहाँ गौणी प्रयोजनवती लक्षणा है।

गौणी लक्षणा के दो भेद हैं : एक, सारोपा गौणी लक्षणा और दो, साध्यवसाना गौणी लक्षणा।

**सारोपा गौणी लक्षणा** वहाँ होती है जहाँ मात्र उपमेय पर उपमान का आरोप किया जाता है जैसे 'चन्द्रमुख'। यहाँ मुख पर चन्द्रमा का आरोप किया गया है तथा मुख तथा चन्द्रमा में 'सौन्दर्य' गुण की समानता है। अतः जहाँ **रूपक अलंकार** होता है तथा उपमेय तथा उपमान में गुण की समानता होती है, वहाँ सारोपा गौणी लक्षणा होती है। निराला कृत 'राम की शक्तिपूजा' की इस पंक्ति—

*"कहती थीं माता मुझे सदा **राजीव नयन!**"*

के 'राजीव नयन' प्रयोग में गौणी सारोपा लक्षणा है क्योंकि यहाँ कमल और नयन में सौन्दर्यादि गुणों की समानता है। अलंकार की दृष्टि से यहाँ रूपक अलंकार है जिसमें ध्वनि या अनेकार्थता है। शैली विज्ञान की दृष्टि से यहाँ अप्रस्तुत विधान माना जायेगा।

साध्यवसाना **गौणी लक्षणा** उपर्युक्त 'कामायनी' के उदाहरण में 'रक्त किसलय' होठों का उपमान है तथा उनके सौन्दर्य, कोमलता आदि गुणों को व्यक्त करता है। यहाँ उपमेय 'होठ' का लोप या अवसान होने से साध्यवसाना गौणी लक्षणा मानी जायेगी। वैसे समग्रता की दृष्टि से इस पूरे छन्द में उदाहरण अलंकार, अप्रस्तुत

विधान, मानवीकरण (किरण का), बिम्बविधान, वाक्य वक्रता आदि भी माने जा सकते हैं। इससे यह स्पष्ट होता है कि शब्द प्रयोग की किसी एक विदग्धता को अनेक अवधारणाओं द्वारा निरूपित किया जा सकता है जो विभिन्न कालों में विभिन्न आलोचकों द्वारा स्थापित की गयी हैं मगर वास्तविकता यह है कि वे सभी शब्दों के एक ही प्रयोग वैचित्र्य के विभिन्न नाम हैं।

## शुद्धा प्रयोजनवती लक्षणा

जहाँ मुख्यार्थ तथा लक्ष्यार्थ में गुण की समानता के अतिरिक्त कोई अन्य सम्बन्ध– कार्य-कारण, आधार-आधेय आदि हों तो वहाँ शुद्धा प्रयोजनवती लक्षणा मानी जाती है। उदाहरण के लिये 'कामायनी' में मनु का यह कथन–

*आज अमरता का जीवित हूँ–मैं वह भीषण जर्जर दम्भ,*
*आह सार्ग के प्रथम अंक का अधम पात्रमय-सा विष्कम्भ।*

यहाँ 'मनु' को 'विष्कम्भ' कहा गया है तथा दोनों में कर्म की समानता है–मनु विष्कम्भ के समान ही प्रलय में ध्वस्त देव सभ्यता का परिचय देने के लिये जीवित बचे हैं। इसलिए यहाँ शुद्धा प्रयोजनवती लक्षणा है। इसके दो भेद हैं–एक, सारोपा शुद्धा प्रयोजनवती लक्षणा, तथा दो, साध्यवसाना शुद्धा प्रयोजनवती लक्षणा। उसका परम्परागत उदाहरण है 'घी आयु है।' यहाँ कारण-कार्य सम्बन्ध है।

**साध्यवसाना शुद्धा प्रयोजनवती लक्षणा**–जहाँ उपमेय तथा उपमान में से किसी एक पक्ष का लोप हो, उसे साध्यवसाना शुद्धा प्रयोजनवती लक्षणा कहते हैं। इसका परम्परागत उदाहरण है–घी को लक्ष्य करके कोई कहे–'यह तो आयु ही है'।

## अध्याय-9

# वक्रोक्ति-सिद्धान्त

वक्रोक्ति सिद्धान्त भारतीय काव्यचिन्तन के महत्त्वपूर्ण सिद्धान्तों में से एक है। यद्यपि सब अलंकारों के मूल में स्थित भाषा प्रयोग की विदग्धता के रूप में तथा एक अलंकार विशेष के रूप में इसका संकेत पहले किया जा चुका है। यह भी स्पष्ट किया जा चुका है कि इस व्यापक अर्थ में वक्रोक्ति अतिशयोक्ति के पर्याय के रूप में प्रयुक्त हुई है। कुन्तक (10वीं-11वीं शती) ने भी वक्रोक्ति का प्रयोग एक अत्यन्त व्यापक अर्थ में किया है जिसके अन्तर्गत वर्ण वक्रता से लेकर प्रबन्ध वक्रता को वक्रोक्ति के भेदों के रूप में प्रतिष्ठित किया गया है। कहना न होगा कि कुन्तक का यह सिद्धान्त जितना अधिक महत्त्वपूर्ण है, उतना ही अधिक उपेक्षा का विषय भी रहा जिसके ऐतिहासिक कारण हैं।

## वक्रोक्ति सिद्धान्त और अभिव्यंजनावाद

इस सम्बन्ध में पहली बात तो यह है कि कुन्तक से पहले काव्य विषयक अन्य सभी सिद्धान्त—सिवाय औचित्य सिद्धान्त के—स्थापित हो चुके थे। अलंकार, रीति, ध्वनि एवं रस-सिद्धान्त की स्थापना गम्भीर विश्लेषण के आधार पर की जा चुकी थी। इन सब सिद्धान्तों में रस-सिद्धान्त एक सर्वमान्य सिद्धान्त बन चुका था—यद्यपि ध्वनि सिद्धान्त को भी महत्त्वपूर्ण माना गया था—मगर रस सिद्धान्त का महत्त्व सबसे अधिक था तथा रस ध्वनि की स्थापना में रस तथा ध्वनि सिद्धान्तों के समन्वय का प्रयास भी लक्षित होता है। मगर साथ ही यह भी स्पष्ट है कि ध्वनि का उत्कृष्ट रूप भी रस ध्वनि ही है—यानी वह ध्वनि जो रसाभिव्यक्ति में परिणत हो जाती है।

वक्रोक्ति सिद्धान्त की उपेक्षा का दूसरा कारण आचार्य शुक्ल का वह कथन है जहाँ उन्होंने अभिव्यंजनावाद को वक्रोक्ति सिद्धान्त का 'विलायती उत्थान' माना है तथा अभिव्यंजनावाद तथा उसके साथ वक्रोक्ति सिद्धांत का विरोध किया है। उनके बाद के प्रायः सभी आलोचकों पर शुक्ल जी के इस मत का प्रभाव पड़ा तथा किसी ने भी मुक्त एवं स्वतन्त्र दृष्टि से वक्रोक्ति सिद्धान्त की व्याख्या एवं मूल्यांकन का प्रयास नहीं किया। वस्तुतः शुक्ल जी की यह मान्यता कि अभिव्यंजनावाद, जिसके वे प्रबल विरोधी थे, वक्रोक्ति का 'विलायती उत्थान है' बुनियादी तौर पर असंगत तथा अमान्य है। लगता है जैसे आचार्य शुक्ल ने कुन्तक के सिद्धान्त को पूरी तरह समझे बिना ही रस-सिद्धान्त सम्बन्धी पूर्वाग्रह के कारण यह बात कह दी है। आचार्य शुक्ल एक मौलिक रसवादी चिन्तक आलोचक थे इसलिए प्रायः उनकी सभी मान्यताओं पर इस रसवादी पूर्वाग्रह की छाया दिखाई देती है।

सच तो यह है कि अभिव्यंजनावाद और वक्रोक्ति सिद्धान्त की विवेचन-दृष्टि तथा मान्यताओं में परस्पर बुनियादी विरोध है।[1] क्रोचे एक आत्मवादी सौन्दर्यशास्त्री हैं तथा उन्होंने मात्र कविता पर नहीं, सभी ललित कलाओं पर एक साथ विचार किया है। उनकी दृष्टि **विषयीपरक दृष्टि** है तथा उन्होंने कविता आदि पर मात्र **सृजन प्रक्रिया की दृष्टि** से विचार किया है जिसमें सामाजिक या सहृदय का कोई सन्दर्भ नहीं है। अभिव्यंजना का प्रयोग उन्होंने भावों-विचारों के प्रकाशन के अर्थ में न करके उसे एक वैयक्तिक पारिभाषिक शब्द के रूप में प्रयुक्त किया है जिसकी परिभाषा है कलाकार की आत्मा में रूपों या बिम्बों का उदय। इस प्रकार क्रोचे के मतानुसार अभिव्यंजना और सृजन पर्याय हैं। आत्मा में उदित बिम्बों की बाह्य अभिव्यक्ति तो आनुषंगिक है—वह सृजन व्यापार या अभिव्यंजना का रेखाओं, रंगों, शब्दों आदि द्वारा बाह्य प्रकाशन भर है जो आत्मा में उदित रूपों का बाह्य प्रस्तुतीकरण भर है। कलाकार ही कला का प्रमाण है—कला कलाकर सापेक्ष है। क्रोचे के इस सारे विवेचन में सामाजिक की कहीं कोई सत्ता ही नहीं है, कला का विश्लेषण-मूल्यांकन करने वाले आलेचक की अपेक्षा ही नहीं है।

क्रोचे के सिद्धान्त के ठीक विपरीत कुन्तक ने सामाजिक (आलोचक) को केन्द्र बनाकर मात्र काव्य की **वस्तुगत रीति** से समीक्षा करते हुए उसका मूल्यांकन किया है। उनका विवेचन सभी ललित कलाओं को केन्द्र नहीं बनाता। इसीलिए उनका सिद्धान्त उन्हीं विशेषताओं का—वक्रोक्ति के रूपों या प्रकारों का उल्लेख करता है जो काव्य की भाषा (वर्ण वक्रता आदि) तथा काव्यवस्तु (प्रकरण वक्रता आदि) में सामाजिक या आलोचक को लक्षित होती हैं—काव्यभाषा तथा काव्यवस्तु की इस वस्तुवादी समीक्षा का केन्द्र काव्य का गोचर रूप है तथा वक्रोक्ति के विविध

1. इस प्रश्न पर मैंने अपनी दूसरी पुस्तक 'पाश्चात्य काव्यशास्त्र का इतिहास' में विस्तार से विचार किया है।

प्रकारों के अन्तर्गत काव्य की सृजन प्रक्रिया पर कोई विचार नहीं किया है—केवल काव्य में वस्तुगत रूप से विद्यमान विशेषताओं का विश्लेषण किया गया है। उन विशेषताओं के नामकरण या महत्त्वादि को लेकर मतभेद हो सकता है मगर उनकी वस्तुगत गोचर सत्ता पर सवाल नहीं उठाया जा सकता। वर्णों की एक खास तरह की विशेषता है जो सभी स्वीकार करते हैं; अन्तर इतना है कि अन्य आचार्यों ने उस विशेषता को अनुप्रास अलंकार कहा है और कुन्तक ने उसे वर्णवक्रता कहा है। यही बात वक्रोक्ति के अन्य प्रकारों पर भी लागू होती है।

ध्यान देने की बात है कि कुन्तक से पूर्व भारतीय काव्यशास्त्र के अन्य चारों सिद्धान्तों की स्थापना हो चुकी थी। अलंकार, वक्रोक्ति, ध्वनि और रस सभी के विस्तृत विश्लेषण कुन्तक के सामने थे और सभी का उद्देश्य एक ही था—काव्य के वैशिष्ट्य का आविष्कार। ऐसी स्थिति में कुन्तक ने एक अन्य सिद्धान्त (वक्रोक्ति) की स्थापना क्यों की? इस प्रश्न के उत्तर में मूल बात तो यह कही जा सकती है कि काव्यचिन्तन के आरम्भ से ही—भामह, दण्डी आदि ने ही वक्रोक्ति को सभी अलंकारों का मूल मानते हुए उसके व्यापक अर्थ की प्रतिष्ठा की जिसके आधार पर काव्य को वाङ्मय के शेष सभी रूपों से अलग और विशिष्ट सिद्ध किया जा सकता था, मगर वक्रोक्ति के सम्बन्ध में कही गयी इस बात को—जो बिल्कुल सही थी—किसी ने आगे बढ़ाने का प्रयास नहीं किया। किसी आचार्य ने यह सिद्ध करने की कोशिश नहीं की कि अपने व्यापक अर्थ में वक्रोक्ति काव्य के सभी पक्षों के—वर्ण से प्रबन्ध तक के सौन्दर्य की व्याख्या करने में सक्षम है। कुन्तक ने इसी विचार को वक्रोक्ति सिद्धान्त का केन्द्रीय सूत्र बनाया तथा अन्य सभी सिद्धान्तों—अलंकार, रीति (गुण), ध्वनि तथा रस द्वारा व्यक्त काव्य के वैशिष्ट्य को वक्रोक्ति के अन्तर्गत समेटने की कोशिश की। काव्यभाषा के वर्णों के प्रयोग से उत्पन्न सौन्दर्य को वक्रोक्ति के भेदों में समाविष्ट करने का प्रयास किया। इस प्रयास में कुन्तक ने काव्यभाषा के तत्त्वों वर्ण, शब्द, वाक्य तथा काव्य-विधाओं—प्रबन्ध काव्य तथा उसके प्रसंगों के सौन्दर्य की व्याख्या भी काव्य के इन तत्त्वों के प्रयोग में किसी भी असाधारण सुन्दर प्रयोग को वक्रोक्ति नाम दे दिया। इसी आधार पर उन्होंने वक्रोक्ति के भेद तथा उपभेद किये। लोकभाषा के शब्द प्रयोग की तुलना में काव्यभाषा में शब्दों का प्रयोग असाधारण भंगिमा से युक्त होता है। इसीलिए कुन्तक ने वक्रोक्ति का अर्थ किया है 'वैदग्ध्य भंगीभणिति' अर्थात् कवि के वैदग्ध्य या प्रतिभा से उत्पन्न उक्ति (भणिति) की भंगिमा या विलक्षण प्रयोग। कुन्तक ने कवि की उक्ति (भणिति) को केवल शब्द तक ही सीमित नहीं रखा वरन् अर्थ तक भी उसका विस्तार किया है। उक्ति की भंगिमा, या शब्द का असाधारण अथवा विदग्ध प्रयोग वर्णों के विशिष्ट प्रयोग से होता हुआ वर्णविशेष वाले शब्दों के प्रयोग से व्यक्त अर्थ के सौन्दर्य तथा चमत्कार

को भी अपने भीतर समाविष्ट किये रहता है। निम्नलिखित उदाहरण से यह सत्य सहज ही समझा जा सकता है :

*पावस ऋतु थी, पर्वत प्रदेश,*
*पल पल परिवर्तित प्रकृतिवेश!*
*मेखलाकार पर्वत अपार*
*अपने सहस्र दृग सुमन फाड़*
*अवलोक रहा है बार-बार*
*नीचे जल में निज महाकार।*
*—जिसके चरणों में पला ताल*
*दर्पण सा फैला है विशाल।।*

*—सुमित्रानन्दन पन्त—'उच्छ्वास' (सावन-भादों)*

इस उद्धरण के काव्य सौन्दर्य का विश्लेषण करते हुए सामान्य रूप से अनुप्रास, बिंम्ब, मानवीकरण, रूपक (दृग-सुमन), उपमा (दर्पण-सा) आदि का सहज ही उल्लेख किया जा सकता है। मगर कुन्तक इन सभी विशेषताओं को वक्रोक्ति के विविध प्रकारों के भीतर समाविष्ट करते हैं। 'प' अक्षर की आवृत्ति या 'पल-पल'—एक ही शब्द को दो बार प्रयोग करने से उत्पन्न सौन्दर्य तथा 'बार-बार' और 'महाकार' में 'आर' के दो बार प्रयोग या 'ताल' तथा 'विशाल' में 'आल' के दो बार प्रयोग से उत्पन्न छन्द की लय या भंगिमा को कुन्तक 'वर्णवक्रता' के विविध भेदों में समेट लेते हैं। साथ ही 'अवलोक रहा है' को 'दर्पण-सा' ताल से जोड़कर देखें तो 'ताल' के लिये 'दर्पण' की ही उपमा का प्रयोग विशिष्ट है क्योंकि दर्पण में ही कोई अपना प्रतिबिम्ब देख सकता है। उपमान के इस वैशिष्ट्य को कुन्तक ने पदवक्रता माना है। कहने का तात्पर्य है कि कुन्तक ने जानी-पहचानी काव्यगत विशेषताओं का नये नाम देने का प्रयास किया है तथा इन सबको वक्रोक्ति के भीतर समाविष्ट करने की कोशिश ही है। साथ ही 'पल-पल परिवर्तित प्रकृतिवेश' में ह्रस्व अक्षरों का प्रयोग वर्षाऋतु में तेज़ी से होते हुए पर्वत प्रदेश के सौन्दर्य की त्वरा व्यंजित करता है तथा 'मेखलाकार पर्वत अपार' से लेकर 'जिसके चरणों में पला ताल' में दीर्घ अक्षरों के प्रयोग से पर्वत के विराट आकार (महाकार) की व्यंजना होती है। इस दृष्टि से कुन्तक के अनुसार इसे वाक्य वक्रता का उदाहरण भी माना जा सकता है। इस प्रकार यह स्पष्ट हो जाता है कि अलंकार, ध्वनि और वक्रोक्ति में समानता है क्योंकि 'पर्वत' के अवलोकन में उसका मानवीकरण या समासोक्ति है।

## वक्रोक्ति के भेद

कुन्तक ने वक्रोक्ति के छह प्रधान भेद माने हैं—(1) वर्ण-विन्यास वक्रता,

(2) पदपूर्वार्द्ध वक्रता, (3) पदपरार्द्ध वक्रता, (4) वाक्य वक्रता, (5) प्रकरण वक्रता, और (6) प्रबन्ध वक्रता। भारतीय काव्यचिन्तन की पद्धति के अनुरूप ही कुन्तक ने इनमें से प्रत्येक भेद के अनेक भेद किये हैं जिनका उद्देश्य यह है कि वर्ण विन्यास वक्रता के प्रमुख या अधिक प्रचलित प्रयोगों को वर्गीकृत करना। (जैसे एक, दो, या तीन वर्णों की आवृत्ति आदि।)

## 1. वर्ण-विन्यास वक्रता

जहाँ वर्णों या शब्दों की आवृत्ति (क्रमशः अनुप्रास और श्लेष) हो, वहाँ वर्ण विन्यास वक्रता मानी जाती है। एक, दो या तीन या विशिष्ट वर्णों की आवृत्ति के अनुसार इस वक्रता के भेद किये गये हैं। वस्तुतः इस प्रकार की आवृत्ति के तो छह ही नहीं असंख्य भेद हो सकते हैं मगर प्रमुख रूप से जिन वर्णों आदि की आवृत्ति कुन्तक ने लक्षित की होगी, उसी के अनुरूप उसने इनके छह भेद कर दिये। उपर्युक्त उदाहरण में प्रथम पंक्ति में ही 'प' की आवृत्ति है, 'पल-पल' शब्दों की आवृत्ति है (जो पुनरुक्ति प्रकाश अलंकार का उदाहरण भी माना जाता है) तथा पर्वत के वर्णन में 'आकार' तथा 'आकार' वाले अक्षरों की आवृत्ति है 'मेखलाकार', 'अपार', 'बार-बार', 'महाकार' आदि। इन सबके आधार पर वर्ण विन्यास वक्रता के अलग-अलग भेद करना अनावश्यक तथा अर्थहीन लग सकता है मगर कुन्तक के इस प्रयास में अलंकार, ध्वनि आदि के सौन्दर्य को भी अपने सिद्धान्त में समाविष्ट करने का प्रयास दिखाई देता है।

मात्र वर्णों या शब्दों की आवृत्ति से ही कोई काव्य सुन्दर नहीं हो जाता। कुन्तक तक ध्वनि, रसादि सिद्धान्तों की स्थापना हो चुकी थी तथा रस सिद्धान्त की प्रधानता भी स्वीकार की जा चुकी थी। ऐसा काव्य जो अनुप्रासादि मात्र अलंकार को ही साध्य मानकर रचा जाता था, वह निम्न कोटि का काव्य माना जाता था। इसीलिए वर्ण विन्यास वक्रता के अन्तर्गत कुन्तक ने कुछ निर्देश भी दिये हैं जिनका पालन करने पर ही वह काम्य होती है। उदाहरण के लिये कुन्तक ने यह कहा है कि वर्ण विन्यास वक्रता विषय के अनुकूल होनी चाहिए, उसमें अनेकरूपता होनी चाहिए तथा उसमें नवीनता होनी चाहिए। इससे स्पष्ट है कि वर्ण विन्यास वक्रता साध्य नहीं है बल्कि काव्य को सुन्दर बनाने का साधन ही है।

## 2. पदपूर्वार्द्ध वक्रता

वह वक्रता जो शब्द के प्रधान रूप पर—प्रातिपदिक तथा धातु पर आधारित होती है, वह पदपूर्वार्द्ध वक्रता कहलाती है। उदाहरण के लिये निराला की ये पंक्तियाँ ली जा सकती हैं—

*है अमानिशा; उगलता गगन घन अन्धकार;*
*खो रहा दिशा का ज्ञान; स्तब्ध है पवन चार*

*'राम की शक्ति पूजा'*

यहाँ 'अमानिशा' या 'अन्धकार' से राम की निराशा की अभिव्यक्ति होती है। इसलिए यहाँ पदपूर्वार्द्ध वक्रता मानी जाती है। कुन्तक ने पदपूर्वार्द्ध वक्रता के ग्यारह भेद माने हैं।[1]

उदाहरण के लिये उपर्युक्त पंक्तियों में 'अमानिशा' का प्रसिद्ध अर्थ अमावस्या की रात्रि है। मगर पूरे प्रसंग के सन्दर्भ में इसका अन्य अर्थ 'घोर निराशा' लिया गया है। इसी उदाहरण के क्रम में आगे यह प्रयोग मिलता है 'केवल जलती मशाल'। यहाँ भी 'मशाल' से आशा की धूमिल रेखा का अर्थ लिया जाता है—उस घोर निराशा और दिशाहीनता की स्थिति में राम तथा उनके नायक पूरी तरह निराश नहीं हैं; कहीं आशा की हल्की किरण विद्यमान है। अन्धकार का निराशा के अर्थ में प्रयोग किया जाना परम्परा से चला आया है—एक रूढ़ि है। इस रूढ़ि गत प्रयोग के वैचित्र्य द्वारा कवि ने एक अन्य अर्थ की अभिव्यक्ति की है।

इसी कविता में राम को जब सीता से उनके प्रथम मिलन का स्मरण आता है तो उनका मन अनन्त उत्साह से भर जाता है और उस दृश्य में लीन राम का वर्णन करते हुए कवि ने कहा है—

*'देखते राम, जल रहे शलभ ज्यों रजनीचर'*

यहाँ रजनीचर में **पर्याय वक्रता** है क्योंकि राक्षस आदि इसके कई पर्याय हैं मगर 'रजनीचर' के प्रयोग से यह अर्थ सहज ही स्पष्ट हो जाता है कि रात के समय दीप के जलने पर जैसे पतिंगे जल जाते हैं, उसी प्रकार रात्रि में विचरण करने वाले—रजनीचर—राम के पराक्रम की अग्नि में जल रहे हैं।

इसी प्रकार 'कामायनी' के चिन्तासर्ग की निम्नलिखित पंक्तियों में 'सकरुण' में उपचार वक्रता है :

*नीचे प्रलय सिन्धु लहरों का,*
*होता था सकरुण अवसान।*

सकरुण मनुष्य का विशेषण है, अचेतन लहरों का नहीं। इसके अतिरिक्त सागर में उठने वाली लहरें सुन्दर भी प्रतीत होती हैं। मगर यहाँ प्रलय का वर्णन है। इसलिए लहरें करुणा से भरी हुई तटों पर आकर लुप्त हो जाती हैं। इसी प्रकार जहाँ-जहाँ शब्दों के प्रयोग में वैचित्र्य है तथा वह काव्य सौन्दर्य को अधिक प्रभावशाली बनाता है, वहाँ-वहाँ वक्रता है जिसको प्रयोग के वैशिष्ट्य के अनुरूप नाम दिया गया है।

---

1. रूढ़िवैचित्र्य वक्रता, पर्याप्य वक्रता, उपचार वक्रता, विशेषण वक्रता, संवृत्ति वक्रता, प्रत्यय वक्रता, आगम वक्रता, वृत्ति वक्रता, भाव वक्रता, लिंग वक्रता, क्रिया वैचित्र्य वक्रता।

## 3. पदपरार्द्ध वक्रता

जहाँ पदों के प्रत्ययों के असाधारण प्रयोग से काव्य सौन्दर्य का वैशिष्ट्य विकसित होता है, वहाँ पदपरार्द्ध वक्रता मानी जाती है। इसके छह भेद माने गये है।[1] मनु प्रलय का स्मरण करते हुए प्रलय के बाद के दृश्य का वर्णन इस रूप में करते हैं–

*"मणि दीपों के अन्धकारमय*
*अरे निराशापूर्ण भविष्य!"*

*कामायनी : चिन्तासर्ग*

यहाँ मनु वर्तमान विनाश और प्रलय के दृश्य को देवजाति के वैभव और समृद्धि के 'निराशापूर्ण भविष्य' के रूप में सम्बोधित करते हैं। काल वर्णन की इस विदग्धता के कारण यहाँ **काल वक्रता** है।

इसी प्रकार 'राम की शक्तिपूजा' कविता के अन्त में जब देवी अन्तिम कमल चुराकर ले जाती हैं तो पहले तो राम निराश होते हैं मगर फिर वे उपाय सोचते हैं–

*"बुद्धि के दुर्ग पहुँचा, विद्युत्-गति हतचेतन*
***राम में जगी स्मृति,** हुए सजग पा भाव प्रमन।"*

तो उस समय राम को याद आता है कि उनकी माता उन्हें कमललोचन कहती थीं। 'राम में जगी स्मृति' में कारक के प्रयोग में वक्रता है। इसी प्रकार 'कामायनी' के श्रद्धा सर्ग में 'कामायनी' का वर्णन करते हुए उसके लिये पुल्लिंग का प्रयोग किया है–

***लगा कहने** आगन्तुक व्यक्ति*
*मिटाता उत्कण्ठा सविशेष*
*दे रहा हो कोकिल सानन्द*
*सुमन को ज्यों मधुमय सन्देश।*

यहाँ स्पष्टतः पुल्लिंग के प्रयोग से मनु और कामायनी के बीच सहज मानवीयता का सम्बन्ध व्यक्त किया गया है। इसी प्रकार पदपरार्द्ध में जहाँ-जहाँ विदग्धता है, वहाँ उस विदग्धता के अनुरूप ही पदपरार्द्ध वक्रता मानी गयी है।

*'खिंच गये दृगों में सीता के **राममय** नयन'*

*निराला : राम की शक्तिपूजा*

के 'राममय' प्रयोग में प्रत्यय वक्रता देखी जा सकती है जो उस पूर्ण सन्दर्भ को अधिक गम्भीर और त्रासद बना देती है।

## 4. वाक्य वक्रता

उपर्युक्त तीनों भेदों में कुन्तक ने वर्ण एवं पदों की वक्रता का विश्लेषण किया है। यह कहा जा सकता है कि वक्रोक्ति के उपर्युक्त तीन भेदों के अन्तर्गत वाक्य

1. काल वक्रता, कारक वक्रता, वचन वक्रता पुरुष वक्रता, उपग्रह वक्रता, प्रत्यय वक्रता।

वक्रता एक प्रकार से आ ही जाती है क्योंकि पदों का सार्थक संयोजन ही वाक्य है। मगर वाक्य वक्रता के वैशिष्ट्य को रेखांकित करते हुए कुन्तक ने उसका अर्थ किया है वाच्य वक्रता या वस्तु-वक्रता। वर्ण वक्रता आदि उपर्युक्त तीनों भेदों में अगर कोई एक या दो शब्द बदल दिये जायें और उनके स्थान पर उनके समानार्थक शब्द प्रयुक्त किये जायें वहाँ वक्रता का लोप हो जायेगा मगर वाक्य वक्रता में ऐसा नहीं होता। उदाहरण के लिये 'राम की शक्तिपूजा' में निराला ने घोर निराशा से आक्रान्त राम की सीता की स्मृति का संयोजन किया है–

*ऐसे क्षण अन्धकार घन में जैसे विद्युत*
*जागी पृथ्वी-तनया-कुमारिका-छवि, अच्युत*
*देखते हुए निष्पलक, याद आया उपवन*
*विदेह का, प्रथम स्नेह का लतान्तराल मिलन...*

इस वर्णन में अनेक स्थानों पर पद वक्रता के उदाहरण भी मिलते हैं (जैसे सीता के लिये 'पृथ्वी-तनया' का प्रयोग क्योंकि राम का लक्ष्य सीता का ही नहीं सारी धरती का उद्धार करना है) वहाँ यह स्मृति एक संचारी भाव के रूप में थोड़े समय के लिये ही सही, राम को असीम उत्साह से भर देता है। अन्य प्रसंगों में भी जैसे "है अमा निशा उगलता गगन घन अन्धकार" में भी अमावस्या की रात का अन्धकार राम की घोर निराशा को व्यक्त करता है और 'केवल जलती मशाल' में कवि ने आशा की एक धूमिल सम्भावना को भी व्यक्त किया है। इस प्रकार वाक्य वक्रता के अन्तर्गत साम्य मूलक अलंकार तथा ध्वनि या अनेकार्थता का समावेश भी हो जाता है। इसी प्रकार मुक्तिबोध की 'अँधेरे में' कविता के इस अंश में भी वाक्य वक्रता का उदाहरण देखा जा सकता है :

*"वह मुख–अरे, वह मुख, वे गांधीजी!*

× × ×

*एकाएक उठ पड़ा आत्मा का पिंजर*
*मूर्ति की ठठरी।*
*नाक पर चश्मा हाथ में डण्डा,*
कन्धे पर बोरा, बाँह में बच्चा।
आश्चर्य! अद्‌भुत! यह शिशु कैसे!
मुसकरा उस द्युति-पुरुष ने कहा तब–
मेरे पास चुपचाप सोया हुआ यह था।
सँभालना इसको, सुरक्षित रखना।"

गांधीजी के इस दर्शन से कवि ने पूरी कविता में विद्यमान अन्धकार को, घोर शोषण भरी निराशा को, एक मार्ग दिखाने की चेष्टा की है–मानवता के विकास की सम्भावना को ध्वनित किया है। कुन्तक की शब्दावली में यह वाक्य वक्रता है।

वैसे इसे फैंटेसी, ऐम्बिग्युटी, बिम्ब, अन्योक्ति, ध्वनि आदि के द्वारा भी समझा-समझाया जा सकता है।

यहाँ **फैंटेसी** पर विस्तार से विवेचन की अपेक्षा प्रतीत होती है। मुक्तिबोध ने **'कामायनी'** को भी फैंटेसी कहा है जो वस्तुतः एक समासोक्ति काव्य है। यदि मुक्तिबोध का यह मत मान्य हो तो **'पद्मावत'** को भी फैंटेसी ही मानना चाहिए। इस दृष्टि से देखा जाये तो सभी **मिथक** सामूहिक फैंटेसी ही हैं और यही कारण है कि मिथक में भी फैंटेसी के समान तर्कसम्मत संगति, सम्बद्धता और विश्वसनीयता का अभाव दिखाई देता है जो एक सतही समझ है। मगर इस असम्बद्धता और अविश्वसनीयता के मूल में एक आधारिक संवेदनागत सम्बद्धता है जिसे फैंटेसी या मिथक अनेकार्थता या ध्वनि द्वारा समृद्ध बनाते हैं। वैसे भी फैंटेसी में अनेक अर्थालंकारों का संकर या समूह दिखाई देता है। फैंटेसी अन्योक्ति तथा समासोक्ति का समवेत रूप है जिसमें असंगति, विरोध, सृजनात्मक विशृंखलता का समावेश रहता है। कहना न होगा कि असंगति, विरोधाभास (क्योंकि फैंटेसी में विरोध केवल सतह पर होता है, उसका आभास भर होता है) अलंकार भी हैं जो काव्य में चमत्कृति पैदा करते हैं जो प्रातिभासिक प्रतीति पर आधारित होती है। इस प्रकार फैंटेसी अर्थालंकारों की प्रातिभासिक चमत्कारपूर्ण प्रतीति ही है जिसे वाक्य वक्रता, प्रकरण वक्रता आदि के समकक्ष रखा जा सकता है।

फैंटेसी के सन्दर्भ में **सन्ध्या भाषा** तथा **दृष्टिकूट** का भी स्मरण आता है जिसमें अभिव्यक्ति की असंगति तथा विरोधमूलक सत्ता विशिष्ट अर्थ का, या अनेक अर्थों की—ध्वनि या ऐम्बिग्युटी का स्रोत है। **फैंटेसी का मूल प्रातिभासिक असंगति तथा विशृंखलता मूलक असंगति ही है** जिसमें मिथक से समासोक्ति आदि अनेक अर्थालंकारों से, तथा कथन तथा वस्तु संरचना की विदग्धता या भंगिमा (वाक्य वक्रता आदि) से समानता है।

कुन्तक ने **वाक्य वक्रता की दो महत्त्वपूर्ण** विशेषताओं का उल्लेख किया है। पहली तो यह कि वाक्य वक्रता में सभी अर्थालंकारों का समावेश होने के कारण उसके असंख्य भेद हो सकते हैं। इससे यह स्पष्ट है कि कुन्तक ने **काव्यभाषा** का प्रयोग उसके पूर्ण अर्थ में—शब्दार्थ के अर्थ में किया है। इसलिए वक्रोक्ति में वर्ण वक्रता, प्रत्यय वक्रता, वाक्य की वक्रता, तथा वस्तु की वक्रता (प्रकरण वक्रता तथा प्रबन्ध वक्रता) को भी समाहित किया है। कुन्तक की इस मूल स्थापना के अर्थ को पूर्णतः ग्रहण न करने के कारण तथा वक्रोक्ति को केवल उक्ति य अभिव्यक्ति की भंगिमा तक सीमित करने के कारण उसके महत्त्व को उसकी पूर्णता में अभी तक नहीं समझा जा सका है। मैं यह मानता हूँ कि इस सीमा के पीछे कहीं कुन्तक की यह पद्धति भी रही है जिसका पालन करते हुए उसने **वक्रोक्ति के** भेदोपभेद किये हैं जबकि वह बराबर मानता है कि वक्रोक्ति के असंख्य भेद हो सकते हैं। आगे हम देखेंगे

कि पात्र के चरित्र में, रस में, गौण कथाओं में, प्रबन्ध काव्य में उपयुक्त कल्पित प्रकरणों की उद्‌भावनाओं में कवि की प्रतिभा जिस विदग्धता का परिचय देती है, वह सब वक्रोक्ति के अन्तर्गत आता है। कुँवर नारायण कृत **'आत्मजयी'** तथा दुष्यन्त कुमार कृत **एक कण्ठ विषपायी** में कुन्तक के अनुसार प्रबन्ध वक्रता ही मानी जायेगी जिसका आरम्भ **'रामचरितमानस'** से ही हो जाता है जिसमें वाल्मीकि कृत करुणा रस प्रधान रामायण की रामकथा को भक्तिप्रधान कथा के रूप में प्रस्तुत किया गया है। **प्रियप्रवास, यशोधरा, साकेत, कामायनी, अन्धायुग, कनुप्रिया** आदि में प्रबन्ध वक्रता तथा प्रकरण वक्रता के उदाहरण देखे जा सकते हैं।

वाक्य वक्रता की दूसरी महत्त्वपूर्ण विशेषता का उल्लेख करते हुए उसे समझने के लिये कुन्तक ने चित्रकला का उदाहरण दिया है। सभी चित्रों में रेखाओं और रंगों की संरचना होती है। रंग सब में वही होते हैं मगर फिर भी प्रत्येक महान चित्र विशिष्ट होता है, मौलिक होता है और इसलिए अत्यन्त मूल्यवान भी। तो यह वैशिष्ट्य या मौलिकता क्या है? उसका स्रोत क्या है? कुन्तक के मतानुसार जिस प्रकार चित्रकार रंगों के प्रयोग के वैशिष्ट्य से उन्हें मूल्यवान और मौलिक बनाता है, उसी प्रकार कवि वक्रता के प्रयोग के द्वारा अपनी कृति को मौलिक एवं विशिष्ट बनाता है। चित्र में रंगों के उपयोग एवं संयोग की विदग्धता वस्तुतः काव्यकृति में शब्दों के प्रयोग की विदग्धता के समान है। एक भाषा के सभी कवि एक ही भाषा का प्रयोग करते हैं मगर उनकी कृतियों में वह सामान्य भाषा विशिष्ट हो जाती है, उसके प्रयोग की भंगिमा में एक मौलिकता लक्षित होती है। यह वैशिष्ट्य ही कवि द्वारा शब्दों के प्रयोग की भंगिमा है जिसे कुन्तक ने वक्रोक्ति कहा है। इस दृष्टि से देखा जाये तो प्रत्येक साहित्यकार की भाषा अपने आप में एक वक्रोक्ति ही है तथा यह मान्यता स्वाभाविक एवं यथार्थ है कि जितने कवि हैं, उतनी ही रीतियाँ या शैलियाँ होती हैं और प्रत्येक शैली की वक्रता या भंगिमा अन्य शैलियों से भिन्न होती है। मगर कुन्तक ने इस मान्यता को इस तार्किक परिणति तक न पहुँचाकर बीच में ही भाषा की इस विदग्धता को विभिन्न भेदों-उपभेदों में वर्गीकृत करने का प्रयास किया है। लेकिन आज कुन्तक के सिद्धान्त का मूल्यांकन करते हुए हमें भेदों-उपभेदों के विस्तार में व्याप्त उसके केन्द्र को रेखांकित करना चाहिए जो आज किसी भी कृति या कृतिकार की मौलिकता और विदग्धता को परिभाषित करने में सक्षम है।

## 5. प्रकरण वक्रता

जैसे कि पहले कहा जा चुका है, कुन्तक ने वक्रोक्ति सिद्धान्त के अन्तर्गत काव्य की सम्पूर्ण विधाओं एवं भाषा के सभी तत्वों के सौन्दर्य तथा उनके प्रकारों को समाविष्ट करने का प्रयास किया है। अभी तक वक्रोक्ति के आरम्भिक चार भेदों के अन्तर्गत वर्ण, पदपूर्वार्द्ध, पद-परार्द्ध तथा वाक्य के सौन्दर्य के विविध प्रकारों का,

भेदों-उपभेदों का विवेचन किया जा चुका है। अब कुन्तक काव्य की दीर्घ विधाओं—नाटक तथा प्रबन्ध काव्य में व्यक्त रमणीयता के विविध रूपों और प्रकारों के विवेचन में प्रवृत्त होते हैं। यहाँ कुन्तक ने प्रबन्ध काव्य या नाटकों की **कथा की संरचना** की विदग्धता एवं कौशल को समझने-समझाने की कोशिश की है। इनके भेदों-उपभेदों की संख्या को आज घटाना या बढ़ाना सम्भव है मगर इस वक्रोक्ति के इन दो भेदों के विश्लेषण से यह प्रमाणित हो जाता है कि **वक्रोक्ति सिद्धान्त मात्र भाषागत सिद्धान्त नहीं है, वरन् वह काव्य की वस्तु संरचना की भी गम्भीर समीक्षा कर उसके अन्तर्गत किये गये विशिष्ट प्रयोगों के उद्घाटन का प्रयास करता है।** वक्रोक्ति सिद्धान्त केवल अभिव्यक्ति या अभिव्यंजना तक सीमित नहीं है।

यहाँ यह चर्चा करना आवश्यक है कि भारत में मिथकों की बहुलता है जिनका आरम्भ वेदों से ही हो जाता है तथा पुराणों तक आते-आते यह मिथक राशि अत्यन्त व्यापक और अनेकरूप हो जाती है। इसके अतिरिक्त **महाभारत** तथा **रामायण** दो ऐसे विकसनशील काव्य हैं जिनके अन्तर्गत असंख्य मिथकों का संश्लेषण लक्षित होता है तथा इनकी कथाएँ एवं प्रसंग आज तक भारतीय भाषाओं का विषय बनकर समकालीन जीवन के विविध सन्दर्भों को सशक्त रूप से व्यक्त करते रहे हैं। रामायण तथा महाभारत तथा अन्य धाराओं की विविध कथाएँ आज तक हिन्दी साहित्य में विविध रूप एवं भंगिमाएँ धारण कर व्यक्त होती रही हैं—भक्ति काल में सूरदास और तुलसीदास से लेकर हरिऔध, मैथिलीशरण गुप्त, प्रसाद, निराला, दिनकर, भवानी प्रसाद मिश्र, भारती, कुंवर नारायण, नरेश मेहता, दुष्यन्त कुमार आदि अनेक कवियों ने इन प्राचीन कथाओं या उनके अंशों का उपयोग कर समकालीन जीवन की ज्वलन्त समस्याओं को व्यक्त करने का प्रयास किया है। भारत की यह परम्परा इतनी दुर्निवार है कि परम्परा का कट्टर विरोध करने वाले भी उसका उपयोग करने को बाध्य होते प्रतीत होते हैं। स्वाभाविक ही है कि जब बीसवीं शती का कोई कवि हज़ारों वर्ष पुराने मिथक या प्रकरण का उपयोग करेगा तो उसे युगानुरूप बनाने के लिये उसमें अपेक्षित परिवर्तन-संशोधन करने का प्रयास करेगा। इसलिए आधुनिक हिन्दी साहित्य की सभी विधाओं में प्रकरण वक्रता तथा प्रबन्ध वक्रता के असंख्य उदाहरण मिल जाते हैं।

जैसा कि नाम से स्पष्ट है जब किसी भी कथा के एक प्रसंग या प्रकरण के उपयुक्त परिवर्तन-संशोधन से पूरी कथा या पूरे प्रबन्ध का उत्कर्ष बढ़ जाता है, वहाँ प्रकरण वक्रता मानी जाती है। कुन्तक के सामने अनेक महाकाव्य थे जिनमें किसी एक या अधिक प्रसंगों के प्रयोग में अपेक्षित परिवर्तन से महाकाव्य अधिक सार्थक और उत्कृष्ट हो जाता था। यह आधुनिक प्रबन्ध काव्यों में भी देखा जा सकता है—जैसे **'साकेत'** में कैकेयी के चरित्र में परिवर्तन, या **कामायनी** में देव सभ्यता और प्रलय का वर्णन आदि। मगर साथ ही यह भी ध्यान रखना चाहिए कि छायावादी काव्य के

अन्तर्गत तथा उसके बाद प्रबन्ध काव्यों के लिखने की प्रवृत्ति कम होती गयी तथा किसी एक प्रकरण या प्रसंग को आधार बनाकर खण्ड काव्य या लम्बी कविता लिखने की परम्परा का अधिक विकास हुआ। इसलिए आधुनिक युग में ऐसा भी दिखाई देता है कि किसी प्रकरण को ही केन्द्र में रखकर खण्ड काव्य लिखे गये—**पंचवटी, नहुष, कुरुक्षेत्र, अन्धायुग, कालजयी, आत्मजयी** आदि। इसलिए प्रकरण वक्रता तथा प्रबन्ध वक्रता का विवेचन करते हुए इस बात को ध्यान में रखना चाहिए।

कुन्तक ने अपने युग तक प्राप्त काव्य के आधार पर प्रकरण वक्रता के नौ भेद[1] किये।

**कामायनी** में देव सभ्यता का वर्णन, प्रलय का वर्णन, श्रद्धा तथा इड़ा के वर्णन के द्वारा हृदय और बुद्धि का संकेत, त्रिपुर का ज्ञान, इच्छा और कर्म लोक के रूप में वर्णन, काम का पहले वरदान और फिर शाप का वर्णन, मानसरोवर की यात्रा का वर्णन आदि प्रकरण वक्रता के अन्तर्गत आयेंगे। इसी प्रकार यशोधरा में यशोधरा द्वारा कर्मयोग की अभिव्यक्ति, अन्धायुग में संजय, प्रतिहारी आदि का व्यंग्य प्रधान चित्रण करना, **आषाढ़ का एक दिन** (मोहन राकेश कृत नाटक) में कालिदास के चरित्र में सत्ता तथा प्रेम के विरोध का चित्रण आदि प्रकरण वक्रता के अन्तर्गत आयेंगे। प्रकरणों के चित्रण की रीति तथा उसके उपयोग के अनुरूप उन्हें अलग-अलग भेदों में रखा जा सकता है। मगर केन्द्रीय स्थापना यह है कि प्रबन्ध काव्य या नाटक की कथा की संरचना में कथा के किसी अंश का परम्परागत रूप से भिन्न चित्रण, जो विकसनशील कथाओं में हमेशा होता रहा है और होता रहेगा, प्रकरण वक्रता के अन्तर्गत आयेगा। इस प्रकार प्रकरण वक्रता किसी भी मिथक या परम्परागत कथा की विकसनशीलता के स्वरूप और कौशल को व्यक्त करने का प्रयास है।

## 6. प्रबन्ध वक्रता

भारत में परम्परा की समृद्धि के कारण परम्परागत कथाओं, मिथकों आदि का युगानुरूप काव्यात्मक उपयोग होता रहा है और इस क्रम में प्रबन्ध काव्य, नाटक तथा आधुनिक युग में उपन्यास आदि की भी रचना होती रही है। जहाँ लेखक की रुचि, प्रयोजन या परिवेश के प्रभाव से किसी परम्परागत कथादि में मूलभूत परिवर्तन-संशोधन कर दिया जाये, वहाँ प्रबन्ध वक्रता मानी जाती है। इसके छह भेद माने गये हैं।[2] उदाहरण के लिये श्रद्धा और मनु की कथा में परम्परा के अन्तर्गत

1. पात्र-प्रवृत्ति वक्रता, उत्पाद्य कथा-वक्रता, उपकार्योपकारक भाव वक्रता, आवृत्ति वक्रता, प्रासंगिक प्रकरण वक्रता, प्रकरण-रस वक्रता, अवान्तर वस्तु वक्रता, नाटक में नाटक वक्रता या गर्भांक, मुख, प्रतिमुख आदि सन्धियों के कुशल सन्निवेश से उत्पन्न वक्रता।
2. मूलरस परिवर्तन, विशेष प्रकरण पर काव्य की समाप्ति, कथा विच्छेद अर्थात् कथा के बीच में ही किसी प्रकरण के वर्णन से उद्देश्य की सिद्धि हो जाने पर काव्य की समाप्ति, नायक द्वारा प्रधान फल के साथ-साथ अनेक फलों की प्राप्ति, विशिष्ट नाम द्वारा कथा के उद्देश्य की अभिव्यक्ति।

मनु ही प्रधान हैं मगर प्रसाद ने **कामायनी** नामकरण कर नारी की महिमा का चित्रण भी किया है और अपने काव्य के मूल उद्देश्य–हृदय या आस्था द्वारा ही मनुष्य जीवन का लक्ष्य प्राप्त कर सकता है–को व्यंजित किया है। इसी प्रकार युग की दिशाहीनता तथा मूल्यहीनता को व्यक्त करने के लिये भारती ने अपने काव्यनाटक का नाम **अन्धायुग** रखा। **प्रियप्रवास** में कवि ने कृष्ण एवं राधा के चरित्रों द्वारा प्रणय का चित्रण न कर लोक कल्याण के लिये तल्लीन नायक एवं नायिका का चित्रण किया है जो उस युग की माँग थी। **राम की शक्तिपूजा** में निराला ने युगीन संघर्ष ('अन्याय जिधर है उधर शक्ति') तथा वैयक्तिक संघर्ष का चित्रण करते हुए शक्ति की सिद्धि द्वारा लोक कल्याण के लक्ष्य को सिद्ध करने का प्रयास किया है। **साकेत, कुरुक्षेत्र, आत्मजयी** आदि काव्यों द्वारा कवियों ने आधुनिक जीवन के विविध पक्षों और समस्याओं को व्यक्त करने का प्रयास किया है।

उपर्युक्त विवेचन से दो निष्कर्ष स्पष्ट रूप से उभरकर सामने आते हैं। एक, वक्रोक्ति सिद्धान्त की व्याप्ति केवल काव्यभाषा या अभिव्यक्ति तक ही सीमित नहीं है वरन् वह काव्य को उसकी समग्रता में समझाने का प्रयास है, तथा दो, वक्रोक्ति सिद्धान्त परम्परा को एक स्थिर एवं जड़ रूप में स्वीकार नहीं करता वरन् उसके युगानुरूप विकसनशील रूप को–काव्य के माध्यम से ही सही–रेखांकित करने का प्रयास करता है।

अध्याय-10

# औचित्य-सिद्धान्त : काव्य तत्त्वों का संरचनात्मक सन्तुलन

क्षेमेन्द्र ने 11वीं शती के उत्तरार्ध में अपने ग्रन्थ 'औचित्यविचारचर्चा' में औचित्य सिद्धान्त की स्थापना की है। मगर औचित्य की चर्चा क्षेमेन्द्र से पहले से होती रही है; हाँ, उसे सिद्धान्त की प्रतिष्ठा किसी आचार्य ने नहीं दी। भरतमुनि ने नाटक के सन्दर्भ में पात्रों की आयु, वेशभूषा, चेष्टाओं आदि के औचित्य की चर्चा की है। आनन्दवर्धन ने अलंकार, गुण, रस आदि के औचित्य की चर्चा की है तथा रस के बारे में यह कहा है कि अनौचित्य के अतिरिक्त रसभंग का कोई कारण नहीं होता। लेकिन, जैसे कि पहले कहा जा चुका है, आनन्दवर्द्धन ध्वनि को काव्य की आत्मा मानते थे जिससे स्पष्ट है कि औचित्य सिद्धान्त और काव्य की आत्मा या केन्द्रीय प्रतिमान दोनों में सम्बन्ध तो है मगर औचित्य सिद्धान्त काव्य की आत्मा का स्थान नहीं ले सकता।

यह एक संयोग नहीं है कि भारत तथा पश्चिम में काव्यशास्त्र का उपलब्ध प्राचीनतम ग्रन्थ नाटक पर आधारित है। अरस्तू ने नाटक का विवेचन करते हुए महाकाव्य का भी गौण रूप से उल्लेख किया है—महाकाव्य श्रव्यकाव्य होते हुए भी नाटक के सिद्धान्तों का पालन करता है। संस्कृत काव्यशास्त्र में बाद में नाटक के विश्लेषण के अन्तर्गत विवेचित सन्धियों आदि को महाकाव्य में भी स्वीकार कर लिया गया है। कारण स्पष्ट है। इन दोनों काव्य रूपों में काव्यवस्तु विस्तृत होती है और इसलिए अन्विति एवं अखण्डता जैसे गुण दोनों के लिये ही महत्त्वपूर्ण हैं। यहाँ महत्त्वपूर्ण बात यह है कि अरस्तू ने भी औचित्य की चर्चा की है जिसे बाद में होरेस

तथा नव्य आभिजात्यवादी आलोचना में काव्य का एक मूल सिद्धान्त (डैकोरम के नाम से) माना गया है जिसका अभिप्राय वही है जो भारतीय काव्यशास्त्रियों का है। राजा, दास, रानी, दासी आदि का नाटक में किया गया वर्णन जीवन में राजा आदि के स्वरूप के अनुकूल होना चाहिए। तात्पर्य यह है कि औचित्य का एक आधार लोक या लोक मर्यादा या जीवनमूल्य हैं जिसकी चर्चा पण्डितराज जगन्नाथ ने द्रोपदी के पंचपति विषयक प्रणय के बारे में की है। काव्य में सम्भाव्यता एक अनिवार्य गुण माना गया है, अर्थात् जीवन में जो सम्भव है काव्य में उसी का वर्णन होना चाहिए। इस प्रकार काव्य एवं जीवन का अन्तःसम्बन्ध रेखांकित किया गया है। जीवन में, व्यवहार में जो सम्भव और उचित है वही काव्य में भी सम्भव तथा उचित माना जाता है। आनन्दवर्द्धन ने इसी के रूप में औचित्य को मान्यता दी है।

क्षेमेन्द्र के काल तक काव्य के सभी तत्त्वों—शब्द, अर्थ, अलंकार, गुण, दोष, रीति, रस आदि की स्थापना हो चुकी थी और उनके पूर्ववर्ती आचार्यों ने काव्य के विविध तत्त्वों का उल्लेख या विवेचन करते हुए किसी एक तत्त्व को केन्द्रीय तत्त्व के रूप में स्वीकार किया था। काव्य के ये सभी प्रतिमान क्षेमेन्द्र के सामने थे मगर क्षेमेन्द्र ने इन सभी तत्त्वों के सम्पृक्त रूप काव्य की अखण्डता को अपने चिन्तन का केन्द्र बनाया और इस सवाल पर विचार किया कि एक उत्कृष्ट काव्य सृजन में इन सभी तत्त्वों की कैसी योजना होनी चाहिए? इस प्रश्न के उत्तर में ही उन्होंने औचित्य सिद्धान्त की स्थापना की तथा उसके 27 भेद माने जिनके संयोग से काव्य की निर्मिति मानी गयी है। इस रूप में देखने पर स्पष्ट हो जाता है कि क्षेमेन्द्र की दृष्टि वस्तुतः काव्य की अखण्डता की सरंचनागत दृष्टि ही है जिसमें काव्य के सभी तत्त्वों की एकान्विति और सन्तुलन को रेखांकित करने का प्रयास किया गया है। **मेरे मत में क्षेमेन्द्र का औचित्य सिद्धान्त रसादि सिद्धान्तों की तरह का सिद्धान्त न होकर काव्य की अखण्डता और संरचना का सिद्धान्त हैं जिसमें काव्य के सभी तत्त्वों को सन्तुलित एवं सम्पृक्त रूप में प्रस्तुत करने का प्रयास किया गया है।**

क्षेमेन्द्र ने शब्द, अर्थ, वाक्य, विधा, अलंकार, रस, देश, काल आदि से सम्बद्ध 27 तत्त्वों का उल्लेख किया है जिन्हें मेरे विचार से **तीन वर्गों** में रखा जा सकता है। ये तीन वर्ग हैं—

(क) **भाषागत वर्ग** जिसके अन्तर्गत शब्द, वचन, विशेषण, उपसर्ग, लिंग आदि आते हैं—(जैसे कुन्तक कृत पदपूर्वार्ध वक्रता आदि);

(ख) **काव्यशास्त्रीय वर्ग** जिसके अन्तर्गत रस, अलंकार, रीति, गुण, दोष आदि आ जाते हैं; तथा

(ग) **लौकिक तत्त्व** जिसके अन्तर्गत जीवन में मान्य मूल्य, मर्यादाओं आदि का समाहार हो जाता है।

उदाहरण के लिये जब राम रावण पर क्रोध करते हैं तो वह उचित ही है क्योंकि रावण एक अत्याचारी राजा है जो अपनी शक्ति का दुरुपयोग करता है और यह रौद्र रस का उदाहरण माना जायेगा। मगर जब रावण राम पर क्रोध करता है तो यह अनुचित है क्योंकि एक अत्याचारी राजा मर्यादा पुरुषोत्तम राम पर क्रोध करता है और इसलिए अनौचित्य के कारण यहाँ रौद्र रस की सिद्धि नहीं होगी। इस उदाहरण से यह भी स्पष्ट है कि **रसाभास तथा औचित्य सिद्धान्त** परस्पर सम्बद्ध हैं। जहाँ भी विभावादि के वर्णन में अनौचित्य होगा वहाँ रस नहीं होगा, रसाभास भर होगा। इसी प्रकार कोमल रसों के वर्णन में कोमल वर्णों का उपयोग आवश्यक है। यदि वहाँ कठोर वर्णों का उपयोग किया जायेगा तो यह अनुचित होगा और श्रुतिकटु दोष माना जायेगा। इस प्रकार औचित्य सिद्धान्त काव्य को उसकी समग्रता में देखते हुए उसमें पद, अलंकार, गुण आदि के उचित प्रयोग की आवश्यकता पर बल देता है।

औचित्य सिद्धान्त एक गत्यात्मक सिद्धान्त है। जैसे-जैसे देश, काल, छन्द, अलंकार आदि का विकास होता जायेगा, वैसे ही वैसे औचित्य के स्वरूप में भी परिवर्तन होता जायेगा। लोक पर देशकाल पर आश्रित होने के कारण लोकजीवन के परिवर्तन के साथ-साथ काव्य के स्वरूप तथा काव्य सिद्धान्तों में अपेक्षित परिवर्तन होना अनिवार्य है। इस दृष्टि से देखने पर औचित्य सिद्धान्त के महत्त्व का एक नवीन और महत्त्वपूर्ण आयाम हमारे सामने आता है। जैसे-जैसे लोक जीवन के औचित्य के **स्वरूप** में परिवर्तन होगा, वैसे ही वैसे काव्यवस्तु के औचित्य में भी परिवर्तन होता जायेगा। प्राचीन काल में धीरोदात्त आदि नायक तथा मुग्धा आदि नायिका का वर्णन ही उचित माना जाता था, मगर आधुनिक युग में यह मान्यता निरस्त हो गयी। साधारण व्यक्ति भी काव्य का नायक हो सकता है और आज यह औचित्यपूर्ण ही नहीं अपेक्षित भी माना जाता है।

आधुनिक युग में विविध विचारधाराओं का विकास हुआ तथा काव्य में भी उन विचारधाराओं की अभिव्यक्ति हुई। मगर प्रचारात्मक साहित्य तथा साहित्य में मूल अन्तर औचित्य का ही है। जहाँ कोई विचारधारा किसी कृति का सहज तत्त्व बनकर आती है वह उचित है। मगर जहाँ किसी विचारधारा के प्रचार के लिये साहित्य का उपयोग किया जाता है वहाँ अनौचित्य माना जायेगा जो काव्य के सहज उत्कर्ष की क्षति करता है। इस प्रकार स्पष्ट है कि औचित्य सिद्धान्त मूलतः संरचनागत सन्तुलन से सम्बन्ध रखता है जिसके अन्तर्गत काव्य के विविध तत्त्व आन्तरिक रूप से सम्पृक्त होकर एक अखण्ड सृजन करते हैं।

औचित्य सिद्धान्त के अतिरिक्त अंगीरस की परिकल्पना, सन्धियाँ, अर्थप्रकृतियाँ, कार्यावस्थाएँ आदि भी सृजन की अखण्डता को ही रेखांकित करती हैं मगर औचित्य सिद्धान्त अधिक गहराई में जाकर काव्य के सभी तत्त्वों—पद से लेकर रस अलंकार आदि तथा देश काल की अभिव्यक्ति की सम्पृक्ति की अनिवार्यता पर बल देता है।

## अध्याय-11

# काव्य-सिद्धान्तों के अन्तःसम्बन्ध

प्रायः यह कहा जाता है कि पहले लक्ष्यग्रन्थों का निर्माण होता है और फिर लक्षण ग्रन्थों का। मगर इसका एक अपवाद है। एक महत्त्वपूर्ण अपवाद। यह अपवाद है भरतमुनि का नाट्यशास्त्र जिसकी रचना के विषय में मुनि ने स्वयं कहा है कि वह चारों वेदों के आधार पर रचा गया पाँचवाँ वेद है। स्पष्ट है कि वेद लक्ष्य ग्रन्थ नहीं हैं। इसलिए भरतमुनि का नाट्यशास्त्र भी लक्ष्यग्रन्थों पर आधारित नहीं है वरन् जीवन विषयक दिव्यज्ञान इसका स्रोत है।

यह एक संयोग नहीं है कि पश्चिम तथा भारत दोनों स्थानों पर सबसे प्राचीन साहित्य चिन्तन का ग्रन्थ नाटक पर ही आधारित है। इससे नाटक के महत्त्व की प्रतिष्ठा होती है। नाटक लोकजीवन का ही गोचर एवं सहज प्रतिबिम्ब है। भरत ने कहा है कि नाटक का सृजन लोकवृत्त के अनुसार होता है और अरस्तू ने तो काव्य तथा अन्य कलाओं को प्रकृति की अनुकृति ही माना है। भारत में भी कहा गया है कि "अवस्था की अनुकृति ही नाटक है"—'अवस्थानुकृतिर्नाट्यम्'। रूपक के बारे में भी कहा गया है कि जहाँ आरोप होता है, वहीं रूपक (नाटक) होता है। इस प्रकार भारत तथा पश्चिम में प्राचीन काल से ही नाटक का मूल लोक का अनुसरण एवं अनुकरण माना गया है।

भारतीय तथा पाश्चात्य काव्य सिद्धान्तों के अन्तःसम्बन्धों पर विचार करने से पहले दो महत्त्वपूर्ण बातों पर विचार करना आवश्यक है।

**एक,** काव्य(उत्कृष्ट काव्य) देशकालातीत है, मानव मात्र को प्रभावित करने की **क्षमता** रखता है। **काव्य की इस सार्वभौम एवं सार्वकालिक क्षमता की व्याख्या ही काव्य सिद्धान्तों का उद्देश्य है।** इसलिए विषय एवं लक्ष्य की समानता के अनुरोध

के कारण काव्य सिद्धान्तों में भी समानता होना स्वाभाविक ही नहीं अनिवार्य भी है। नामों एवं अवधारणाओं की संज्ञाओं का अन्तर हो सकता है मगर काव्योत्कर्ष के तत्त्व या गुण तो समान ही हैं—चाहे उनका सम्बन्ध काव्यभाषा से हो—ध्वनि श्लेष या अनेकार्थता या ऐम्बिग्युटी से—या उनका सम्बन्ध काव्यवस्तु की संरचना से हो—काव्यवस्तु की अखण्डता या एकान्विति (आरम्भ, विकास, आदि) या अंगी-रस की परिकल्पना तथा सन्धियों, कार्यावस्थाओं का विवेचन, या सामाजिक द्वारा काव्यानुभव की प्रक्रिया—साधारणीकरण, सम्प्रेषण आदि से हो। मैं बराबर यह बात कहता रहा हूँ कि भारतीय तथा पाश्चात्य अवधारणाओं के नामों की तह में जाकर उनके सम्बन्ध और अन्तर का परीक्षण करना अत्यन्त आवश्यक है। काव्यभाषा के विवेचन की अवधारणा को चाहे **लक्षणा** (शब्दशक्ति विवेचन) नाम दें या **विचलन** (शैली विज्ञान के अन्तर्गत) दोनों में कोई अन्तर नहीं है। प्रसंगानुसार इस विषय पर पहले भी सोदाहरण विचार किया जा चुका है।

**दो,** भारतीय आचार्यों ने काव्य विवेचन की एक रीति या पद्धति का निर्वाह किया है, जैसे काव्य लक्षण, काव्य हेतु, काव्य प्रयोजन, काव्य का केन्द्रीय तत्त्व या काव्य की आत्मा आदि पर सभी आचार्यों ने अपने-अपने मतानुसार विचार किया है। इस प्रकार भारतीय काव्यचिन्तन में **रीतिबद्धता में मौलिकता तथा चिन्तन का विकास** लक्षित होता है। इसके विपरीत पश्चिम में कहीं-कहीं रीति का पालन दिखाई देता है—आभिजात्यवादी या रोमांटिक आलोचना के अन्तर्गत, मगर प्रायः विविध समीक्षकों ने स्वतन्त्र रीति से मौलिक विवेचन किया है—अरस्तू तथा लोंजाइनस या कॉलरिज, आई.ए. रिचर्ड्स, मैथ्यू आर्नल्ड तथा जॉन क्रो रैन्सम में समानता के साथ-साथ एक स्वतन्त्र तथा मौलिक दृष्टि का विकास भी होता है। निस्सन्देह पश्चिम में भी आलोचना के स्कूल मिलते हैं—नयी समीक्षा, शैली विज्ञान आदि मगर भारतीय समीक्षकों की रीतिबद्धता के कारण उनकी समग्र मनीषा और मौलिकता की ओर ध्यान नहीं गया। उदाहरण के लिये भामह, मम्मट, पण्डितराज जगन्नाथ आदि आचार्यों में काव्य के लक्षण, हेतु, प्रयोजन और केन्द्रीय या प्रधान मूल्यों को परस्पर एक सम्बद्ध एवं सम्पृक्त काव्य दृष्टि के रूप में समझने-समझाने की आवश्यकता बनी हुई है।

आगे के विवेचन में इन दोनों पक्षों को ही ध्यान में रखने का प्रयास किया जायेगा।

प्लेटो ने काव्य-सृजन को दैवी शक्ति—काव्य देवियों से जोड़ा है और इधर भारतीय आचार्यों ने प्रतिभा को एक दैवी हेतु—पूर्वजन्म के संस्कारों से प्राप्त आत्मा की जन्मजाता शक्ति—माना है। प्लेटो ने काव्य में ऐन्द्रिय आनन्द की बात की है तथा रस-सिद्धान्त में रसानुभूति के लिये वासना को अनिवार्य माना गया है। लोंजाइनस ने औदात्य को शैली का गुण माना है तथा भट्टनायक ने काव्यभाषा को

केन्द्र में रखकर रस की भाविति और भोग की व्याख्या की है। भट्टनायक ने सामाजिक द्वारा काव्यानुभूति के आस्वाद के लिये विभावादि का साधारणीकरण माना है जो काव्यभाषा का धर्म है, तथा आई.ए. रिचर्ड्स ने इसी समस्या के समाधान के लिये सम्प्रेषण सिद्धान्त की स्थापना की है जो काव्यभाषा के विशिष्ट प्रयोग—उसके भावोद्बोधक रूप (इमोटिव यूज़ ऑफ लैंग्वेज़) द्वारा ही सम्भव होता है। इस प्रकार स्पष्ट है कि अलग-अलग देशों और कालों में समीक्षक काव्य के तत्त्वों (जो सभी देशों, भाषाओं आदि में समान होते हैं) के निरूपण का प्रयास किया है। वस्तुतः सभी समीक्षक काव्य सम्बन्धी समान प्रश्नों से ही जूझते हैं जिनमें प्रमुख हैं :

1. काव्य का सृजन कैसे—किस विशिष्ट शक्ति द्वारा सम्भव होता है?

2. काव्य की भाषा के स्वरूप का वैशिष्ट्य क्या है जो उसे बोलचाल की भाषा की अपेक्षा अतिरिक्त एवं असाधारण शक्ति प्रदान करता है?

3. काव्यवस्तु का—पात्र, व्यापार, भाव, विचार, प्रकृति, देशकाल आदि तथा उसकी संरचना तथा उसके विकास के मूल्य कौन-से हैं?

4. किस प्रक्रिया द्वारा काव्य के उपर्युक्त तत्त्व परस्पर सम्पृक्त होकर एक गम्भीर तथा अखण्ड प्रभाव उत्पन्न करने की क्षमता प्राप्त करते हैं? तथा

5. काव्य सामाजिक को कैसे और किस रूप में प्रभावित करता है—कवि का काव्यानुभव कैसे सामाजिक का काव्यानुभव बनता है?

यदि हम यह ध्यान में रखें कि हम उपर्युक्त सभी प्रश्न—कुछ अन्य प्रश्न भी हो सकते हैं—एक अखण्ड सार्वभौम एवं सार्वकालिक सम्बन्ध में वैचारिक स्तर पर उठा रहे हैं और इन सबका उद्देश्य एक ही है—काव्य-सृजन के रहस्य, स्वरूप और उसकी सामाजिक स्थिति को समझना—तो हम अनेक निष्फल तथा अनर्गल विवादों से बचे रह सकते हैं।

उपर्युक्त स्थापनाओं के सन्दर्भ में ही निम्नलिखित विवेचन करने का प्रयास किया जायेगा तथा विषय को स्पष्ट करने के लिये उपयुक्त उदाहरणों को ही केन्द्र में रखा जायेगा ताकि विविध सिद्धान्तों के अन्तःसम्बन्धों को उनके लक्ष्य—काव्य—के उपयुक्त उदाहरणों द्वारा समझा जा सके। कुछ सीमा तक इस प्रकार का विवेचन पहले भी प्रसंगानुसार किया जा चुका है।

काव्य सिद्धान्तों के अन्तःसम्बन्धों का परीक्षण दो दृष्टियों से किया जा सकता है। **एक, भारतीय** काव्य सिद्धान्त किस रूप में परस्प सम्बद्ध हैं? **दो, भारतीय** तथा पाश्चात्य काव्य-सिद्धान्त किस प्रकार परस्परप सम्बद्ध हैं? दोनों दृष्टियों से विवेचन करने पर ही कुछ ऐसे निष्कर्षों तक पहुँचा जा सकता है जो सार्वभौम काव्य सिद्धान्तों का आधार बन सकते हैं।

## भारतीय काव्य-सिद्धान्तों के अन्तःसम्बन्ध

भारतीय काव्यचिन्तन में पाँच प्रमुख सिद्धान्त दिखाई देते हैं—रस सिद्धान्त, अलंकार सिद्धान्त, रीति सिद्धान्त, ध्वनि सिद्धान्त और वक्रोक्ति सिद्धान्त। इसके अतिरिक्त क्षेमेन्द्र का औचित्य सिद्धान्त भी एक महत्त्वपूर्ण सिद्धान्त है। मगर इस सिद्धान्त तथा अन्य पाँचों सिद्धान्तों में मौलिक अन्तर यह है कि इसमें काव्य के अन्य सभी सिद्धान्तों के तत्त्वों का समाहार है तथा इसका सम्बन्ध काव्य की समग्रता के सन्तुलन से है। शेष पाँच सिद्धान्तों में से चार का सम्बन्ध प्रधान रूप से काव्यभाषा से है : अलंकार, रीति, ध्वनि और वक्रोक्ति। इन चारों सिद्धान्तों में प्रधान रूप से काव्य की **वस्तुगत मीमांसा** के आधार पर सिद्धान्तों एवं उनकी अवधारणाओं की परिकल्पना की गयी है। अलंकार, रीति के आधारभूत तत्त्व गुण, ध्वनि तथा वक्रोक्ति वस्तुगत रूप से काव्य में लक्षित किये जा सकते हैं—रूपक, माधुर्य गुण, प्रयोजनवती लक्षणा, पर्याय वक्रता आदि को लेकर कोई मतभेद नहीं हो सकता क्योंकि ये सारे तत्त्व वस्तुगत रूप से काव्य में विद्यमान हैं। हाँ, उनके नामों को लेकर मतभेद हो सकता है। उदाहरण के लिये निरालाकृत 'राम की शक्तिपूजा' की ये पंक्तियाँ ली जा सकती हैं :

*"ऐसे क्षण अन्धकार घन में जैसे विद्युत*
*जागी पृथ्वी-तनया-कुमारिका-छवि, अच्युत..."*

यहाँ 'अन्धकार घन'—जिसका अर्थ है राम की गहरी निराशा—में रूपकातिशयोक्ति अलंकार है क्योंकि यहाँ प्रस्तुत—राम की निराशा का लोप है तथा केवल अप्रस्तुत 'अन्धकार घन' का उल्लेख है, **शब्दशक्ति** की दृष्टि से यहाँ **साध्यवसाना लक्षणा** है—केवल काले बादल का उल्लेख किया है, राम की निराशा का नहीं। **वक्रोक्ति** की दृष्टि से वाक्य वक्रता है—ऐसी घनी निराशा में सीता का ध्यान राम की निराशा को थोड़ी देर के लिये दूर करता है, जैसे काले बादल में चमकने वाली बिजली थोड़ी देर के लिये अन्धकार को नष्ट कर देती है। कथन की भंगिमा या विदग्धता के कारण यहाँ वक्रोक्ति है। **रस-सिद्धान्त** की दृष्टि से यहाँ स्मृति संचारी भाव है—सीता की स्मृति राम के उत्साह को उद्दीप्त करती है।

## भारतीय तथा पाश्चात्य सिद्धान्तों के अन्तःसम्बन्ध

**आधुनिक समीक्षा** के सिद्धान्तों की दृष्टि से यहाँ 'अन्धकार घन' एक **प्रतीक** है तथा 'काले बादलों में चमकने वाली बिजली' का **बिम्ब** है जिसमें **अनेकार्थता** है—बिजली अन्धकार (निराशा) को दूर करती है, मगर सिर्फ थोड़ी देर के लिये ही। **'विद्युत जागी'** प्रयोग के अन्तर्गत 'जागी' में **लक्षणा** है—'पृथ्वी-तनया कुमारिका छवि' के साथ 'जागी' प्रयोग बाधित है—सही प्रयोग है छवि की स्मृति। यहाँ 'छवि

जागी' का अर्थ है 'छवि की स्मृति'। **शैली विज्ञान** की दृष्टि से इस प्रयोग में **विचलन** है तथा यदि पूरे बिम्ब को आधार माना जाये तो **अप्रस्तुत विधान** है। 'विद्युत जागी' में **मानवीकरण** भी माना जा सकता है।

इसी प्रकार 'पृथ्वी-तनया-कुमारिका' में **परिकर अलंकार** है क्योंकि सीता धरती की पुत्री है तथा राम का उद्देश्य केवल अपनी पत्नी सीता का उद्धार करना मात्र नहीं है वरन् समस्त धरती का कल्याण करना है जो रावण के वध से ही सम्भव है। **वक्रोक्ति** की दृष्टि से यहाँ **पर्याय वक्रता** है क्योंकि 'सीता' कहने से धरती के कल्याण का अर्थ व्यंजित नहीं होता। यहाँ मानवमात्र के कल्याण का अर्थ भी **ध्वनित** होता है इसलिए यह **ध्वनि (वस्तु-ध्वनि)** का उदाहरण भी है।

इसी विशेषता को आधुनिक दृष्टि से एक भिन्न नाम दिया जा सकता है। **शैलीविज्ञान** की दृष्टि से यह **चयन** की विशेषता है।

इस प्रकार यह स्पष्ट है कि :

**परिकर या परिकरांकुर अलंकार, पर्याय वक्रता, चयन, अभिधामूलक ध्वनि, सपाटबयानी** काव्यभाषा के एक ही विशिष्ट प्रयोग के लिये प्रयुक्त विविध अवधारणाएँ हैं।

**लक्षणा, विचलन, विरोध चमत्कार, वक्रोक्ति, मानवीकरण** और **विशेषण विपर्यय,** एक ही काव्यभाषा प्रयोग–जहाँ मुख्यार्थ बाधित होता है–के वैशिष्ट्य के विविध नाम हैं। उदाहरण स्वरूप पन्त कृत कविता का शीर्षक 'मौन निमन्त्रण' लिया जा सकता है।

**ध्वनि** और **अनेकार्थता** (ऐम्बिग्युटी) समान अर्थ वाले काव्य सिद्धान्त हैं जो **प्रतीक, रूपक, बिम्ब विधान** या सांगरूपक आदि साम्यमूलक अलंकारों के नाम से जाने जाते हैं।

एक अन्य उदाहरण द्वारा भी उपर्युक्त सामान्य निष्कर्षों को पुष्ट किया जा सकता है। उदाहरण है प्रसाद कृत 'कामायनी' के श्रद्धा सर्ग से–

*उषा की पहिली लेखा कान्त,*
*माधुरी से भींगी भर मोद;*
*मद भरी जैसे उठे सलज्ज*
*भोर की तारक द्युति की गोद।*

यह श्रद्धा और मनु के प्रथम मिलन के प्रसंग का एक उदाहरण है। यहाँ भाषा के प्रयोग की विशेषताओं को समग्र रूप से भी देखा जा सकता है तथा उस समग्रता में व्यक्त विभिन्न विशेषताओं पर भी विचार किया जा सकता है।

**अलंकार सिद्धान्त** की दृष्टि से यहाँ **अन्योक्ति** है–अप्रस्तुत–उषा की पहली किरण आदि–के द्वारा प्रस्तुत–श्रद्धा आदि का वर्णन किया गया है। विभिन्न पक्षों के अर्थ इस प्रकार हैं :

'उषा की पहिली लेखा कान्त'—मनु से पहली बार मिलने वाली श्रद्धा नायिका की व्यंजना है जो उषा की प्रथम किरण के समान अन्धकार (निराशा) को दूर करने वाली और प्रकाश व्यक्त करने वाली उदात्त रूप वाली है।

'तारक द्युति की गोद'—पश्चिम दिशा में अभी कुछ तारे शेष हैं तथा 'तारक' द्वारा नायक की व्यंजना है। इन दोनों प्रयोगों से श्रद्धा और मनु में आगे विकसित होने वाले प्रणय की व्यंजना—**ध्वनि**—अनेकार्थता—है।

'माधुरी से भींगी भर मोद' प्रातःकालीन वातावरण के आनन्दमय माधुर्य का वर्णन है। साथ ही ये गुण श्रद्धा के रूप में भी लक्षित होते हैं।

'मद भरी जैसे उठे सलज्ज' से नायिका की उस मस्ती भरी मानसिकता का वर्णन है जो नायक के साथ रात व्यतीत करने पर प्रातःकाल उठते समय अनुभव होती है।

यदि सिर्फ विचार की दृष्टि से प्रातःकाल के वर्णन को प्रस्तुत माना जाये—उषा के वर्णन को प्रधान माना जाये—तो यहाँ **समासोक्ति अलंकार** माना जायेगा। इसलिए यहाँ समासोक्ति और अन्योक्ति दोनों अलंकारों को संयुक्त रूप से देखा जा सकता है। इन दोनों अलंकारों का मूल **अप्रस्तुत विधान** है।

समीक्षा की शब्दावली में उक्त काव्यांश में **बिम्ब विधान, अप्रस्तुत विधान** (शैली विज्ञान), **मानवीकरण, प्रतीक** (अलंकार सिद्धान्त की दृष्टि से **रूपकातिशयोक्ति** क्योंकि 'पहली लेखा' श्रद्धा का अप्रस्तुत है)—

**अनेकार्थता-ऐम्बिग्युटी या ध्वनि, विचलन** (शैली विज्ञान की दृष्टि से 'उषा की पहली किरण **सलज्ज उठती है**') लक्षणा (प्रयोजनवती लक्षणा जहाँ प्रयोजन का ज्ञान व्यंजना शक्ति द्वारा होता है—**ध्वनि सिद्धान्त, वक्रोक्ति**)—

'किरण तारे की गोद से उठती है' में **विरोध चमत्कार** है, 'माधुरी और मोह से युक्त किरण' में **विशेषण विपर्यय** है क्योंकि माधुर्य और उल्लास प्रातःकाल के गुण हैं; किरण के नहीं, तथा पूरे छन्द में श्रद्धा के सौन्दर्य और भावी जीवन की अनेक सम्भावनाएँ **ध्वनित** होती हैं; इस छन्द से **अनेक अर्थों** की अभिव्यक्ति होती है।

एक अन्य उदाहरण से भी काव्य के विविध भारतीय प्राचीन प्रतिमानों एवं आधुनिक प्रतिमानों की समानता को स्पष्ट किया जा सकता है। निराला कृत 'राम की शक्तिपूजा' का यह काव्यांश है—

*है अमानिशा, उगलता गगन घन अन्धकार;*
*खो रहा दिशा का ज्ञान; स्तब्ध है पवन चार*
*अप्रतिहत गरज रहा पीछे अम्बुधि विशाल*
*भूधर ज्यों ध्यानमग्न, केवल जलती मशाल।*

यहाँ तीन प्रयोगों को छोड़कर **उगलता** गगन घन अन्धकार, **अम्बुधि** का **गरजना,** भूधर का **ध्यानमग्न** होना—को छोड़कर **सपाटबयानी** है—अमावस्या की रात्रि के घने अन्धकार का वर्णन है। मगर यह **सपाटबयानी** राम की निराशा की व्यंजना करती

है, इसलिए यहाँ **ध्वनि** भी है। इस समस्त **सपाटबयानी** से राम की घोर निराशा की **व्यंजना** होती है तथा अन्य अनेक अर्थ (अनेकार्थता) भी व्यक्त होते हैं–दिशा का ज्ञान खोना अन्धकार के कारण है मगर व्यंजित है राम का संशय–वे नहीं निर्णय कर पाते कि किस प्रकार रावण को पराजित किया जा सकता है। 'केवल जलती मशाल' में सपाटबयानी तो है ही मगर साथ ही इस घोर निराशा (गहरे अन्धकार) की अवस्था में आशा की सम्भावना **व्यंजित** होती है; अतः यहाँ ध्वनि भी है। इस प्रकार **सपाटबयानी, ध्वनि** और **अनेकार्थता** एक ही भाषा प्रयोग के विभिन्न नाम हैं। '**उगलता** गगन घन अन्धकार' में आकाश द्वारा अन्धकार का उगलना, जो अन्धकार की अधिकता की **व्यंजना** करता है, में **प्रयोजनवती लक्षणा, ध्वनि** (निराशा की अधिकता का वर्णन प्रयोजन है), **पदवक्रता, विचलन** और **मानवीकरण** माना जा सकता है। इस पूरे काव्यांश में **समासोक्ति अलंकार**–प्रस्तुत अमानिशा के वर्णन द्वारा अप्रस्तुत राम की निराशा का वर्णन–है। **अन्धकार,** को निराशा का **प्रतीक** भी माना जा सकता है। और **रूपकातिशयोक्ति** अलंकार भी–जिसे (**साध्यवसाना प्रयोजनवती लक्षणा**) भी कहा जा सकता है। उपर्युक्त उदाहरणों से विविध भारतीय तथा पाश्चात्य सिद्धान्तों के अन्तःसम्बन्धों को सहज ही समझा जा सकता है–एक ओर अलंकार, लक्षणा व्यंजना या ध्वनि, तथा वक्रोक्ति के अन्तःसम्बन्ध भी स्पष्ट हो जाते हैं तथा इन प्रतिमानों का प्रतीक, रूपक, अप्रस्तुत विधान, चयन, विचलन, अनेकार्थता, सपाटबयानी से सम्बन्ध भी स्पष्ट हो जाता है।

साधारणीकरण और सम्प्रेषण सिद्धान्त के सम्बन्ध पर विचार किया जा चुका है–साधारणीकरण कवि की अनुभूति के सम्प्रेषण का पर्याय नहीं है, बल्कि उसकी व्याख्या करता है।

रसानुभूति और काव्यानुभूति भी परस्पर सम्बद्ध हैं–अन्तर इतना है कि काव्य में व्यक्त आज के जटिल जीवन के अनुभवों को नौ रसों तक सीमित नहीं किया जा सकता।

विभाव, अनुभाव और संचारी वस्तुतः काव्यवस्तु **के ही विविध रूपों** के–पात्रों, परिवेश, भाषा, चेष्टाओं, व्यापार, घटनाओं, **मानसिक स्थितियों** और अन्तर्द्वन्द्व (सात्विक अनुभाव तथा संचारी भाव) नाम हैं जिनके **संयोग** या अखण्डता में ही काव्यानुभव की स्थिति होती है। भरत ने नाटक की सम्पूर्ण वस्तु को ही विभावादि नामों से अभिहित किया है।

कार्यावस्थाएँ, अर्थप्रकृतियाँ, सन्धियाँ, अंगीरस की परिकल्पना आदि में काव्य की संरचनात्मक एकान्विति की ही व्याख्या का प्रयास है।

औचित्य सिद्धान्त में काव्य के विविध तत्त्वों के **परस्पर सन्तुलन** और सम्पृक्ति को ही रेखांकित करने का प्रयास किया गया है। **उपयुक्त प्रसंगों** में इन प्रश्नों पर विस्तार से विचार किया जा चुका है।

## अध्याय-12

# संचारी भाव : रसास्वाद या काव्यानुभव के उपेक्षित बुनियादी घटक

संचारी भाव रस के बुनियादी घटक हैं मगर यह आश्चर्य एवं खेद की बात है कि हिन्दी के आलोचकों ने इनकी ओर ध्यान नहीं दिया। इसका एक परिणाम तो यह हुआ कि रस का सही मूल्यांकन नहीं किया जा सका और दूसरा यह कि रस को ब्रह्मानन्दसहोदर मानकर उसकी लौकिकता तथा प्रासंगिकता की ओर ध्यान ही नहीं गया। रस की मूल विशेषता यह है कि वह एक विशिष्ट और संश्लिष्ट परिस्थिति स्थायी भाव के तत्त्वों विभाव (कारण), संचारी भाव (सहकारी कारण) और अनुभाव (भाषा, क्रिया, चेष्टा, व्यवहारादि) की सम्पृक्ति का परिणाम है। इस प्रकार रस वस्तुतः काव्यानुभव का ही पर्याय है। रसास्वाद के इस पक्ष पर पहले विविध प्रसंगों में विचार किया जा चुका है।

संस्कृत के आचार्यों ने यह भी स्वीकार किया है कि सभी काव्यों में—विशेषकर मुक्तक काव्य में रस के सभी अवयवों—विभावादि—का होना आवश्यक नहीं है। आचार्य विश्वनाथ ने मात्र एक तत्त्व के वर्णन में ही रसानुभूति को स्वीकार किया है। और इसके लिये समाक्षेप सिद्धान्त की स्थापना की है जिसका अर्थ यह है कि जहाँ रस के विभावादि में से किसी एक अवयव का वर्णन होता है वहाँ भी सहृदय अन्य अवयवों का समाक्षेप कर लेता है और इसलिए ऐसे प्रसंगों में भी रसानुभूति सम्भव है। मुझे समाक्षेप सिद्धान्त संगत नहीं प्रतीत होता, मगर यह स्पष्ट है कि जहाँ रस के किसी एक अवयव का वर्णन होता है वहाँ भी पाठक या श्रोता को रागात्मक अनुभव तो होता ही है। उदाहरण के लिये 'मन ह्वै जात अजौं वहै वा जमुना के तीर' बिहारी के दोहे की

इस पंक्ति में स्मृति संचारी भाव का वर्णन है तथा गोपियों की यह स्मृति पाठक के मन में भी काव्यानुभूति जगाती है। इसी प्रकार 'कामायनी' में श्रद्धा सर्ग में 'कामायनी' के सौन्दर्य का वर्णन वस्तुतः आलम्बन का ही वर्णन है :

*नील परिधान बीच सुकुमार*
*खुल रहा मृदुल अधखुला अंग;*
*खिला हो ज्यों बिजली का फूल*
*मेघ बन बीच गुलाबी रंग।*

आलम्बन के इस वर्णन से भी पाठक के मन में अनुभूति पैदा होती ही है। यह भी स्पष्ट है कि यह अनुभूति शृंगार रस की अनुभूति नहीं मानी जा सकती। इसी प्रकार उन कविताओं तथा गीतों में जहाँ केवल प्रकृति के सौन्दर्य का चित्रण है—जिसे रस-शास्त्र की भाषा में आलम्बन (कारण) ही कहा जायेगा, वहाँ भी काव्यानुभूति होती है। इस प्रकार स्पष्ट है कि संस्कृत के आचार्यों ने जिसे रस कहा है वह काव्यानुभूति ही है। यह भी ध्यान देने की बात है कि रसानुभूति या काव्यानुभूति एक पूर्ण एवं विशिष्ट परिस्थिति को विशिष्ट करती है। इस दृष्टि से काव्यानुभूति काव्य में वर्णित परिस्थिति विशेष की सम्पृक्ति से व्यंजित होती हुई सहृदय के आस्वाद का विषय बनती है।

संचारी भावों की संख्या तैंतीस मानीं गयी है तथा ये मानव-मन की विविध संवेदनाएँ या वृत्तियाँ हैं जो जीवन तथा काव्य दोनों में महत्त्वपूर्ण भूमिका निभाती हैं। कुछ प्रमुख संचारी भावों के सोदाहरण विवेचन से यह स्पष्ट हो जाता है।

## निर्वेद

प्रायः जब भी कहीं निर्वेद, दैन्य या मोह आदि का उल्लेख होता है तो उसे आध्यात्मिकता से जोड़कर ही देखने की प्रवृत्ति पैदा होती है। मगर काव्यशास्त्र में निर्वेद आदि संचारी भावों के अर्थ बड़े व्यापक हैं। 'निर्वेद' शब्द को देखते ही संन्यास की ओर ध्यान जाता है, 'मोह' शब्द सुनकर सत्य के अज्ञान वाला दार्शनिक अर्थ ही उभरता है। मगर काव्यशास्त्रियों ने इन सब भावों को लौकिक परिस्थितियों, अवस्थाओं तथा मनोदशाओं से जोड़कर देखा है तथा इन्हीं विभिन्न अर्थों में इन्हें रसानुभूति या काव्यानुभूति से जोड़ा है।

विपत्ति, रोग, अपमान, ईर्ष्या, गरीबी तथा तत्त्वज्ञान आदि से उत्पन्न उस मनोवृत्ति को निर्वेद कहते हैं जिसमें व्यक्ति अपने आपको धिक्कारता है :

*"धिक् जीवन जो पाता ही आया विरोध,*
*धिक् साधन जिसके लिये सदा ही किया शोध।*
*जानकी! हाय, उद्धार प्रिया का हो न सका।"*

*(निराला : राम की शक्तिपूजा)*

यहाँ जब राम को अपनी साधना की असफलता का भय होता है तो उनको अपने जीवन से ही विरक्ति हो जाती है। स्पष्टतः इसमें निराला के व्यक्तिगत जीवन में हुए अपमान और साधनहीनता का भाव भी व्यंजित है।

निर्वेद शान्त रस का स्थायी भाव भी माना जाता है। इस दृष्टि से देखा जाये तो निर्वेद कार्ल जैस्पर्स आदि आस्तिक अस्तित्वदियों के सिद्धान्त से समानता रखता है जिसके अनुसार मनुष्य को जीवन की नश्वरता, पीड़ा आदि के कारण संसार से विरक्त होकर अपने आपको पूरी तरह ईश्वर के प्रति समर्पित कर देना चाहिए। अन्य अर्थों में निर्वेद संचारी भाव कामू, सार्त्र आदि नास्तिक अस्तित्ववादियों के पीड़ा, आत्मनिर्वासन आदि मान्यताओं से समानता रखता है। वस्तुतः हिन्दू परम्परा के संन्यास का सिद्धान्त लौकिक जीवन से निर्वासित होने की मान्यता को समाहित किये हुए है।

**ग्लानि**–परिश्रम, पराजय, पीड़ा, भूखादि के कारण उत्पन्न हतोत्साहित तथा खिन्नता आदि को ग्लानि कहते हैं। शैथिल्य, थकान, कर्म से विरक्ति आदि इसके अनुभाव हैं–

*"स्थिर राघवेन्द्र को हिला रहा फिर-फिर संशय,*
*रह-रह उठता जग जीवन में रावण जय भय...."*

*(वही)*

पहले दिन के युद्ध में रावण से पराजय के बाद राम की यह मनोदशा ही शंका (ग्लानि) है।

**मद**–मस्ती, अविवेक और सुख आदि की स्थिति मद कहलाती है–

*"सुरा सुरभिमय वदन अरुण वे*
*नयन भरे आलस अनुराग;*
*कल कपोल था जहाँ बिछलता*
*कल्पवृक्ष का पीत पराग।"*

*–प्रसाद, कामायनी, चिन्तासर्ग*

'कामायनी' के चिन्तासर्ग में वर्णित नायक-नायिकाओं के उच्छृंखल प्रणय का वर्णन मद कहलाएगा।

**श्रम**–अधिक परिश्रम, युद्धादि से उत्पन्न खेदादि को श्रम कहते हैं। कर्म में उत्साह-हीनतादि इसके अनुभाव हैं। 'राम की शक्तिपूजा' में दिन के युद्ध की पराजय के बाद लौटते हुए राम के चित्रण में श्रम की अभिव्यक्ति हुई है–

*रघुनायक आगे अवनी पर नवनीत चरण,*
श्लथ धनु-गुण है, कटिबन्ध स्रस्त-तूणीर धरण...

आधुनिक साहित्य में जहाँ जनसामान्य तथा शोषित एवं दलित वर्ग का वर्णन है, वहाँ श्रम संचारी भाव का व्यापक चित्रण मिलता है। जनजीवन के इस वर्ग के चित्रण में शोषण, हिंसा, अत्याचार, बेगार आदि के वर्णन में श्रम ही माना जायेगा।

यहाँ यह सत्य रेखांकित करना आवश्यक है कि साहित्य एवं उसके बोध के निरन्तर परिवर्तन के कारण जब दलित एवं साधनहीन वर्ग का चित्रण किया जाता है तो नये बोध के अनुरूप भाषा एवं शब्दावली में भी परिवर्तन होता है। शब्दावली के परिवर्तन के साथ-साथ नयी विचारधाराएँ एवं अवधारणाएँ भी विकसित हुई हैं जिनके कारण श्रम एवं शोषण आदि का चित्रण आधुनिक साहित्य का एक अनिवार्य और अन्तरंग विषय बन गया है।

**दैन्य या दीनता**–पीड़ा, गरीबी, शोषण आदि के कारण कर्म में उत्साह का अभाव दैन्य कहलाता है। प्रायः 'दैन्य' शब्द को देखते ही उसे अध्यात्म से जोड़कर दास्य भक्ति से जोड़ दिया जाता है। यह अर्थ भी मान्य है मगर पण्डितराज जगन्नाथ ने 'रसगंगाधर' में दैन्य की व्याख्या करते हुए कहा है : किसी दुःख, दरिद्रता, या अपराध आदि के कारण जो मनोवृत्ति पैदा होती है, उसे दैन्य कहते हैं तथा ऐसी दशा में मनुष्य अपने आपको कोसता है, अपने लिये हीन शब्दों का प्रयोग करता है।

*आज अमरता का जीवित हूँ*
*मै वह भीषण जर्जर दम्भ,*
*आह सर्ग के प्रथम अंक का*
*अधम पात्रमय-सा विष्कम्भ।*

*(प्रसाद : कामायनी)*

× × ×

*"किन्तु मैं हूँ अमानुषिक अर्द्धसत्य*
*तर्क जिसका है घृणा और स्वर पशुओं का*

*(धर्मवीर भारती : अन्धायुग)*

× × ×

*दुःखों के दागों को तमगों-सा पहना,*
*अपने ही ख़्यालों में दिन-रात रहना,*
*असंग बुद्धि व अकेले में सहना,*
*ज़िन्दगी निष्क्रिय बन गयी तलघर*
*अब तक क्या किया,*
*जीवन क्या जिया!!*

*(मुक्तिबोध–अँधेरे में)*

आधुनिक साहित्य में श्रम, ग्लानि आदि के समान दैन्य या दीनता का भी व्यापक चित्रण दिखाई देता है जो कि आज के प्रखर यथार्थबोध, सामाजिक विषमता, शोषण आदि के अनिवार्य तत्त्व हैं।

**आलस्य**–निरन्तर जागते रहने, पीड़ा, व्याधि आदि से उत्पन्न जीवन के काम-काज में अनासक्ति ही आलस्य है।

*'किन्तु जीवन कितना निरुपाय*
*लिया है देख नहीं सन्देह,*
*निराशा है जिसका परिणाम*
*सफलता का वह कल्पित गेह।'*

*(प्रसाद : कामायनी)*

**चिन्ता**–इष्ट वस्तु प्राप्त न होने पर या उसके नष्ट होने पर मन में जो वृत्ति जन्म लेती है, वह चिन्ता कहलाती है। देव सभ्यता के विनाश के बाद, मनु उस अनन्त सुख-सौन्दर्य के ध्वंस से लम्बे अरसे तक चिन्तामग्न रहते हैं। यहाँ तक कि प्रसाद ने पूरे एक सर्ग का नाम ही चिन्ता रख दिया है जिसमें अन्य अनेक भाव या संचारी भाव भी व्यक्त हुए हैं।

**मोह**–पण्डितराज जगन्नाथ के अनुसार भय, वियोग आदि के कारण उत्पन्न वह चित्तवृत्ति मोह कहलाती है जो वस्तुत्व या वास्तविकता को समझने में असमर्थ होती है। यहाँ भी यह ध्यान देने वाली बात है कि प्रायः मोह को अध्यात्म से जोड़कर उसका अर्थ सीमित मान लिया जाता है। मगर आचार्यों के अनुसार मोह मन की वह अवस्था है जब व्यक्ति किंकर्त्तव्यविमूढ़ होकर **दिशाहीनता** से ग्रस्त हो जाता है। आज की शब्दावली में मोह संचारी भाव का अर्थ होगा, दिशाहीनता जिसका व्यापक एवं गम्भीर चित्रण आधुनिक साहित्य में हुआ है।

*है अमानिशा; उगलता गगन घन अन्धकार;*
*खो रहा दिशा का ज्ञान; स्तब्ध है पवन चार*
*अप्रतिहत गरज रहा पीछे अम्बुधि विशाल*
*भूधर ज्यो ध्यानमग्न; केवल जलती मशाल।*

*(निराला–राम की शक्तिपूजा)*

यहाँ मोह या दिशाहीनता की व्यंजना है क्योंकि राम यह निर्णय नहीं कर पा रहे कि किस प्रकार रावण पर विजय प्राप्त की जा सकती है।

*उस दिन जो अन्धायुग अवतरित हुआ जग पर*
*बीतता नहीं रह-रहकर दोहराता है।*
*हर क्षण होती है प्रभु की मृत्यु कहीं न कहीं*
*हर क्षण अँधियारा गहरा होता जाता है।*

*(धर्मवीर भारतीय–अन्धायुग)*

इन पंक्तियों में आज अनेक विचारधाराओं के होते हुए मोह या दिशाहीनता की स्थिति है। आधुनिकोत्तर बोध एक तरह से आज तक के सारे ज्ञान-विज्ञान के विकास पर प्रश्नचिह्न लगाता है और आज के समाज की दिशाहीनता को रेखांकित करता है।

**स्मृति**–संस्कार से उत्पन्न ज्ञान को स्मृति कहा गया है। यहाँ संस्कार का अर्थ है किसी पुराने अनुभव, घटना आदि का ज्ञान। वर्तमान परिस्थिति विशेष से

सम्बद्ध होने के कारण ही किसी प्राचीन घटना आदि का स्मरण होता है।

*ऐसे क्षण घन अन्धकार में जैसे विद्युत*
*जागी पृथ्वी तनया कुमारिका छवि, अच्युत*
*देखते हुए निष्पलक, याद आया उपवन*
*विदेह का, प्रथम स्नेह का लतान्तराल मिलन...*

*(निराला—राम की शक्तिपूजा)*

आधुनिक साहित्य में स्मृति का व्यापक एवं अनेक रूपों में उपयोग हुआ है। उदाहरण के लिये आधुनिक साहित्य में 'पूर्व दीप्ति' (जो स्मृति का ही रूप है) का सर्जनात्मक उपयोग बराबर होता रहा है। 'कामायनी' में प्रलय का विस्तृत वर्णन पूर्व-दीप्ति के रूप में ही किया गया है।

**धृति**—धृति उस चित्तवृत्ति का नाम है जिसके कारण लोभ, शोक, भय, हानि आदि से होने वाले मानसिक उपद्रव शान्त हो जाते हैं। जब राम रावण की विजय की शंका से उद्विग्न होते हैं तो जाम्बवान की उक्ति में धृति की व्यंजना है—

*कह हुए भानुकुल भूषण वहाँ मौन क्षण भर*
*बोले विश्वस्त कण्ठ से जाम्बवान—"रघुवर,*
*विचलित होने का नहीं देखता मैं कारण,*
*हे पुरुषसिंह तुम भी यह शक्ति करो धारण..."*

*(निराला—राम की शक्तिपूजा)*

यदि व्यापक दृष्टि से देखा जाये तो महात्मा गाँधी का सत्याग्रह तथा सविनय अवज्ञा आन्दोलन धृति पर ही आधारित हैं जहाँ स्वाधीनता सेनानी भयानक यन्त्रणा को धैर्यपूर्वक सहन करते हैं।

**आवेग**—जब किसी सुखद या दुखद परिस्थिति के कारण मन उत्तेजित हो जाता है तो उस उत्तेजना की स्थिति को आवेग कहते हैं। आधुनिक साहित्य में आवेग का व्यापक तथा अनेकरूप चित्रण मिलता है।

*'ये अश्रु राम के' आते ही मन में विचार*
*उद्वेल हो उठा शक्ति खेल सागर अपार,*

× × ×

*तोड़ता बन्ध प्रति सन्ध धरा, हो स्फीत वक्ष*
*दिग्विजय अर्थ प्रतिपल समर्थ बढ़ता समक्ष।*

(वही)

हनुमान का उपर्युक्त वर्णन आवेग का उदाहरण है।

**जड़ता**—उस चित्तवृत्ति को जड़ता कहते हैं जिसका जन्म चिन्ता, कुण्ठा, भय, विरह और किसी प्रिय व्यक्ति के अनिष्ट को देखने या सुनने से हो तथा जिस अवस्था में व्यक्ति किंकर्त्तव्यविमूढ़ हो जाये।

*दूर-दूर तक विस्तृत था हिम*
*स्तब्ध उसी के हृदय समान;*
*नीरवता-सी शिला चरण से*
*टकराता फिरता पवमान।*

*(प्रसाद–कामायनी)*

यहाँ प्रलय के बाद मनु के हृदय की स्तब्धता जड़ता ही है।

**विषाद**–इष्ट की हानि, उद्देश्य की प्राप्ति में असफलता तथा एकाकीपन के एहसास के कारण उत्साह तथा पुरुषार्थ की व्यर्थता का भाव विषाद है।

*शैल निर्झर न बना हत भाग्य गल नहीं सका जो कि हिमखण्ड,*
*दौड़कर मिला न जलनिधि अंक वाह वैसा ही हूँ पाखण्ड।*

× × ×

*एक विस्मृति का स्तूप अचेत, ज्योति का धुँधला-सा प्रतिबिम्ब;*
*और जड़ता की जीवन राशि, सफलता का संकलित विलम्ब।*

*(प्रसाद–कामायनी)*

*स्नेह निर्झर बह गया है।*
*रेत ज्यों तन रह गया है।*
*आम की यह डाल जो सूखी दिखी,*
*कह रही है–अब यहाँ पिक या शिखी*
*नहीं आते, पंक्ति मैं वह हूँ लिखी*
*नहीं जिसका अर्थ–*
*जीवन दह गया है।'*

*(निराला)*

आधुनिक साहित्य में विषाद और पीड़ा का व्यापक और तीखा चित्रण हुआ है। सार्त्र, कामू आदि ने तो विषाद और पीड़ा को मानव जीवन का बुनियादी सत्य ही माना है।

**विबोध**–निद्रा या अज्ञान के अन्त होने पर जागृति तथा नवोत्साह का उदय विबोध कहलाता है।

जाम्बवान के सुझाव के बाद शंकाग्रस्त राम में नवीन उत्साह का उदय और लक्ष्य की प्राप्ति (रावण-वध) के विश्वास का उदय विबोध है।

*"खिल गयी सभा। उत्तम निश्चय यह भल्लनाथ!"*
*कह दिया वृद्ध को मान राम ने झुका माथ।*

*(निराला–राम की शक्तिपूजा)*

*बालक लिपटा है मेरे इस गले से चुपचाप,*
*छाती से कन्धे से चिपका है नन्हा-सा आकाश*

*स्पर्श है सुकुमार प्यार भरा कोमल*
*किन्तु है भार का गम्भीर अनुभव।*
*भावी की गन्ध और दूरियाँ अँधेरी*
*आकाशी तारों के साथ लिये हुए मैं*
*चला जा रहा हूँ*

× × ×

*किन्तु न जाने क्यों खुश बहुत हूँ।*
*जिसको न मैं इस जीवन में कर पाया,*
*वह कर रहा है।*
*मैं शिशु की पीठ थपथपा रहा हूँ*

*(मुक्तिबोध–अँधेरे में)*

इस **उद्धरण में भटकते** हुए निरुत्साहित नायक को गाँधी का दिया हुआ बच्चा नयी **चेतना और** उत्साह से भर देता है। इस प्रकार **विबोध जनजागरण का ही पर्याय है जिसने आम आदमी** को विश्वास दिया और संघर्ष के लिये प्रेरित किया। बदली हुई **परिस्थितियों में व्यापक** एवं प्रखर सामाजिक चेतना का उदय ही विबोध है।

**अमर्ष**–अपमान तथा अत्याचार से उत्पन्न क्षोभ और संघर्ष करने की मनःस्थिति को अमर्ष कहते हैं। आज के साहित्य में अमर्ष या संघर्ष के उत्साह का चित्रण बराबर मिलता है। मनु जब इड़ा पर भी अधिकार करना चाहते हैं तो सहसा सारस्वत प्रदेश की प्रजा द्वार तोड़कर मनु के भवन में घुस आती है और कहती है :

*वे बोले सक्रोध मानसिक भीषण दुख से,*
*देखो पाप पुकार उठा अपने ही मुख से।*

× × ×

*धूमकेतु से चला रुद्र नाराज भयंकर*
*लिये पूँछ में ज्वाला अपनी अति प्रलयंकर।*

*(प्रसाद–कामायनी)*

मुक्तिबोध ने निम्नलिखित पंक्तियों में नायक के जिस भाव का चित्रण किया है, वह अमर्ष है जो संघर्ष का प्रेरक है :

*भीषण शक्ति को धारण करके*
*आत्मा का पोशाक दीन व मैला।*
*विचित्र रूपों को धारण करके*
*चलता है जीवन, लक्ष्यों के पथ पर।*

*(मुक्तिबोध–अँधेरे में)*

**उग्रता**–निन्दा और अपमान आदि से उत्पन्न चित्तवृत्ति को उग्रता कहते हैं।

जिसकी प्रेरणा से निन्दा आदि करने वाले को दण्ड देने और उसका वध करने का प्रयास किया जाता है। भीम द्वारा दुर्योधन के मारे जाने पर अश्वत्थामा के मन में उग्रता का भाव पैदा होता है–

*सुनते हो पिता*
*मैं इस प्रतिहिंसा में*
*बिल्कुल अकेला हूँ*
*तुम को मार धृष्टद्युम्न ने अधर्म से*
*भीम ने दुर्योधन को मारा अधर्म से*
*दुनिया की सारी मर्यादा बुद्धि*
*केवल इस निपट अनाथ अश्वत्थामा पर ही लादी जाती है।*

*(धर्मवीर भारती–अन्धायुग)*

सीता की स्मृति से राम के मन में उग्रता का भाव पैदा होता है–

*सिहरा तन, क्षण पर भूला मन, लहरा समस्त,*
*हर धुनर्भंग को पुनर्वार ज्यों उठा हस्त*

*(निराला–राम की शक्तिपूजा)*

**मति**–तर्क-वितर्क के बाद निर्णय करने वाली चित्तवृत्ति मति कहलाती है। इस संचारी भाव में विबोध से काफी समानता है मगर सूक्ष्म दृष्टि से देखा जाये तो मति विबोध के बाद की मनःस्थिति है।

*फिर मधुर दृष्टि से प्रिय कपि को खींचते हुए*
*बोले प्रियतर स्वर से अन्तर सींचते हुए–*
*"चाहिए हमें एक सौ आठ, कपि, इन्दीवर,*
*कम से कम, अधिक और हों, अधिक और सुन्दर,*

*(निराला–राम की शक्तिपूजा)*

**त्रास**–विरोध, अत्याचार, भयानक दृश्य या परिस्थिति को देखने से उत्पन्न मानसिक वृत्ति त्रास कहलाती है। त्रासी, त्रासदी, संत्रास आदि आधुनिक आलोचना की बहुप्रचलित शब्दावली है।

*रावण-प्रहार-दुर्वार-विकल-वानर-दलबल,*
*मूर्च्छित-सुग्रीवांगद-भीषण-गवाक्ष गय-नल,*
*वारित-सौमित्र-भल्लपति अगणित-मल्ल-रोध,*

*(निराला–राम की शक्तिपूजा)*

**वितर्क**–सन्देह के कारण मन में उठनेवाले विचारों का द्वन्द्व ही वितर्क है। वितर्क की वृत्ति शंका, मोह आदि संचारी भावों से सम्बद्ध है तथा वितर्क के बाद ही व्यक्ति किसी निर्णय पर पहुँच पाता है। निर्णय की यह अवस्था ही मति संचारी भाव है। प्रलय के बाद मनु के वितर्क का चित्रण किया गया है–

*किसका था भ्रू-भंग प्रलय सा जिसमें ये सब विकल रहे;*
*अरे प्रकृति के शक्ति चिह्न ये फिर भी कितने निबल रहे।*

× × ×

*हे अनन्त रमणीय! कौन तुम? यह मैं कैसे कह सकता*
*कैसे हो? क्या हो इसका तो भार विचार न सह सकता।*

*(प्रसाद—कामायनी)*

आज के साहित्य में व्यक्त अन्तर्द्वन्द्व तथा वितर्क में स्पष्ट समानता दिखाई देती है।

उपर्युक्त संचारी भावों के अतिरिक्त **असूया** दूसरों की उन्नति से पैदा होने वाला मानसिक सन्ताप, **श्रम** अधिक काम और मेहनत करने से उत्पन्न चित्तवृत्ति, **व्रीड़ा**[1] : प्रणय में उत्पन्न नारी का संकोच, **हर्ष**—उद्देश्य में सफलता तथा प्रियजनों से मिलने पर पैदा होने वाली मानसिक स्थिति—**चपलताः** प्रेम या ईर्ष्या के कारण उत्पन्न चित्त की अस्थिरता, **औत्सुक्य** प्रिय वस्तु की प्राप्ति तक या प्रिय व्यक्ति के इन्तज़ार में पैदा होने वाली चित्तवृत्ति, **निद्रा** निरन्तर जागते रहने या अधिक परिश्रम के कारण विश्राम की इच्छा, **अपस्मार** : वह दशा जो मिरगी की अवस्था के समान होती है, **स्वप्न** : निद्रा की अवस्था में दिखाई देने वाले दृश्य[2], **अवहित्था** : किसी के डर या स्वाभिमान के कारण अपनी दुर्बलता को छिपाने की वृत्ति, **व्याधि** : बीमारी, वियोग, या गरीबी के कारण उत्पन्न मानसिक कष्ट, **उन्माद** : भय या विषाद की अधिकता के कारण उत्पन्न मानसिक भ्रान्ति, और **मरण** वह मानसिक स्थिति जिसमें किसी व्यक्ति को मृत्यु जैसा दुख होता है, अन्य संचारी भाव हैं।

ध्यान देने की बात है कि संचारी भावों का वर्णन सामन्तवादी समाज में नाटक के सन्दर्भ में हुआ है जिसमें उपर्युक्त सभी मनःस्थितियों का प्रदर्शन होता है। वस्तुतः संचारी भाव समस्त काव्य रूपों की सामग्री के अनिवार्य तत्त्व हैं और रहेंगे।

इस सन्दर्भ में दूसरी महत्त्वपूर्ण बात यह है कि भरतमुनि ने रस सूत्र में केवल विभाव, अनुभाव और संचारी भावों का उल्लेख किया है मगर स्थायी भाव का नाम नहीं लिया। साथ ही भरत ने स्थायी भाव तथा संचारी भाव का अन्तर स्पष्ट करते हुए यह कहा है कि जिस प्रकार अपने सामन्तों से घिरे रहने पर भी राजा अपने गौरव और पद के आधार पर पहचान लिया जाता है, उसी प्रकार स्थायी भाव नाटक में अपनी महत्त्वपूर्ण भूमिका के कारण संचारी भावों से भिन्न लक्षित किये जा सकते हैं। आगे चलकर जब रस काव्यमात्र में स्वीकार किया गया तो भरतमुनि के सूत्र के आधार पर रस के सभी अवयवों की स्वीकृति भी की गयी। इसलिए विश्वनाथ आदि परवर्ती आचार्यों ने समाक्षेप सिद्धान्त की स्थापना करते हुए रस के किसी एक तत्त्व के चित्रण में भी रस की स्थिति स्वीकार की। **स्मृति** संचारी भाव के

1. प्रसाद ने 'कामायनी' में पूरे 'लज्जा' सर्ग में इसके विविध पक्षों का मनोरम चित्रण किया है।
2. जैसे 'कामायनी' में श्रद्धा को मनु के बारे में स्वप्न आता है।

वर्णन से स्पष्ट हो जाता है कि कवि किस स्थायी भाव की व्यंजना करना चाहता है। उदाहरण के लिये निराला कृत 'राम की शक्तिपूजा' में राम को 'पृथ्वी-तनया कुमारिका' की छवि की स्मृति भी आती है और उस दिन हुए युद्ध के बीच रावण की 'भीमा मूर्ति' का भयानक रूप भी याद आता है। लेकिन दोनों प्रसंगों में व्यक्त भावों—क्रमशः श्रृंगार और 'रावण जय भय' की अभिव्यक्ति के बारे में कोई सन्देह नहीं होता। साथ ही इससे यह भी स्पष्ट हो जाता है कि किस प्रकार एक ही संचारी भाव—स्मृति—विविध स्थायी भावों को पुष्ट करता है। रस-सूत्र में स्थायी भाव के उल्लेख का अभाव इसलिए है कि नाट्यशास्त्र में भरत ने यह भी कहा है कि 'स्थायी भाव ही रसत्व को प्राप्त होते हैं।'

जैसा कि पहले कहा जा चुका है, भरत ने रस का वस्तुगत विवेचन किया है। दर्शक की अनुभूति के सम्बन्ध में यह तो कहा है कि 'सुमनस-प्रेक्षक वाचिक आंगिक तथा सात्त्विक अनुभावों से उपेत स्थायी भाव का आस्वादन करते हैं तथा हर्षादि का अनुभव करते है।' स्पष्ट है कि भरत यहाँ नाटक के अभिनय के सम्बन्ध में ही प्रेक्षक की अनुभूति का उल्लेख करते हैं तथा अभिनय के सन्दर्भ में अनुभाव वस्तुतः अभिनय के ही पर्याय हैं। यहाँ वाचिक (संवाद) आंगिक (कर्म या घटना क्रम) और सात्त्विक अनुभावों के द्वारा ही अभिनेता अभिनय करते हैं। यही कारण है कि भामह आदि श्रव्यकाव्य के आरम्भिक आचार्यों ने रस को काव्य का अलंकार माना है तथा अलंकार का प्रयोग व्यापक अर्थ में काव्य सौन्दर्य के पर्याय के लिये ही किया है। मगर यहाँ महत्त्वपूर्ण बात यह है कि श्रव्यकाव्य में भी नाटक के समान ही आलम्बन—पात्र, उद्दीपन—परिवेश, अनुभाव-भाषा शैली, चेष्टाएँ या घटना क्रम और स्मृति आदि संचारी भावों का ही वर्णन होता है। दसवीं शती में भट्टनायक और अभिनवगुप्त ने रस को काव्यमात्र के सबसे अधिक महत्त्वपूर्ण तत्त्व के रूप में स्वीकृत किया और जैसे-जैसे रस की प्रधानता रेखांकित होती चली गयी; अलंकार, ध्वनि आदि सभी तत्त्व इसकी अभिव्यक्ति के ही साधन के रूप में सार्थक और महत्त्वपूर्ण माने गये। अलंकारादि अन्य सभी तत्त्वों को इस रूप में स्वीकार कर वस्तुतः काव्य की संरचनात्मक अखण्डता का ही प्रतिपादन किया गया है। रस के आधार पर संरचनात्मक अखण्डता की प्रतिष्ठा तो भरत ने ही कर दी थी, जब उन्होंने यह कहा कि "सहृदय प्रपानक और भात के समान ही रस का आस्वादन करता है।" ये दोनों उदाहरण मात्र रस की अखण्डता ही को उजागर नहीं करते वरन् नाटक के सर्जनात्मक ऐक्य को भी रेखांकित करते हैं। प्रपानक रस में विविध रसों वाले पदार्थ मिलकर एकमेव हो जाते हैं तथा एक नयी सृष्टि—प्रपानक रस का निर्माण करते हैं जिसमें अन्य सभी घटक अपनी स्वतन्त्र सत्ता को विलीन कर देते हैं। उसी प्रकार नाटक में भी आलम्बन या पात्र, उद्दीपन या परिवेश, अनुभाव या भाषा-शैली, घटनाएँ आदि तथा संचारी भाव अखण्ड रूप में सम्पृक्त हो जाते

हैं तथा इन सभी तत्त्वों की सम्पृक्ति से ही रस की निष्पत्ति होती है। अंगीरस की परिकल्पना के सन्दर्भ में इस रचनात्मक सम्पृक्ति पर पहले विचार किया जा चुका है।

संचारी भावों के उपर्युक्त विवेचन से स्पष्ट है कि अनेक संचारी भावों में गहरा तथा अन्तरंग सम्बन्ध है। उदाहरण के लिये दैन्य, मोह, विषाद परस्पर सम्बद्ध हैं। इस दृष्टि से संचारी भावों का यह विवेचन आधुनिक विचारधाराओं एवं आलोचना की अनेक अवधारणाओं से अधिक सूक्ष्म और विस्तृत है। आज के आत्मनिर्वासन और आउटसाइडर की अवधारणा में उन सभी चित्तवृत्तियों का संयोग होता है। इसी प्रकार चिन्ता, दैन्य, विषाद, जड़ता, मरण एवं त्रास भी सम्बद्ध हैं जो आधुनिक साहित्य में व्यक्त दलित वर्ग के शोषण में पाये जाते हैं और आधुनिक साहित्य के यथार्थवादी बोध के अनिवार्य घटक हैं।

जहाँ तक सहृदय के काव्यास्वाद को रस मानने की परवर्ती मान्यता का सवाल है, यह प्राचीन आचार्यों में तो दार्शनिकता के प्रभाव से आयी जहाँ रस को 'ब्रह्मास्वाद सहोदर' माना गया मगर इन आचार्यों ने भी यही माना कि सहृदय की यह रसानुभूति की निष्पत्ति या अभिव्यक्ति तो विभावादि काव्य में वर्णित तत्त्वों-पात्रों आदि तथा भाषा-शैली से ही होती है। जैसा कि पहले कहा जा चुका है कि भट्टनायक ने साधारणीकरण (जिसे उन्होंने भावकत्व व्यापार की आत्मा माना है) की प्रक्रिया को काव्यभाषा की भावकत्व शक्ति द्वारा माना है। यह बड़े अचरज की बात है, अन्तस् और गुह्य के प्रबल विरोधी आचार्य रामचन्द्र शुक्ल भी रस की इस विषयीगत मान्यता में ही उलझकर रह गये। इसके दो कारण प्रतीत होते हैं। एक तो यह कि कारण चाहे जो भी रहा हो, शुक्ल जी ने अभिनव से पूर्ववर्ती आचार्यों की रस विषयक मान्यता की ओर अपेक्षित ध्यान नहीं दिया और इसी क्रम में उन्होंने भरतमुनि की रस सम्बन्धी वस्तुवादी मान्यता पर भी ध्यान नहीं दिया। दूसरा यह कि शुक्ल जी आई.ए. रिचर्ड्स से प्रभावित तो थे ही मगर मेरे विचार में वे शैले, वर्ड्सवर्थ आदि अंग्रेज़ी के रोमांटिक कवियों के काव्य सम्बन्धी सिद्धान्तों से बहुत अधिक प्रभावित थे। वर्ड्सवर्थ ने एक ओर तो यह मान्यता व्यक्त की है कि आवेग मनुष्य के स्वभाव के मूल सिद्धान्तों को व्यक्त करते हैं और दूसरी ओर प्रकृति चित्रण पर विशेष बल दिया है। शुक्ल जी ने भी मनुष्य की आदिम अनुभूतियों तथा प्रकृति के चित्रण को ही प्रधानता दी है। इन सिद्धान्तों के मद्देनज़र उन्हें छायावादी काव्य को श्रेष्ठ काव्य मानना चाहिए था मगर उन्होंने ऐसा नहीं किया। दूसरी ओर वे मैथ्यू आर्नल्ड की काव्य के सामाजिक महत्त्व सम्बन्धी मान्यता को भी स्वीकार करते हैं जिसे उन्होंने 'कविता क्या है' निबन्ध में 'सभ्यता के आवरण और कविता' उपशीर्षक के अन्तर्गत स्वीकार किया है। आई. ए. रिचर्ड्स की काव्यमूल्य के स्वरूप सम्बन्धी मान्यता और आचार्य शुक्ल की सहृदयगत रस सम्बन्धी मान्यता में अन्तर ही नहीं

विरोध भी है। रिचर्ड्स का काव्यमूल्य **विरोधी आवेगों** का समतोल है जबकि आचार्य शुक्ल की रस सम्बन्धी मान्यता में लोकसामान्य भावभूमि और विविध तत्त्वों की **सम्पृक्ति** की स्वीकृति है।

संचारी भावों के उपर्युक्त उद्धरणों से स्पष्ट हो जाता है कि वे विशिष्ट काव्यप्रसंग जिसमें भाषा, बिम्ब, पात्र, कथांशों तथा चेष्टाओं आदि के वर्णन से ही व्यंजित होते हैं, ये वर्णन ही संचारी भावों की वस्तुगत रूपात्मक सर्जना है जो निजी अस्मिता के साथ-साथ सम्पूर्ण काव्य के संरचनात्मक ऐक्य और उससे उत्पन्न समग्र काव्यास्वाद के अन्तरंग घटक बनते चले जाते हैं। उक्त काव्यों या काव्यांशों में व्यक्त संवेदना को काव्यानुभूति कहें या रस कहें, काव्यास्वाद कहें या रस कहें, यह निर्विवाद है कि विविध उद्धरणों में व्यक्त संचारी भाव उस रस या काव्यानुभूति अथवा काव्यास्वाद के अन्तरंग सम्पृक्त घटक हैं।

## रस और विचार

आधुनिकता के विकास के साथ-साथ जीवन तथा काव्य में विचार का महत्त्व निरन्तर बढ़ता गया; यहाँ तक कि विचार कविता की बात भी की जाने लगी। रस के विरोध का एक प्रधान कारण यह भी रहा कि रस के बारे में यह माना जाता रहा कि वह मात्र भावों का ही एक विकसित रूप है। यह मान्यता कितनी भ्रान्त है, यह रस और नैतिक मूल्यों के सम्बन्ध के विवेचन में, रसाभास तथा औचित्य सिद्धान्त के विवेचन में स्पष्ट रूप से व्यंजित होती है एवं संचारी भावों के उपर्युक्त विवेचन में–मोह, निर्वेद, वितर्क, मति, लज्जा आदि के निरूपण विवेचन में भी स्पष्ट रूप से रेखांकित होती है। वाल्मीकि कृत रामायण से लेकर सिद्धों, नाथों, ज्ञानमार्गी तथा सगुणमार्गी शाखा के कवियों से होते हुए छायावाद तथा नयी कविता तक रसास्वाद या काव्यानुभव में विचार के महत्त्व को सहज ही देखा जा सकता है। वस्तुतः प्राचीन आचार्यों ने भाव तथा विचार के अन्तर को अनदेखा कर दोनों का एक साथ ही उल्लेख किया है। भारतीय आचार्यों के अनुसार शान्त चेतना की विक्रया ही भाव है–इसी में विचार का भी अन्तर्भाव है। इसी प्रकार अरस्तू ने भी वाणी से उत्पन्न होने वाले प्रभाव को विचार कहा है जिसके अन्तर्गत विचार भी आ जाता है। रस सिद्धान्त को उसकी समग्रता में समझने से–उसके विषयगत तथा विषयीगत रूप के स्पष्ट बोध से इस भ्रम का सहज ही निवारण हो जाता है कि रस-सिद्धान्त में विचार का समावेश नहीं है। वस्तुतः रस-सिद्धान्त में दोनों की सम्पृक्ति होती ही है।

❑❑❑